闵泽平 著

中古中土观音经义研究

浙江大学出版社
ZHEJIANG UNIVERSITY PRESS

图书在版编目（CIP）数据

中古中土观音经义研究 / 闵泽平著. —杭州：浙
江大学出版社，2016.6
ISBN 978-7-308-15393-5

Ⅰ.①中… Ⅱ.①闵… Ⅲ.①观音—研究
Ⅳ.①B949.92

中国版本图书馆 CIP 数据核字（2015）第 290606 号

中古中土观音经义研究

闵泽平　著

责任编辑	胡　畔(llpp_lp@163.com)
责任校对	陈晓璐　杨利军
封面设计	十木米
出版发行	浙江大学出版社
	（杭州市天目山路 148 号　邮政编码 310007）
	（网址：http://www.zjupress.com）
排　　版	杭州中大图文设计有限公司
印　　刷	杭州日报报业集团盛元印务有限公司
开　　本	710mm×1000mm　1/16
印　　张	17.25
字　　数	251 千
版 印 次	2016 年 6 月第 1 版　2016 年 6 月第 1 次印刷
书　　号	ISBN 978-7-308-15393-5
定　　价	46.00 元

目　　录

上　编　中古观音译名考辨

下　编　中古中土观音经义考论

上编　中古观音译名考辨

第一章　盧楼亘

一　《无量清净平等觉经》中的"盧楼亘"

作为学术研究层面而非信仰主义的观音信仰，它的起源至今并没有得到一致的认定，究竟在公元前已经出现[1]，还是出现在公元纪元之初[2]，抑或出现在 5 世纪之后，以及是出自于佛教，还是来自于婆罗门教，或者说是伊朗的神灵，都曾引起过学者们的激烈讨论。与此相关联的，则是观音进入中土的时间也不能给予准确的判定。其中的一种说法，则以为后汉桓帝末年来到洛阳的支娄迦谶，在翻译佛典《无量清净平等觉

---

〔1〕"龙树菩萨是大乘思想产生的主要人物，在他所著的《大智度论》中，已有'观音菩萨'名号的出现，史家推断龙树菩萨的出现，约在西元一五〇至二五〇年之间，由此可见观音菩萨信仰，当早于龙树出生之前。因此观音菩萨信仰，应推溯到佛历纪元后的四五百年和西历纪元之前的那个时代。"圣印：《普门户户有观音——观音救苦法门》，圆明出版社 1995 年版，第 25 页。

〔2〕"从印度佛教发展史看，观音和观音信仰是早期大乘佛教发展中出现的新产物。但其产生的具体时间已不可确考。德国著名的印度学者奥登堡（Hermam Oldenberg）依据坎达拉佛像研究，认为观音信仰出现于公元纪元前后。法显《佛国记》里记载摩头罗国（今印度北方马士拉 Mutta 西南五公里处的马霍里 Maholi）地方'摩诃衍人则供养……观世音等'，据考其时在公元纪元一世纪末，至迟则在二世纪初。"孙昌武：《中国文学中的维摩与观音》，天津教育出版社 2005 年版，第 63 页。

经》时所提到的"盧楼亘"就是我们所熟悉的观音菩萨[1]，由此我们大致可以推测出观音进入中土的最晚时间。

《无量清净平等觉经》大约有五处提到了"盧楼亘"。前两次是在阿弥陀佛为诸菩萨、阿罗汉说法讲经时，作为听讲者的盧楼亘首先站出来发问，这一过程是以偈语的形式展现的：

> 时无量世尊笑，三十六亿那术，
>
> 此数光从口出，遍照诸无数刹。
>
> 则回光还绕佛，三匝已从顶入，
>
> 色霍然不复现，天亦人皆欢喜。
>
> 盧楼亘从坐起，正衣服稽首问，
>
> 白佛言何缘笑，唯世尊说是意。
>
> 愿授我本空荆，慈护成百福相，
>
> 闻是诸音声者，一切人踊跃喜。
>
> 梵之音及雷霆，八种音深重声，
>
> 佛授盧楼亘决，今吾说仁谛听。[2]

当然，如果没有接下来的具体描述，"盧楼亘"就会淹没在众多的菩萨中不会引起我们丝毫的注意。令人无法忽略的是，后来《无量清净平等觉经》在介绍无量清净佛国诸菩萨时，又详细介绍了"盧楼亘"的身份与地位：

> 佛言："……无量清净佛国诸菩萨、阿罗汉，其项中光明，皆悉自有光明所照大小。其诸菩萨中，有最尊两菩萨，常在无量清净佛左右座边，坐侍政论。无量清净佛，常与是两菩萨共对坐，议八方上下去来现在之事。无量清净佛，若欲使令是两菩萨，到

---

〔1〕"据说支娄迦谶还翻印了一部《无量清净平等觉经》，该经卷三中用'盧楼亘'的名称指代这位菩萨，其云……根据其他净土经典所述阿弥陀佛和观音、大势至菩萨的关系，可以肯定这里所说的'盧楼亘'是指观音菩萨。"李利安：《观音信仰的渊源与传播》，宗教文化出版社2008年版，第195页。

〔2〕支娄迦谶：《无量清净平等觉经》卷二，《大正新修大藏经》第十二卷宝积部，第288页。

八方上下无央数诸佛所,是两菩萨便飞行,则到八方上下无央数
诸佛所。随心所欲至到何方佛所,是两菩萨则俱飞行则到,飞行
驶疾如佛,勇猛无比。其一菩萨名盧楼亘,其一菩萨名摩诃那,
光明智慧最第一。其两菩萨项中光明,各焰照他方,千须弥山佛
国常大明。其诸菩萨,项中光明,各照千亿万里。诸阿罗汉项中
光明,各照七丈。"[1]

佛经中说,在无量清净佛身边有两位最尊贵的菩萨陪侍左右,经常一起讨
论过去、未来、现在之事,其中的一位就是"盧楼亘"。"盧楼亘"的主要职
责是什么呢? 佛经随即解释说:

佛言:"其世间人民,善男子、善女人,若有一急恐怖遭县官
事者,但自归命是盧楼亘菩萨,无所不得解脱者也。"[2]

由此可见,"盧楼亘"的重要法力就是救难,在遭遇紧急状况包括遭遇官司
时,能够帮助信徒解脱。不仅如此,在无量清净佛涅槃之后,盧楼亘还是
他的继承者:

佛言:"无量清净佛,至其然后般泥洹者,其盧楼亘菩萨,便
当作佛,总领道智,典主教授,世间八方上下,所过度诸天人民、
蜎飞蠕动之类,皆令得佛泥洹之道。其善福德,当得复如大师无
量清净佛。"[3]

总之,《无量清净平等觉经》卷中对于盧楼亘的描述——无量寿佛身边最
重要的胁侍,救难菩萨与未来佛——让我们确信佛经中提到的"盧楼亘"
就是后来大家所熟知的观音菩萨。更有力的证据还在于,据说是《无量清
净平等觉经》第三会的《佛说无量寿经》,曹魏康僧铠在相关位置都直接用

---

〔1〕 支娄迦谶:《无量清净平等觉经》卷二,《大正新修大藏经》第十二卷宝积部,第290页。
〔2〕 支娄迦谶:《无量清净平等觉经》卷二,《大正新修大藏经》第十二卷宝积部,第290页。
〔3〕 支娄迦谶:《无量清净平等觉经》卷二,《大正新修大藏经》第十二卷宝积部,第291页。

"观世音"替代了"盧楼亘"。如上述所引偈语，《佛说无量寿经》相应为：

> 应时无量尊，动容发欣笑。
>
> 口出无数光，遍照十方国，
>
> 回光围绕身，三匝从顶入。
>
> 一切天人众，踊跃皆欢喜。
>
> 大士观世音，整服稽首问，
>
> 白佛何缘笑，唯然愿说意。
>
> 梵声犹雷震，八音畅妙响，
>
> 当授菩萨记，今说仁谛听。[1]

其中对于观世音职责与地位的介绍文字，亦与《无量清净平等觉经》大同小异，如"彼佛国中，诸声闻众身光一寻，菩萨光明照百由旬。有二菩萨最尊第一，威神光明，普照三千大千世界。阿难白佛：彼二菩萨其号云何？佛言：一名观世音，二名大势至。是二菩萨，于此国土修菩萨行，命终转化生彼佛国。"总之，《无量清净平等觉经》中所出现的"盧楼亘"，在《佛说无量寿经》中都以"观世音"替代了。

二、《无量清净平等觉经》译者考索

那么，《无量清净平等觉经》为什么会使用"盧楼亘"这样的译名来指称观世音呢？唐代的《一切经音义》以为"盧楼亘"仅仅是音写，即所谓其"梵语，不求字义，菩萨名也"[2]。宋代的《翻译名义集》也以为"盧楼亘"就是"光世音"的音译，名字的真实含义则是因"能所圆融，有无兼畅，照穷正性，察其本末，故称观也。世音者，是所观之境也。万象流动，隔别不同，类音殊唱，俱蒙离苦，菩萨弘慈一时普救，皆令解脱，故曰观世音"，而

---

〔1〕 康僧铠：《佛说无量寿经》卷下，《大正新修大藏经》第十二卷宝积部，第273页。

〔2〕 慧琳：《一切经音义》卷十六，上海古籍出版社1986年版，第603—604页。

所谓"光世音"、"观自在"都是误译[1]。明代的王世贞明确指出"光世音"梵文的音译,其《观世音大士六部经咒序》有云:

> 过是西方十万亿万土,有佛名阿弥陀。其佐阿弥陀而行化,若国相,又若储君者,曰观世音大士。观世音梵名阿那婆娄吉低输,略而曰婆娄吉低税;又曰观自在,梵名阿缚卢枳多伊湿伐罗;一曰观世自在,梵名阿婆卢吉低舍婆罗;一曰光世音,梵名盧楼亘。夫所以三名者,盖缘德标称以显无方之用耳,义固一也。[2]

后来许多佛学辞典都引用《可洪音义》接受了这一说法[3],不过在如今一些学者看来,"见于西元第二世纪汉译的《无量清净平等觉经》的'盧楼亘',很难想做是'观自在'在梵文原语 Avalokite vara 的音译"[4]。有人猜测"盧楼亘"是音译的缩写,"从支娄迦谶译中出现的'盧''阿会亘'等音写来看,可以推定'盧楼亘'是 Avalo … svar 的音写。古译及旧译佛典的汉译者们往往有意避免造四字以上的音写词。从这一倾向来看,'盧楼亘'很可能是不完全音写"[5]。

"盧楼亘"究竟如何与"光世音"发生关联呢?即使我们认定它是一种略写,如辛岛静志所言,由于我们没有能力将其复原,其间的因果仍然是无从得知的。这是许多学者在谈及观音信仰时对"盧楼亘"避而不谈的原因之一,而另一个重要原因则是《无量清净平等觉经》归属权存在着争议。支娄迦谶为其翻译者的说法,据现存资料首见于费长房《历代三宝纪》,其卷四"支娄迦谶"条有云:"《无量清净经》二卷,亦云《无量清净平等觉经》,

〔1〕 法云:《翻译名义集》一《菩萨别名第六》"阿那婆娄吉低输"条,《佛学三书》,全国图书馆文献微缩复制中心 1995 年版,第 23—24 页。
〔2〕 王世贞:《弇州山人四部续稿》卷四十六文部,文渊阁四库全书本。
〔3〕 如:"译曰光世。《可洪音义》卷二下曰:'盖楼亘,此云光世菩萨也。'盖盖为盧之误,观世音菩萨之音译。丁福保:《佛学大辞典》下册"盖楼亘"条,上海书店 1991 年版,第 2459 页。又如慈怡《佛光大辞典》"盖楼亘"条:"盖,乃盧之误。盧楼亘为梵语 Avalokite vara 之音译,意译为光世,即观世音菩萨。(《可洪音义》卷二下)"佛光出版社 1988 年版,第 5911 页。
〔4〕 〔日〕山田龙城著:《梵语佛典导论》,许洋主译,华宇出版社 1988 年版,第 51 页。
〔5〕 〔日〕辛岛静志:《〈法华经〉的义献学研究——观音的语义解释》,《中华文史论丛》2009 年第 3 期。

见《吴录》。"〔1〕其后《大唐内典录》、《开元释教录》均沿袭了这一说法。不过,费长房所云《吴录》早已散佚,不知所指,使人深感疑虑。

同时《历代三宝纪》卷五"白延"条有载:"《无量清净平等觉经》二卷,第三出与世高、僧康铠等所出《无量寿经》本同,文名少异,见竺道祖《晋世杂录》。"〔2〕而关于《无量清净平等觉经》为白延所译的说法其实颇为盛行,如隋沙门法经等所撰《众经目录》卷一云:"右五经同本异译:《无量清净平等经》二卷(魏世白延译);《阿弥陀经》二卷(吴黄武年支谦译);《无量寿经》二卷(晋永嘉年竺法护译);《新无量寿经》二卷(宋永初年佛陀跋陀罗译);《新无量寿经》二卷(宋世昙摩蜜多于祇桓寺译);《新无量寿经》二卷(宋世宝云于六合山译)。"〔3〕又《开元释教录》卷一:"沙门白延,西域人也,才明盖世,深解逾伦,以高贵乡公甘露三年(前51)戊寅游化洛阳止白马寺,出《无量清净》等经五部。长房等录又有《平等觉经》一卷,亦云白延所出,今以此经即是《无量清净平等觉经》,但名有广略故不复存也。"〔4〕

不过,《高僧传》又提出帛延译出了《无量清净平等觉经》,使情况更为复杂。其卷一有云:"又有沙门帛延,不知何人,亦才明有深解,以魏甘露中,译出《无量清净平等觉经》等凡六部经,后不知所终焉。"〔5〕后来《众经目录》卷二即保留了这一说法:"右三经同本异译:《无量清净平等觉经》二卷,魏世帛延译;《阿弥陀经》二卷,吴黄武年支谦译,《无量寿经》二卷,晋永嘉年竺法护译。"〔6〕由于白、帛通用,均为龟兹国姓,这不难使人联想到所谓"白延"与"帛延"实际上是一个人,这种想法看起来没有太大问题,但《出三藏记集》卷七《首楞严后记》的一条记录却让学者们极为棘手:"咸安三年(373),岁在癸酉,凉州刺史张天锡在州出此《首楞严经》,……时译者归慈王世子帛延善晋、胡音。"〔7〕我们推测"白延"与"帛延"为同一人,是

〔1〕 费长房:《历代三宝纪》卷四,《大正藏》第四十九卷史传部一,第52页。
〔2〕 费长房:《历代三宝纪》卷五,《大正藏》第四十九卷史传部一,第56页。
〔3〕 法经等撰:《众经目录》卷一,《大正藏》第五十五卷目录部,第119页。
〔4〕 智昇:《开元释教录》卷一,《大正藏》第五十五卷目录部,第487页。
〔5〕 慧皎撰,汤用彤校注,汤一介整理:《高僧传》,中华书局1992年版,第13页。
〔6〕 彦悰:《众经目录》卷二,《大正藏》第五十五卷目录,第158页。
〔7〕 佚名:《首楞严经后记》,僧祐《出三藏记集》卷七,中华书局1995年版,第271页。

因为《高僧传》及《众经目录》都肯定他们是魏世之人,而这里却分明记录帛延为东晋时人,时间相差在百年以上,白延与帛延为同一人的说法受到了挑战。

面对这样的矛盾,有人认为最好取消两者合一的说法,如羽溪了谛即认为"盖《开元录》明记为二人,而时代亦异,吾人只可视二人为同名且皆来自龟兹国,较为允当耳"[1]。更多人则以为两者当指一人,不同时代的说法属于误记。或以为其人当在东晋时,"实晋凉州之白延,不在魏世,《开元录》误","这里有两种可能,第一种是历史上确实存在了两个白延或帛延,一个是曹魏时期的,一个是东晋时期的。但从所译经典来看,又没有这种可能,只可能有一个白延或帛延。如果一定有一种时间记录有误,那就应该是《安玄传》所附传中白延的时间有误"[2]。

不过,无论白延与帛延是否为同一人,在一些学者看来,《无量清净平等觉经》为其所译之说都值得商榷,所以即使他们并不否定白延或帛延曾为译者的事实,通常也采取模糊的方式将其译本置入散佚之中。日本学者坪井俊映在《净土三经概说》中,曾经引用了望月信亨博士的说法:"此经(《无量清净平等觉经》)译本有三说:(一)僧祐以为是竺法护。(二)梁传以为是白延。(三)历代三宝纪、开元录以为是支娄迦谶。其中支娄迦谶说是最为薄弱,白延之说次之,竺法护之说则最为有力。"[3]香川孝雄则在《〈无量清净平等觉经〉汉译考》中详细分析了这三种说法,认为从经录记载、译语等方面来看,"竺法护说"最为可靠,且认为"《平等觉经》和《普曜经》并非依据原典的逐句翻译,而是不得已限于对已存的《大阿弥陀经》和《瑞应本起经》的改订"[4]。

香川孝雄肯定"竺法护说"的重要依据,是《出三藏记集》所著录竺法

---

〔1〕 季羡林也主张两存其说。季羡林:《季羡林全集》第十六卷《西域佛教史》,外语教学与研究出版社 2010 年版,第 211 页。

〔2〕 纪赟:《慧皎〈高僧传〉研究》,上海古籍出版社 2009 年版,第 243 页。

〔3〕 张曼涛:《现代佛教学术丛刊》第七辑《净土典籍研究》,台湾大乘文化出版社 1979 年版,第 3—4 页。

〔4〕 [日]香川孝雄:《〈无量清净平等觉经〉汉译考》,《佛教文化》1990 年第 2 期,第 39—41 页。

护曾翻译《无量寿经》二卷,根据其用语及风格,他认定旧题支娄迦谶所译的《无量清净平等觉经》,实际上应该是竺法护所译《无量寿经》。假如我们接受这里的说法,那么就观音研究而言,我们就不得不面临如下困惑:为什么竺法护在翻译"观音菩萨"时前后会使用不同的名称,因为我们可以确定的是竺法护于太康七年(286)翻译《正法华经》时最早使用了"光世音"这一译名。

任继愈也倾向于《无量清净平等觉经》为竺法护所译。除了著录这一说法的《出三藏记集》更为可靠外,所译之经文与吴国支谦所译《佛说阿弥陀三耶三佛萨楼佛檀过度人道经》即《大阿弥陀佛经》,在内容上的相近也是重要原因:

> 二者大部分译文完全一样,但《大阿弥陀经》所载过去佛有三十四个,《平等觉经》有过去佛三十七个;前者所载弥陀"二十四愿"文字较多,而后者的"二十四愿"虽次序不一样,也较简练,但看得出是在前者基础上发展来的;前者一句偈颂没有,后者两处有偈,一处有五字偈文八十句,一处有六字偈文一百二十八句。这不仅说明《平等觉经》原本比《大阿弥陀经》原本晚出,而且其译文是在《大阿弥陀经》译文的基础上作了若干补充译和改译。因此,说《平等觉经》是竺法护译的是比较可信的。[1]

就所涉及的"卢楼亘"部分而言,两部经书的内容确实是极其相近的。当然,由于《佛说阿弥陀三耶三佛萨楼佛檀过度人道经》没有偈语,自然也没有卢楼亘首先发问的亮相。不过在介绍阿弥陀佛国讲堂舍宅时,也是将它与菩萨摩诃那钵作为重点来介绍,其文字与《无量清净平等觉经》大同小异:

> 诸菩萨、阿罗汉顶中,皆悉自有光明,所照有大小。诸菩萨中,有最尊两菩萨,常在佛左右坐侍正论。佛常与是两菩萨共对

---

〔1〕 任继愈主编:《中国佛教史》第一卷,中国社会科学出版社 1985 年版,第 448 页。

坐,议八方上下去来现在之事。若欲使是两菩萨,到八方上下无
央数诸佛所,即便飞行,随心所欲至到飞行,使疾如佛,勇猛无
比。其一菩萨名盖楼亘,其一菩萨名摩诃那钵,光明智慧最第
一,顶中光明各焰照他方,千须弥山佛国中常大明。其诸菩萨顶
中光明各照千亿万里,诸阿罗汉顶中光明各照七丈。[1]

只是令我们意外的是,对于摩诃那钵与盧楼亘即大势菩萨至与观世音菩
萨的职责,佛经中没有明确的区分。我们所熟悉的救难功能,也被一同赋
予了摩诃那钵菩萨:

> 佛言:"世间人民,若善男子、善女人,若有急恐怖县官事者,
> 但自归命是盖楼亘菩萨、摩诃那钵菩萨所,无不得解脱者。"[2]

这会是一次小小的失误吗? 或者说这也是一个证据,让我们进一步确定
《佛说阿弥陀三耶三佛萨楼佛檀过度人道经》出现的时间当早于《无量清
净平等觉经》。20 世纪以来,更多的学者倾向于《无量清净平等觉经》为
竺法护所译,而其重要的依据就是《无量清净平等觉经》比《阿弥陀三耶三
佛萨楼佛檀过度人道经》后出,而后者为支谦所译,在支谦之后曾经翻译
过《无量寿经》又为我们所熟悉的是竺法护,所以竺法护就是旧题《无量清
净平等觉经》的真正翻译者。

　　这里的推理看起来是那样的严丝合缝,所以没有太多的学者对于用
竺法护来替代支娄迦谶以解决《无量清净平等觉经》比《阿弥陀三耶三佛
萨楼佛檀过度人道经》后出的问题提出异议。正如齐藤隆信所言,一般来
讲,判断佛经汉译者的方法有两种,一是依据历代经录的记载,一是按照
经典中的词汇和语法来推定归纳。[3] 按照《无量寿经》汉、吴两种译本用

---

〔1〕　支谦:《阿弥陀三耶三佛萨楼佛檀过度人道经》卷上,《大正藏》第十二卷宝积部,第
308 页。

〔2〕　支谦:《阿弥陀三耶三佛萨楼佛檀过度人道经》卷上,《大正藏》第十二卷宝积部,第
308 页。

〔3〕　[口]齐藤隆信:《支谦所译经典中偈颂的研究——四部经典中偈颂的汉译者》,《法
源》2001 年总第 19 期,第 63 页。

语和风格,我们推断出它们出现的次序颠倒了,"支娄迦谶译语的特征是多用音写,与《大阿弥陀经》相比较,《平等觉经》中的声闻名、过去佛名、他方佛名等固有名词很多都是义译"[1];按照历代经录,更有权威性的《出三藏记集》与《道安录》都主张《平等觉经》为竺法护所译,主张支娄迦谶译的《历代三宝纪》却不太具有公信力。

但这种推断也存在着漏洞。齐藤隆信在讨论东晋失译《般泥洹经》的汉译者时,敏感地意识到了其间存在的问题。他的困惑是:"现在关于这东晋失译《般泥洹经》的汉译者,有两个说法,即三国吴的支谦译说或者西晋竺法护译说。这是按照经录的记载内容和该经中的词汇来推测归纳的。然而这样的判断基准,有时很容易发生错误。是因为小本涅槃经类的译出次数不少,汉译者也不相同。让我们来做一下严密的推断:第一,经录没有绝对的信用性,里边记着同一经典的几个名字,这异名在各种经录中也错综复杂。我不敢说现存《般泥洹经》和《出三藏记集》中记载的《般泥洹经》,这两个同名经典完全一致的。因为本经汉译者的推定不能用经录来考查。第二,从词汇方面来说,不少经典中能看到后翻套用前翻的词汇和句子,这是汉译佛典上很普遍的现象。因而,虽然用抽出有的汉译者的明显的常用词汇句子来,把实际上的汉译者归纳推定,但还是靠不住的。经录及词汇和句子仅是参考资料而已。那么这经典的汉译者是谁? 支谦还是竺法护?"[2]

《无量寿经》的汉译版本更为复杂,其记录也更为繁多,因此对于其汉译者的推定不能不采取审慎的态度。我们断定《无量清净平等觉经》为竺法护所译的一个重要依据,是通过与《阿弥陀三耶三佛萨楼佛檀过度人道经》对比,而后者的翻译者被理所当然地认定为支谦。倘若《阿弥陀三耶三佛萨楼佛檀过度人道经》的翻译者并不如我们所想象得那样毫无争议,

---

〔1〕[日]辛岛静志:《早期汉译佛典的语言研究——以支娄迦谶及支谦的译经对比为中心》,《汉语史学报》第十辑。

〔2〕[日]齐藤隆信:《支谦所译经典中偈颂的研究——四部经典中偈颂的汉译者》,《法源》2001年总第19期,第68页。

情况又将如何呢？

《阿弥陀三耶三佛萨楼佛檀过度人道经》翻译的所属权很少引起人们的关注，虽然对于支谦所译经典及其数量存在着不同的说法，东晋的道安著录了三十部，梁朝的僧祐以为有三十六部[1]，慧皎提高到四十九部[2]。不过，据吕澂先生的考证，有二十九部没有疑义，其中排列在首位的就是《阿弥陀三耶三佛萨楼佛檀过度人道经》[3]。国内当代学者大多数也没有异议，如方立天在其《中国佛教简史》中就把《阿弥陀三耶三佛萨楼佛檀过度人道经》作为支谦的代表作品加以介绍：

> 支谦还翻译了净土经典《阿弥陀经》，为了与鸠摩罗什译《阿弥陀经》相区别，一般称《大阿弥陀经》，全称《阿弥陀三耶三佛萨楼檀过度人道经》，二卷。宣传阿弥陀净土信仰，称"一心念欲"生阿弥陀净土或听闻阿弥陀佛名字者，皆可往生西方"阿弥陀佛国"。[4]

日本学者小野玄妙也持类似的看法。他认为典籍中所记载的关于支谦所译佛典众多，其中不可靠者不少，但《大阿弥陀经》却不在不可靠之列：

> 如斯考证即知道安法师之译经目录，系经再三严撰后所列，因此有目而经本存在者，如以法句经为首之端应本起经，阿弥陀经，可视为支谦翻译，或至少似支谦所译，应无大误。但如前所

---

〔1〕 "右三十六部，四十八卷。魏文帝时，支谦以吴主孙权黄武初至孙亮建兴中所译出。"僧祐：《出三藏记集》卷二《新集撰出经律论录》，中华书局 1995 年版，第 31 页。"从黄武元年至建兴中，所出《维摩》、《大般泥洹》、《法句》、《瑞本应起》等二十七经，曲得圣义，辞旨文雅。"僧祐：《出三藏记集》卷十三《支谦传》，中华书局 1995 年版，第 516—517 页。

〔2〕 "从吴黄武元年至建兴中，所出《维摩》、《大般泥洹》、《法句》、《瑞应本起》等四十九经，曲得圣义，辞旨文雅。"惠皎撰，汤用彤校注，汤一介整理：《高僧传》，中华书局 1992 年版，第 15 页。

〔3〕 "支谦的译述比较丰富，晋道安的经录里就著录了三十部，梁僧祐又据《别录》补充了六部。慧皎《高僧传》说有四十九部，隋费长房《历代三宝纪》旁搜杂录增广到百二十九部，其中很多是大部的别生或传抄的异本，不足为据。现经考订有译本的只有下列二十九部：一、《阿弥陀经》（一称《无量寿经》）……"吕澂，《中国佛学源流略讲》附录"支谦"，中华书局 1979 年版，第 291 页。

〔4〕 方立天：《中国佛教简史》，宗教文化出版社 2001 年版，第 26 页。

说之维摩诘经等，经名虽同而译者不同之例，亦不乏其数，极易
将他人之译经署于其名下，且其误不止一二，故应深加注意。[1]

在中国历史上，支谦经常为学者提及的一个重要事迹是运用偈颂的形式
来歌咏佛陀。《出三藏记集》卷诗三《支谦传》载："（支谦）又依《无量寿》、
《中本起经》，制《赞菩萨连句》、《梵呗》三契，注《了本生死经》，皆行于
世。"[2]支谦制作《赞菩萨连句》、《梵呗》的来源，一是《中本起经》，即支谦
所翻译的《瑞应本起经》，这一点历来并无异议，而关于《无量寿经》却出现
了不同的说法。任继愈不仅肯定《阿弥陀三耶三佛萨楼佛檀过度人道经》
为支谦所译，还明确指出《出三藏记集·支谦传》中提到的《无量寿经》，就
是支谦所译《大阿弥陀经》，即《阿弥陀三耶三佛萨楼佛檀过度人道
经》[3]。汤用彤对此采取了审慎的态度：

> 支谦依《无量寿》、《中本起经》，制《赞菩萨连句梵呗》三契，
> 可见其深通汉文。谦所依据之《无量寿经》，不知何人译，亦不知
> 取其何偈为赞。至若《中本起经》，实指支谦自译之《瑞应本起
> 经》。[4]

可见汤用彤并不认为这里的《无量寿经》就是支谦所译。镰田茂雄也不能
确定文中《无量寿经》的翻译者，他只是推测这里的《无量寿经》或许就是
支谦所翻译的《大阿弥陀经》：

> 支谦读《赞菩萨连句》、《梵呗》三契，可能是依据《无量寿经》
> 和《中本起经》。支谦作梵呗所依据的《无量寿经》其译者为谁，
> 尚不明了。或许是将支谦的《大阿弥陀经》称作《无量寿经》。依

---

〔1〕 ［日］小野玄妙：《佛教经典总论》第一部《经典传译史》第三章"古译时代"，新文丰出
版公司 1983 年版，第 36 页。
〔2〕 僧祐：《出三藏记集》卷十三《支谦传》，中华书局 1995 年版，第 517 页。
〔3〕 任继愈：《中国佛教史》第一卷，中国社会科学出版社 1985 年版，第 171—172 页。
〔4〕 汤用彤：《汉魏两晋南北朝佛教史》第六章"佛教玄学之滥觞"，北京大学出版社 2011
年版，第 78 页。

《无量寿经》所作的赞文，究竟是摘取《无量寿经》的哪一个偈文，犹不明了。〔1〕

在镰田茂雄的同一本书中，他又进一步讨论了《大阿弥陀经》的译者，指出支谦未必就一定是该经的翻译者，只不过没有详细的资料可以用来断定为支娄迦谶所译，所以姑且判定为支谦所译：

> 支谦的译经之中，一向有异说的就是《阿弥陀经》。自道安以来，一切经录均记以支谦译《阿弥陀经》（为了区别于罗什译《阿弥陀经》，故称《大阿弥陀经》）自无问题，但就此《大阿弥陀经》的译语、译风加以检讨，对于认为支谦译则有问题。有关支谦译的经典特色，先前引用的支敏度《合首楞严经记》中已有述及；其径用胡音之处少，并排除音译用语，采用义译的倾向很强烈，相对的阅读支娄迦谶的《道行般若经》自可看出，支谶译的经典，使用音译用语之处很多。现存支谦译的《大阿弥陀经》（《阿弥陀三耶三佛萨楼佛檀过度人道经》），其所使用的音译语很多；又在译语方面，支谶译的《道行般若经》和支谦译的《阿弥陀经》，其所采用的译语类似之处很多。因此，部分学者推断《大阿弥陀经》也许非支谦所译，而是支娄迦谶所译。但只凭译语的类似，而认为是支娄迦谶所译则有欠妥慎。在现存的史料中，尚无法认定《阿弥陀经》是支娄迦谶所译。因此宁可采信道安的记录，以《大阿弥陀经》为支谦所译较为妥当。〔2〕

《大阿弥陀经》为支娄迦谶所译，这一说法在历代典籍中还没有找到依据。持这一观点的学者也往往是凭借翻译用语的风格，如香川孝雄所言：“从译语方面来看，此经多用义译。支娄迦谶译语的特征是多用音写。……

---

〔1〕［日］镰田茂雄原著，关世谦译：《中国佛教通史》第一卷第二章“三国时代的佛教”，佛光出版社1985年版，第209页。

〔2〕［日］镰田茂雄原著，关世谦译：《中国佛教通史》第一卷第二章“三国时代的佛教”，佛光出版社1985年版，第208—209页。

因此,我认为《大阿弥陀经》乃支娄迦谶译,而否定《平等觉经》为支娄迦谶译之说。"[1]

通过以上考察,我们可以得出以下结论:

首先,《无量清净平等觉经》中所出现的"盧楼亘"就是指我们后来所称呼的"观世音菩萨",这从佛经中所言该佛之胁侍地位、未来佛之身份与救难者之功用可以推定。

其次,虽然我们可以确定"盧楼亘"就是"观世音菩萨"的早期译名,但我们并不能借此推断观世音菩萨进入中土的最晚时间,因为《无量清净平等觉经》的译者存在着争议。要确定观世音菩萨进入中土的最晚时间,必须先给《无量清净平等觉经》的译者一个准确的判定。

再次,许多学者都倾向于将《无量清净平等觉经》的译者判定为竺法护,但这仅仅是一种推测。其重要依据是该经被认定为比《阿弥陀三耶三佛萨楼佛檀过度人道经》晚出,可论证《无量清净平等觉经》晚出的过程存有较大的漏洞。

最后,也是最为重要的是,《阿弥陀三耶三佛萨楼佛檀过度人道经》的译者并不是如人们想象的那样毫无争议。深究下去,其是否为支谦所译则在两可之间。如此则所有推论的基础都被摧毁了。

总之,我们可以确定"盧楼亘"即是"观世音菩萨",但由于《无量清净平等觉经》的汉译者莫衷一是,我们还是应该对其进入中土的确切时间暂时保持缄默。

---

[1] [日]香川孝雄:《〈无量清净平等觉经〉汉译考》,《佛教文化》1990 年第 2 期。

第二章 窥 音

一 《阿弥陀三耶三佛萨楼佛檀过度人道经》与《维摩诘经》

　　将《大阿弥陀经》的译者推定为支娄迦谶,并不仅仅是一种充满想象力的大胆假设,它的出现确实有助于我们解决《平等觉经》晚出的矛盾。此外,就观音研究而言,还有助于解决其他一些问题。如果我们不接受这样的观点,就"观世音"的译名出现在竺法护身上的困惑,也同样就会发生在支谦身上。在《无量清净平等觉经》之外,支谦所译的《阿弥陀三耶三佛萨楼佛檀过度人道经》是我们目前所知这一时期仅见的使用"盧楼亘"译法的佛经;但同样众所周知的是,支谦所译的《维摩诘经》曾以"窥音"来称呼"观世音菩萨"。如果《无量清净平等觉经》是竺法护所译,那么支谦很有可能是"盧楼亘"的首创者,如此说来他还会是"窥音"这一译名的使用者吗?不过无论如何,题名支娄迦谶的《无量清净平等觉经》与支谦所译的《阿弥陀三耶三佛萨楼佛檀过度人道经》,两者紧密的关系是无法切割的。在支谦所译的《维摩诘经》中,"窥音"仅仅出现过一次,即在说经开场介绍众菩萨时:

　　　　闻如是。一时,佛游于维耶离奈氏树园,与大比丘众俱,比丘八千,菩萨三万二千,皆神通菩萨。……其名曰正观菩萨,见正邪菩萨，定化王菩萨，法自在菩萨，法造菩萨，光造菩萨，光净菩萨，大净菩萨，辩积菩萨，宝积菩萨，宝掌菩萨，宝印手菩萨，常举手菩萨，常下手菩萨，常惨菩萨，常笑菩萨，喜根菩萨，喜王菩萨，正愿至菩萨，虚空藏菩萨，宝甚持菩萨，宝首菩萨，宝池菩萨，宝水菩萨，水光菩萨，舍无业菩萨，智积菩萨，灯王菩萨，制魔菩萨，造化菩萨，明施菩萨，上审菩萨，相积严菩萨，师子雷音菩萨，石磨王菩萨，众香手菩萨，众手菩萨，常应菩萨，不置远菩萨，善意谏菩萨，莲华净菩萨，大势至菩萨，窥音菩萨，梵水菩萨，澹水菩萨，宝幢菩萨，胜邪菩萨，严土菩萨，金结菩萨，珠结菩萨，慈氏菩萨，濡首菩萨，其三万二千菩萨，皆如此上首者也。[1]

辛岛静志曾以《道行般若经》为例，比较了支娄迦谶与支谦两人的翻译风格，指出前者"不精通传统文言，因此在翻译佛经时，无意中使用了当时的口语及俗语词汇，同时又多用音写词，翻译成汉语时也往往按照原文（梵文或犍陀罗文）的语序翻译。归纳来说，支娄迦谶的翻译是直译。相比之下，支谦印度语言的知识虽然贫乏，常把梵语、犍陀罗语、中亚语言混淆为一体，但由于支谦出生在中国，精通汉语文言，且有避俗求雅的语言能力，所以支谦翻译的佛典语言通畅、自然，他在翻译时基本没有参照原典，而是在很大程度上把支娄迦谶译经进行了中国化"[2]。"备通六国语"的支谦印度语言知识是否贫乏，我们不得而知，但他"博览群籍，莫不纠练，世间艺术，多所综习"而译经"曲得圣义，辞旨文雅"[3]的事实却是存在的。就语言的文雅而言，《无量清净平等觉经》较《阿弥陀三耶三佛萨楼佛檀过度人道经》为胜，也更符合传统士大夫的语言习惯，所以遭到了辞藻过于

---

〔1〕 支谦：《佛说维摩诘经》卷上《佛国品第一》，《大正藏》第十四卷经集部一，第519页。

〔2〕 辛岛静志：《早期汉译佛典的语言研究——以支娄迦谶及支谦的译经对比为中心》，《汉语史学报》第十辑。

〔3〕 僧祐：《出三藏记集》卷一三《支谦传》，中华书局1995年版，第516—517页。

华丽的批评〔1〕。如以无量清净佛为菩萨时所发二十四愿为例,前者为:

> 一、我作佛时,令我国中无有地狱禽兽饿鬼蛸飞蠕动之类,得是愿乃作佛;不得从是愿终不作佛。

> 二、我作佛时,令我国中人民有来生我国者,从我国去,不复更地狱饿鬼禽兽蠕动;有生其中者我不作佛。

> 三、我作佛时,人民有来生我国者,不一色类金色者,我不作佛。

> 四、我作佛时,人民有来生我国者,天人世间人有异者,我不作佛。

> 五、我作佛时,人民有来生我国者,皆自推所从来生本末所从来十亿劫宿命;不悉知念所从来生,我不作佛。〔2〕
> ……

《阿弥陀三耶三佛萨楼佛檀过度人道经》所载二十四愿则有:

> 第一愿,使某作佛时,令我国中,无有泥犁禽兽薜荔蛸飞蠕动之类,得是愿乃作佛,不得是愿终不作佛。

> 第二愿,使某作佛时,令我国中,无有妇人女人,欲来生我国中者即作男子,诸无央数天人民,蛸飞蠕动之类,来生我国者,皆于七宝水池莲华中化生,长大皆作菩萨,阿罗汉都无央数,得是愿乃作佛,不得是愿终不作佛。

> 第三愿,使某作佛时,令我国土,自然七宝,广纵甚大旷荡,无极自软好,所居舍宅,被服饮食,都皆自然,皆如第六天王所居处,得是愿乃作佛,不得是愿终不作佛。

> 第四愿,使某作佛时,令我名字,皆闻八方上下无央数佛国,

---

〔1〕 "而恭明(支谦原名越,字恭明)前译,颇丽其辞,仍迷其旨。是使宏标乖于谬文,至味淡于华艳。虽复研寻弥稔,而幽旨莫启。"僧叡:《思益经序》,僧祐《出三藏记集》卷八,中华书局1995年版,第308页。
〔2〕 支娄迦谶:《无量清净平等觉经》卷一,《大正藏》第十二卷宝积部,第281页。

皆令诸佛,各于比丘僧大坐中,说我功德国土之善,诸天人民,蜎飞蠕动之类闻我名字,莫不慈心欢喜踊跃者,皆令来生我国,得是愿乃作佛,不得是愿终不作佛。

第五愿,使某作佛时,令八方上下,诸无央数天人民,及蜎飞蠕动之类,若前世作恶,闻我名字,欲来生我国者,即便反政自悔过,为道作善,便持经戒,愿欲生我国不断绝,寿终皆令不复泥犁禽兽薜荔,即生我国,在心所愿,得是愿乃作佛,不得是愿终不作佛。[1]

......

在佛经进入中土的过程中,支谦是佛经汉译本土化的代表。在《法句经序》中[2],他曾含蓄地表明过他的立场:

夫诸经为法言,法句者,犹法言也。近世葛氏传七百偈,偈义致深,译人出之,颇使其浑漫。惟佛难值,其文难闻。又诸佛兴,皆在天竺,天竺言语与汉异音,云其书为天书,语为天语,名物不同,传实不易。唯昔兰调、安侯世高、都尉、弗调,译胡为汉,审得其体,斯以难继。后之传者,虽不能密,犹尚贵其实,粗得大趣。始者维祇难出自天竺,以黄武三年来适武昌。仆从受此五百偈本,请其同道竺将炎为译。将炎虽善天竺语,未备晓汉,其

---

〔1〕 支谦:《阿弥陀三耶三佛萨楼佛檀过度人道经》卷上,《大正藏》第十二卷宝积部,第301—302页。

〔2〕《法句经序》在《出三藏记集》中注明"作者未详",吕澂等人考订为支谦所作。陈福康《中国译学史》考证道:"该序原未署名,收入梁僧祐所编《出三藏记集》卷七时,注为'未详作者'。近人胡适《白话文学史》,提及此序,亦不知何人所作。清董诰、阮元等人编《全唐文》,在卷九八六中收入此序,竟误为唐人所作。其实,该序既已见《出三藏记集》,自当作于南朝梁代之前。观序中记有'黄武三年',更可知实作于三国吴大帝时,即公元224年。至于其作者,据《出三藏记集》卷十三《安玄传》:'沙门维祇难者,天竺人也。以孙权黄武三年赍《昙钵经》胡本来至武昌,《昙钵》即《法句经》也。时支谦请出经,乃令其同道竺将炎传译,谦写为汉文。'同时,该传摘录此序,将第一人称'仆'径写作'支谦'。而《出三藏记集》卷十三《支谦传》中,亦记支谦译有《法句经》,可知该序作者实乃吴国居士、译经名家支谦无疑。所以,唐圆照《贞元新定释教目录》卷三即注明《法句经》乃'谦制序',而清严可均辑《全上古三代秦汉三国六朝文》时亦将它收入。"上海人民出版社2010年版,第6页。

所传言,或得胡语,或以义出音,近于质直。仆初嫌其辞不雅,维祇难曰:"佛言'依其义不用饰,取其法不以严',其传经者,当令易晓,勿失厥义,是则为善。"座中咸曰:"老氏称'美言不信,信言不美'。仲尼亦云'书不尽言,言不尽意'。明圣人意深邃无极。今传胡义,实宜径达。"是以自竭,受译人口,因循本旨,不加文饰。译所不解,则阙不传。故有脱失,多不出者。然此虽辞朴而旨深,文约而义博,事钩众经,章有本故,句有义说。[1]

支谦在文中的态度如此委婉,这使历来的误读并不鲜见,如罗根泽认为支谦此序"可以算是最初的直译说了"[2],朱志瑜等人曾引用荷兰汉学家许里和的观点,怀疑支谦是口头上的质派,实际上的文派,并进一步引申出"他(支谦)原先(或者心底里)是文派,但寡不敌众,后来(或者表面上)只好随了大流"[3]。主张文饰的支谦确实承受了巨大的压力,却没有随大流,反而成为由质趋文的先导,如吕澂《中国佛学源流略讲》附录《支谦》所言:

> 不过,拘泥形式的学人看到支谦尽量地删除梵本的繁复而务取省便,又竭力减少音译到最低程度,以至有时连应存原音的陀罗尼也意译了,不免有些反感。像后来道安就说他是"新凿之巧者",又以为"巧则巧矣,惧窍成而混沌终矣"。这自是另一角度的看法。要是从佛典翻译发展的全过程而说,由质趋文,乃是必然的趋势。支谦得风气之先,是不能否认的。[4]

除了文、质的基本倾向外,还有用语习惯使我们发现《阿弥陀三耶三佛萨楼佛檀过度人道经》在支谦所有的译作中显得那样另类,因此辛岛静志尽管认为《阿弥陀经》这两部汉吴译本情况过于复杂,不能轻易做出判断,但

〔1〕 僧祐:《出三藏记集》卷七《法句经序第十三》,中华书局 1995 年版,第 273 页。
〔2〕 罗根泽:《中国文学批评史》,上海书店出版社 2003 年版,第 265 页。
〔3〕 朱志瑜、朱晓农编著,《中国佛籍译论选辑评注》,清华大学出版社 2006 年版,第 6 页。
〔4〕 吕澂:《中国佛学源流略讲》附录"支谦",中华书局 1979 年版,第 294 页。

他仍然通过译风的对比忍不住要赞同哈里森（Harrison）的观点，认为《大阿弥陀经》是支娄迦谶所译，而《无量清净平等觉经》是支谦所译。[1] 在没有其他翻译家加入的前提下，即将我们的选择范围局限于此，这种排列确实似乎更为合理。总之，在支谦已经习惯于"窥音菩萨"这样意译的方式称呼观音菩萨——尽管它并不准确，他又怎么会回头重新使用"盧楼亘"这样的音写形式呢？

值得注意的是，在《阿弥陀三耶三佛萨楼佛檀过度人道经》中，开场出现是众"贤者"都是音写，如贤者拘邻、贤者拔智致、贤者摩诃那弥、贤者合尸、贤者须满日、贤者维末坻、贤者不乃、贤者迦为拔坻、贤者忧为迦叶、贤者那履迦叶、贤者那翼迦叶、贤者舍利弗、贤者摩诃目犍连、贤者摩诃迦叶、贤者摩诃迦旃延、贤者摩诃揭质、贤者摩诃拘私、贤者摩诃梵提、贤者邠提文陀弗等。[2] 而《无量清净平等觉经》则是音写与意译混合的形式，音译如治恒迦叶贤者、金杵坦迦叶贤者、舍利弗贤者、大目犍连贤者、大迦叶贤者、大迦旃延贤者等，意译如大力贤者、安详贤者、能赞贤者、满愿臂贤者、无尘贤者、多睡贤者、不争有无贤者、知宿命贤者、了深定贤者、善来贤者、博闻贤者等。[3] 但在支谦所译的《维摩诘经》中，对于出场的众神通菩萨都采用了意译，这自然是译者以"窥音"取代"盧楼亘"的直接原因，即以逐渐淘汰胡音使佛经本土化[4]，故汤用彤以为支谦之学"非纯粹西域之佛学"。

---

〔1〕"按照所有经录记载，《大阿弥陀经》是支谦译，《无量清净平等觉经》是支娄迦谶译。但我们只要把这两部经典比较一下就会立刻发现，二者基本是一致的。当然二者间也存在不同之处，例如，前者用'即'，后者从始至终用'则'；前者没有偈颂，后者有偈颂；前者用音写词'阿弥陀'，后者用'无量清净'这样的翻译。后者应该是前者的'翻版'。前者多用音写词等特征与支娄迦谶的译风一致，把音写词改为汉语的做法与支谦译风一致。但这两部经的关系较复杂，在这里暂不作深入探讨。"辛岛静志：《早期汉译佛家的语言研究——以支娄迦谶及支谦的译经对比为中心》，《汉语史学报》第十辑。

〔2〕支谦：《阿弥陀三耶三佛萨楼佛檀过度人道经》卷上，《大正藏》第十二卷宝积部，第300页。

〔3〕支娄迦谶：《无量清净平等觉经》卷一，《大正藏》第十二卷宝积部，第279页。

〔4〕前人早已指出，支谦对于支娄迦谶的不满主要集中在两个方面，一是语言质朴，二是多音译。支敏《合首楞严经记》云："恐是（支）越嫌（支娄迦）谶所译者，辞直多胡音。"僧祐：《出三藏记集》卷七，中华书局1995年版，第270页。

如果排除"盧楼亘"这样的音写方式,有学者所认为的支谦翻译《维摩诘经》时所使用的"窥音"一词是现有资料可以证实的观音向中国的最早输入这一观点[1],似乎是顺理成章。但这里依然存在着两个问题。首先支谦所译的《维摩诘经》存在着不确定性;其次,在支谦之前,已经有人使用"窥音"这样的意译方式。孙昌武先生说《维摩经》中出现的这个"窥音",并不能确定就是后来的观音[2]。"窥音"虽然在《维摩诘经》中只出现过一次,对他本身没有任何进一步地描述,但由于经文叙述众菩萨时将他与大势至菩萨挨在一起,使我们无法不产生这样的联想。对于《维摩诘经》而言,最大的困扰是我们目前所见到的题为支谦所译的本子是否保持了当初的原貌。日本学者镰田茂雄对此深感疑虑:

> 如果依支敏度之说,支谦译的《维摩诘经》确实存在。但道安录的《新集经律论录》则述及支谦所译《维摩诘经》阙如;而竺法护译的《维摩诘经》(亦称《维摩诘名解》)仍存。以为支谦译的《维摩诘经》尚存者是隋仁寿二年(六〇二)完成的《隋众经目录》。但现存支谦所译《维摩诘经》早在梁僧祐时代已缺失了,是后人把其他译者的《维摩诘经》,冠以支谦之名流布于世,直到现在。[3]

与镰田茂雄全盘否定的决绝态度相比,任继愈对这一译本却保持审慎的乐观态度,认为其骨干与精髓得以留存,"目前保存下来的支谦译本,在译文上与鸠摩罗什的译本大体相似,这很可能是几经后人的修补的结果。然而在思想倾向上,特别是与经过鸠摩罗什及其门徒们注释的译本相比较,那还是有所不同的;在文字的表达上,也还有许多含混模糊、意义不明

---

〔1〕 李利安:《观音信仰的渊源与传播》,宗教文化出版社 2008 年版,第 198 页。

〔2〕 孙昌武:《中国文学中的维摩与观音》第三章"观音信仰的弘传",天津教育出版社 2005 年版,第 61 页。

〔3〕 [日]镰田茂雄:《中国佛教通史》第一卷第二章"三国时代的佛教",佛光出版社 1985 年版,第 202 页。

的地方。这说明,它也保存有早期译文的某些特色"〔1〕。虽然译文经过了后人的多次修饰,但由于其早期特色的保留,更重要的是此后"窥音菩萨"这一名称几乎消散在历史长河中,这不免给我们增添了几分信心来确定支谦对于这个专用名称的使用权。

二 《佛说无量门微密持经》与《法镜经》

帮助我们树立这份信心的还有支谦所译的《佛说无量门微密持经》。其开首罗列了听佛讲经的十位菩萨,其中就有窥音菩萨:

> 闻如是。一时佛游于维耶离国大树精舍,佛告贤者大目犍连:汝行请游三千大千世界比丘,为弟子行及菩萨行者使会。目连受教步须弥顶,以道神力周遍佛界声告使知,应时精舍有四十万比丘会,复现神足令是天下猗行比丘,悉会精舍稽首毕一面住。佛复告慧见菩萨、敬首菩萨、除忧菩萨、虞界菩萨、去盖菩萨、窥音菩萨、殆弃菩萨、众首菩萨、辩音菩萨、慈氏菩萨:汝等行请十方无央数佛国诸一生补处,无所从生法忍,及不退转信解菩萨悉令会此,即皆受教而为感应。时有八百亿一生补处菩萨,三百亿得无所从生法忍菩萨,百亿不退转菩萨,六百亿信解菩萨,皆乘佛圣旨神足来会。〔2〕

据《出三藏记集》卷七支恭明《合微密持经记》所载,支谦曾把《无量门微密持经》和两种旧译对勘,首开会译之风。所谓"会译者,盖始于集引众经,比较其文,以明其义也"〔3〕。具体到支谦这次行动而言,就是"将所译有关大乘佛教陀罗尼门实践要籍《无量门微密持经》和两种旧译《阿难陀目

---

〔1〕 任继愈:《中国佛教史》第一卷第五章"三国时期汉译重要佛经剖析",中国社会科学出版社1985年版,第420页

〔2〕 支谦:《佛说无量门微密持经》,《大正藏》第十九卷密教部二,第680页。

〔3〕 汤用彤:《汉魏两晋南北朝佛教史》第六章"佛学玄学之滥觞",北京大学出版社2011年版,第77页。

呵离陀邻尼经》、《无端底总持经》对勘,区别本(母)末(子),分章断句,上下排列"[1]。不过,用作校勘会译的《陀邻尼经》和《总持经》均已失译,唯有《微密持经》得以留存。也就说,我们所见到的《无量门微密持经》确实是支谦所译[2]。从风格上看,支谦所译《佛说无量门微密持经》也保留了他一贯简洁流畅的意译特色,如向来音写的"八字真言",也被他翻译为"迹、敏、惟、弃、悲、调、灭、忍"。

《佛说无量门微密持经》出现的"窥音"菩萨到底是不是指我们所熟悉的观世音菩萨呢?经中众菩萨仅出现一次,没有其他描述,似乎难以判定。不过,作为密教经典的《佛说无量门微密持经》,有一条记录在中国佛学史上尤其醒目,那就是从汉末到唐代中后期出现过十多种译本,这种情形是较为少见的。著名学者周叔迦考证有十二译,其中九存三阙:

> 第一译是《无量门微密持经》一卷,一名《成道降魔得一切智经》,吴月支优婆塞支谦译。第二译是《无端底持经》一卷,魏吴失译。第三译是《阿难目佉经》一卷,晋安息三藏安法钦译。第四译是《无量破魔陀罗尼经》一卷,西晋河内沙门白法祖译。第五译是《佛说出生无量门持经》,或云《新微密持经》一卷,东晋天竺三藏佛陀跋陀罗译。第六译是《佛说阿难陀目佉尼阿离陀经》一卷,或云《出无量门持经》,刘宋天竺三藏求那跋陀罗译。第七译是《无量门破魔陀罗尼经》一卷,或云《破魔陀罗尼经》,刘宋西域沙门功德直共玄畅译。第八译是《佛说阿难陀目佉尼呵离陀邻尼经》一卷,元魏天竺三藏佛陀扇多译。第九译是《舍利弗陀罗尼经》一卷,萧梁扶南三藏僧伽婆罗译。第十译是《佛说一向出生菩萨经》一卷,隋天竺三藏阇那崛多等译。第十一译是《出生无边门陀罗尼经》一卷,唐至相寺沙门释智严译。第十二译是

---

〔1〕 吕澂:《中国佛学源流略讲》,中华书局 1992 年版,第 292 页。

〔2〕 汤用彤:《汉魏两晋南北朝佛教史》第六章"佛学玄学之滥觞",北京大学出版社 2011 年版,第 77 页。

> 《出生无边门陀罗尼经略疏》一卷,唐三藏沙门大广智不
> 空译。[1]

但蒋维乔认为是十一译六存[2],也有主张十六译的。究竟有多少种译本,因为史料的阙失恐怕难以断定。周叔迦认定留存的九种,也有一些译本一时难以查阅到,如其所言安法钦第三译,《历代三宝纪》卷六、《开元释教录》卷二均以为"与《微密持经》本同名异"[3]。此外,白法祖之四译,也鲜有著录[4]。在第五译即东晋佛陀跋陀罗所译《佛说出生无量门持经》中,出场的十位菩萨分别是:

> 无痴菩萨,文殊师利童子,离恶趣菩萨,无忧冥菩萨,离荫盖
> 菩萨,寂诸境界菩萨,观世音菩萨,香象菩萨,无量辩菩萨,弥勒
> 菩萨。[5]

在第七译即刘宋沙门功德直与玄畅所译的《无量门破魔陀罗尼经》中,听佛陀讲经的九位菩萨则分别是:

> 文殊师利菩萨,不舍恶趣菩萨,断一切忧悃菩萨,施一切菩
> 萨,除一切碍菩萨,观世音菩萨,香象菩萨,最高辩菩萨,弥勒菩
> 萨摩诃萨等。[6]

在第八译亦即北魏佛驮扇多所译之《佛说阿难陀目佉尼呵离陀邻尼经》,

---

[1] 周叔迦:《周叔迦佛学论著全集》第六册《出生无边门陀罗尼经略疏》,中华书局 2006 年版,第 2728 页。

[2] "此经(《出生无量门持经》)异译甚多:觉贤以前,已有四译:以吴支谦《无量门微密持经》一卷为第一译;觉贤以后,以刘宋求那跋陀罗所译《阿难陀目佉尼呵离陀经》一卷为第六译;至唐智严所译《出生无边门陀罗尼经》一卷为十一译;现存六译。"蒋维乔:《中国佛教史》第六章"隋唐以前之二大系统(一)",湘潭大学出版社 2010 年版,第 44 页。

[3] 分别见费长房《历代三宝纪》卷六,《大正藏》第四十九卷第 65 页上;智昇《开元释教录》卷二,《大正藏》第五十五卷第 497 页。

[4] 《吕澂佛学论著选集》卷三《新编汉文大藏经》录有《微密持经》译本九种,无周叔迦所言二译、三译与四译,齐鲁书社 1991 年版,1690—1691 页。

[5] 佛陀跋陀罗:《佛说出生无量门持经》,《大正藏》第十九卷密教部二,第 682 页。

[6] 功德直、玄畅:《无量门破魔陀罗尼经》,《大正藏》第十九卷密教部二,第 688 页。

十位菩萨是：

> 不现相菩萨，软首菩萨，弃诸勤苦菩萨，出一切忧冥菩萨，除
> 一切盖菩萨，一切尊自在菩萨，其音广闻遍见普安菩萨，众香手
> 菩萨，一语报万亿音菩萨，慈氏菩萨等。[1]

在第九译即梁朝僧伽婆罗所译的《舍利弗陀罗尼经》中，这十位菩萨为：

> 善见菩萨，文殊师利菩萨，除恶趣菩萨，断暗冥菩萨，出一切
> 境界竟菩萨，伏诸盖菩萨，观世音菩萨，香象菩萨，乐说顶菩萨，
> 弥勒菩萨。[2]

在第十译即隋朝的阇那崛多所译的《一向出生菩萨经》中，十位菩萨被译为：

> 不空见菩萨，文殊尸利童子菩萨，断恶道障菩萨，断一切忧
> 意菩萨，一切行彻到菩萨，一切障断菩萨，观自在菩萨，香象菩
> 萨，辩聚菩萨，慈氏菩萨。[3]

第十一译，即唐朝智严所译《出生无边门陀罗尼经》，十位菩萨又分别是：

> 文殊师利法王子菩萨，离一切忧菩萨，离诸境界菩萨，峰辩
> 无尽菩萨，弃诸盖菩萨，不空见菩萨，救恶趣菩萨，观自在菩萨，
> 香象菩萨，慈氏菩萨。[4]

第十二译，即唐朝智不空所译《出生无边门陀罗尼经略疏》，经中罗列了二
十三位菩萨：

> 不空见菩萨，文殊师利童真菩萨，灭恶趣菩萨，断忧暗菩萨，

---

[1] 佛驮扇多：《佛说阿难目佉呵离陀邻尼经》，《大正藏》第十九卷密教部，第692页。
[2] 婆罗：《舍利弗陀罗尼经》，《大正藏》第十九卷密教部二，第695页。
[3] 阇那崛多：《一向出生菩萨经》，《大正藏》第十九卷密教部二，第698页。
[4] 智严：《出生无边门陀罗尼经》，《大正藏》第十九卷，第703页。

> 除一切盖障菩萨，网光菩萨，灭一切境界慧菩萨，观自在菩萨，不
> 疲倦意菩萨，香象菩萨，勇猛菩萨，虚空库菩萨，无量光菩萨，月
> 光菩萨，智幢菩萨，贤护菩萨，海慧菩萨，无尽慧菩萨，金刚藏菩
> 萨，虚空藏菩萨，普贤菩萨，辩积菩萨，慈氏菩萨。[1]

在上述七种异译本中，将"窥音"改为"观世音"的有三种，改为"观自在"的
也有三种。唯独北方的佛徒将"窥音"改为了"其音广闻遍见普安菩萨"，
这一称呼虽不常见，却也在我们所能理解的"观音"意译的范畴之内。总
之，除了"弥勒（慈氏）菩萨"、"文殊菩萨"外，在这七种译本中，"观世音（观
自在）"是我们最能确定的菩萨。因此，我们也找不出其他任何理由来否
定支谦所译《无量门微密持经》中的"窥音菩萨"就是"观世音（观自在）菩
萨"。当然，这并不意味着"窥音菩萨"就是支谦的首创。在支谦之前，已
经使用过"窥音"这一特定称呼的是后汉的安玄，他进入中土的时间略晚
于安世高[2]。慧皎《高僧传》初集卷一记载：

> 时又有优婆塞安玄，安息国人，性贞白，深沉有理致，博诵群
> 经，多所通习，亦以汉灵之末游贾洛阳，以功号曰骑都尉，性虚靖
> 温恭，常以法事为己任。渐解汉言，志宣经典，常与沙门讲论道
> 义，世所谓都尉者也。玄与沙门严佛调共出《法镜经》，玄口译梵
> 文，佛调笔受，理得音正，尽经微旨，郢匠之美，见述后代。[3]

安玄的代表作品，就是文中提到的于光和四年(181)译出的《法镜经》[4]。
关于这部佛经，或如小野玄妙所言，为安玄等所译乃是无疑之事实[5]。

---

〔1〕 智不空：《出生无边门陀罗尼经略疏》，《大正藏》第十九卷密教二，第676页。
〔2〕 "安玄是个周游各地的商人、佛教居士，也广读佛经。他比安世高晚来东汉约四十
年，翻译出早期大乘佛经经典《法镜经》。"任继愈：《中国佛教史》第一卷，中国社会科学出版社
1985年版，第83页。
〔3〕 慧皎撰，汤用彤校注，汤一介整理：《高僧传》卷一，中华书局1992年版，第10—11页。
又见僧祐《出三藏记集》卷十三《安玄传》，第511—512页。文字略异。
〔4〕 王建光：《中国律宗通史》，凤凰出版社2008年版，第42页。
〔5〕 ［日］小野玄妙：《佛教经典总论》第一部《经典传译史》第三章"古译时代"，新文丰出
版公司1983年版，第27页。

后世对安玄的高度评价均与这一译本联系在一起。康僧会《法镜经序》云：

　　夫心者众法之原，臧否之根，同出异名，祸福分流。以身为车，以家为国，周旋十方，禀无倦息。家欲难足，犹海吞流，火之获薪。六邪之残，已甚于蒺藜网之贼鱼矣。女人佞等三魋，其善伪而信寡，斯家之为祸也。尊邪秽，贱清真，连丛琐，谤圣贤，兴狱讼，丧九亲，斯家之所由矣。是以上士耻其秽，惧其厉，为之惵惵如也。默思遁迈，犹明哲之避无道矣。剔发毁容，法服为珍，靖处庙堂，练情攘秽，怀道宣德，阐导聋瞽。或有隐处山泽，枕石漱流，专心涤垢，神与道俱。志寂齐乎无名，明化周乎群生，贤圣竞乎清净，称斯道曰大明，故曰《法镜》。

　　骑都尉安玄，临淮严浮调，斯二贤者，年在龆龀，弘志圣业，钩深致远，穷神达幽。悯世蒙惑，不睹大雅，竭思译传斯经景摸。都尉口陈，严调笔受，言既稽古，义又微妙。然时干戈未戢，志士莫敢或遑，大道陵迟，内学者寡。会睹其景化，可以拯涂炭之尤崄，然义壅而不达，因闲竭愚，为之注义。丧师历载，莫由重质，心愤口悱，亭笔怆如，追远慕圣，涕泗并流。今记识阙疑，俟后明哲，庶有畅成，以显三宝矣。[1]

在《法镜经》译本流传的过程中，康僧会无疑起到了重要作用。他的序言帮助我们进一步确立了安玄、严浮调两人对于《法镜经》无可争议的功勋。[2] 序言中对于《法镜经》"言既稽古，义又玄妙"，也是我们联系到他

　　〔1〕　僧祐：《出三藏记集》卷六《法镜经序》，中华书局 1995 年版，第 254—255 页。
　　〔2〕　"与安世高一道工作的安息人安玄是一位优婆塞，他于公元 181 年以商人身份来到洛阳，且因立过并不突出的'功'而获得骑郡尉的中国军衔，并与一位来自临淮（安徽）名叫严佛调（'佛'亦作'浮'或'弗'）的中国人一起共事，后者是我们所知的第一个中国僧人。安玄与严佛调合作翻译了《法镜经》（Ugradattaparipṛcchā，《大正藏》No. 322）；康僧会（公元 3 世纪中期）证实了这种归属。有些令人惊奇的是：这部经是对菩萨生涯的概括说明，因此在整体上属于大乘。"[荷兰]许里和著：《佛教征服中国——佛教在中国中古早期的传播与适应》，李四龙、裴勇等译，江苏人民出版社 2003 年版，第 36 页。

"都尉玄"的声名〔1〕。正因为安息的安玄对中土文化有深入的了解，还能够经常同他人讲论道义，所以在佛学史和翻译史都留下了令人瞩目的一笔。更为重要的是，《法镜经》主要阐发的是"开士"居家修行的规范与方法，如以六度为基，奉持五戒等，其开篇云：

> 闻如是：一时众祐，游于闻物国胜氏之树给孤独聚园，与大众除馑千二百五十人俱，及五百开士，慈氏、敬首、始弃、窥音，开士之上首者也。彼时若干百众，围累侧塞，众祐而为说经。〔2〕

所谓"开士"，即开悟之人、得道之士，在这里就是"菩萨"的意译。如《六度集经》有云："或有开士，建大弘慈，将导众生者乎？"〔3〕因此，《法镜经》就是佛陀给在家、出家菩萨演说戒行，如许里和所言，在整体上属于大乘佛教。〔4〕而《法镜经》开首出现的"窥音"，紧接着慈氏出场，又为诸菩萨之上首，故所指当为我们所熟知的观世音菩萨，也当是现存资料中"观世音"的最早现身。西晋的竺法护，将《法镜经》译为《郁迦罗越问菩萨行经》，其开篇云：

> 闻如是：一时佛游舍卫国祇树之园给孤独精舍，与大比丘众千二百五十人，慈氏菩萨、软首菩萨、除恶菩萨、光世音菩萨等五

---

〔1〕《出三藏记集》卷十三《安玄传》云："常与沙门讲论道义，世所谓都尉玄也。"第511页。《高僧传》作"世所谓都尉者也"，第11页。

〔2〕安玄：《法镜经》，《大正藏》第十二卷宝积部，第15页。

〔3〕康僧会译撰，吴海勇注译：《六度集经》，花城出版社1998年版，第135页。

〔4〕这一说法为多数学者所认同，如汤用彤《魏晋玄学论稿》："汉末佛徒安玄，学宗大乘。"人民出版社1957年版，第44页。李家勇、麦桂演《中国秦汉宗教史》："《法镜经》是《郁伽长者所问经》、《郁伽罗越问菩萨行经》的同本异译，是阐明在家修菩萨行的大乘经典。"人民出版社1992年版，第160页。张维青、高毅清《中国文化史》(一)："与安世高和支娄迦谶同时或稍后的翻译佛经者还有来自安息的安玄、来自天竺的竺佛朔、来自大月支的支曜等人，他们翻译的也多是大乘佛典。大乘佛教当时在中国广泛传播，其实是由于和中国道家思想有许多相通之处，魏晋玄学盛行时其更得到突出发展。"山东人民出版社2001年版，第414页。但同样关注其间道家思想因子的崔瑞德、费正清却认定安玄对小乘教义更感兴趣："很显然，安世高和安玄翻译的东西都由中国佛教徒提出，因为它们或者论及中国人在自己的传统中所熟习的小乘教义中命理学之类的内容，或者论及精神修养和呼吸功夫，这就使得佛教的瑜伽和道教的同类功夫很相近。"《剑桥中国史》，中国社会科学出版社1992年版，第887页。

千人俱。[1]

安玄《法镜经》中的"窥音",直接被他改译为"光世音菩萨"。总之,通过以上讨论,我们可以得出以下结论。

首先,与"盧楼亘"不同的是,"窥音"这个昙花一现的译名所出现的时间,我们是可以确定的,即最晚在东汉后期。不过,让我们感到奇怪的是,鲜有学者以此作为判定观音进入中土的标尺,因为无论是安玄的思想倾向还是《法镜经》的异译本都可以帮助我们做出"窥音"就是"观世音菩萨"的判断。这或许与安玄及其所译的《法镜经》在佛学史上的地位有关,毕竟其人其书都不引人注目。

其次,借助于异译本而非本经中的相关描述来判定"窥音"的所指,这一方法也被我们运用到《佛说无量门微密持经》的比勘中。正是因为其众多异译本的存在,我们才可以进一步判定支谦也是"窥音"这一译名的使用者,并结合其意译的风格,排除其同时也是"盧楼亘"这一音写形式的使用者,即不赞同支谦为《阿弥陀三耶三佛萨楼佛檀过度人道经》的译者。

最后,与《法镜经》相同的是,《佛说无量门微密持经》的影响,与《维摩诘经》相比,是不可同日而语的。因此,《维摩诘经》中所出现的"窥音"一词在观音译名研究与传播方面不可忽视。只是《维摩诘经》是否为支谦所译尚无法判定,即使我们做出了肯定的回答,我们所能见到的这一佛经是否是支谦译作的原貌依然在两可之间,这使我们无法将"窥音"这一首先出现的意译形式与大翻译家支谦紧密联系起来,同时也就对"窥音"这一译名的地位不能给予更高的期待。即使如此,相对于它的出现所带来的颠覆性的变化,我们目前的关注还是不够充分的。"窥音"这一探索式的意译,开创了观音译名的新时代,这也正是我们虽然无法确定"盧楼亘"出现在中土的具体时间,却总是将它置于诸译名之前的根本原因,毕竟音写通常早于意译。

---

[1] 竺法护:《郁迦罗越问菩萨行经·上士品第一》,《大正藏》第十二卷,第113页。

第三章　现音声菩萨

一　玄风大畅与《放光般若经》的盛行

人们一般认为，魏晋以来佛教的影响在中土逐渐扩大，其重要原因之一在于借助了玄学大畅之风。汤用彤曾有精辟论述："释教在汉末传译渐广，其中朔佛、支谶共译出《道行经》。支谶之后有亮，亮之弟子支谦，重译《摩诃般若波罗蜜多经》，即《道行经》，而称曰《大明度无极》。其用字既全黜胡音，其义旨颇仿《庄》、《老》。……然名僧、名士之结合，当滥觞于斯日。其后《般若》大行于世，而僧人立身行事又在在与清谈者契合。夫《般若》理趣，同符《庄》、《老》。而名僧风格，酷肖清流，宜佛教玄风，大振于华夏也。"[1]

汤氏指出，两晋之际佛教的盛行，在于传教者有意识地融入了当时的

<hr />

〔1〕　汤用彤：《汉魏两晋南北朝佛教史》第七章"两晋际之名僧与名士"，北京大学出版社2011年版，第88页。许抗生亦以为"魏晋时期在我国哲学史上进入了一个新时期，即出现了一股崇尚老庄思想的玄学思潮。当时玄学思潮统治了整个思想界，影响很大，其中尤以何晏、王弼为代表的玄学贵无派影响为最大。……这种崇无的哲学，正好与佛教的大乘般若空学所主张的'一切皆空'的空宗思想相类似，因此在盛极一时的玄学思想影响下，佛教徒们就常用玄学哲学来解释与宣扬佛教的般若空学，从而使得佛教大乘空宗的思想得到了极大的发展。这是佛教思想之所以能在晋代始盛的一个极其重要的原因"。许抗生等：《魏晋玄学史》第七章"魏晋玄学与佛教"，陕西师范大学出版社1989年版，第449—450页。

玄学潮流之中。这些高僧不仅在立身行事上每每向清流名士靠拢以博取更多的认同感，连他们传道的佛学经籍也尽可能本土化，披上玄思的时髦外衣，即所谓"用字全黜胡音"、"义旨颇仿《庄》、《老》"。大致说来，这里的论述是不错的。名士与名僧的结合，是魏晋时期的显著特色。不过，正如上述引文所阐述的那样，在玄学与佛学相互渗透的过程中，人们更瞩目于玄风对中古佛学的熏染，强调佛学在本土化过程中对玄思的借重，或不免忽略了玄学家对于佛理的吸收，以至于将玄学与佛学的关系理解为单向的关系。

事实上，大乘般若思想进入中土，是在玄风大畅之前，如作为中土佛教大乘般若思想第一个译本的《道行般若经》，就出现在后汉。载于《出三藏记集》的《道行经后记》有云："光和二年（179）十月八日，河南洛阳孟元士。口授天竺菩萨竺朔佛，时传言译者月支菩萨支谶，时侍者南阳张少安、南海子碧，劝助者孙和、周提立。正光二年九月十五日，洛阳城西菩萨寺中沙门佛大写之。"[1]按照这里的叙述，《道行经》早在后汉就为竺朔佛等人所译出，在翻译的过程中，还得到了士大夫的帮助。当然，据《高僧传》支娄迦谶本传，《道行经》是为竺佛朔所携来，而由支娄迦谶等人于光和二年所译出。[2]由于这里的记载存在着含混之处，僧祐的《出三藏记集》便以为其时译本有一卷本与十卷本之不同，前者为竺朔佛领衔译出，后者以支娄迦谶为核心译出，从而导致了《光赞般若经》与《放光般若经》是否为同本异译的争论。[3]不过，这里的争论对我们的论述并无影响，

---

〔1〕　佚名：《道行经后记》，僧祐《出三藏记集》卷七，中华书局1995年版，第264页。

〔2〕　"时有天竺沙门竺佛朔，亦以汉灵之时，赍道行经，来适洛阳，即转梵为汉，译人时滞，虽有失旨，然弃文存质，深得经意。朔又以光和二年（179），于洛阳出《般舟三昧》，谶为传言，河南洛阳孟福张莲笔受。"慧皎撰，汤用彤校注，汤一介整理：《高僧传》卷一，中华书局1992年版，第10页。

〔3〕　"《道行经》一卷，右一部，凡一卷，汉桓帝时，天竺沙门竺朔佛赍胡本至中夏，到灵帝时，于洛阳译出。《道行经》十卷（或云《摩诃般若波罗蜜经》，或八卷，光和二年十月八日出），……右十四部，凡二十七卷，汉桓帝时，月支国沙门支谶所译出。"僧祐：《出三藏记集》卷二《新集撰出经律论录》，中华书局1995年版，第26—27页。

因为无论我们是否采信汤用彤的分析来对待竺朔佛一卷本的存在[1]，《道行经》出现在东汉已经是不争的事实。

在许多学者那里，《道行经》都被认为是支娄迦谶标志性的成果[2]。它的译出，具有重要的时代意义，"标志着一个至关重要的过程的开端：当佛教在公元3世纪末、4世纪初开始渗透到有文化的上层阶级的生活和思想中去的时候，最主要的是大乘般若派的基本经典（《般若经》、《维摩诘经》）中所论述的'一切皆空'的理论在士大夫中间流行，这主要是因为与当时盛行的'玄学'思辨有明显的亲和力"[3]。也就是说，东汉后期就出现在中土的以《道行经》代表的般若类佛经，正为佛教进入士大夫阶层埋下了伏笔。佛学家虽然借助于玄风而使佛学得以流布海内，却也是因为般若类佛经带给了名士们亲切感，使后者能够在其间寻找到与玄学的契合之处。

般若经的风行，是魏晋以来的事情。模仿《论语》以每篇前两字为篇名而在行文与思想上深受道家影响的《道行经》，在当时的影响毕竟有限，一方面固然是其作为滥觞之作，经中所阐述的般若思想诸如"空的智慧"[4]人们还缺乏理解的基础；另一方面则与支娄迦谶的译文风格有关。支娄迦谶多采用直译的方式，少有修饰，"因本顺旨，转音如已，敬顺圣言，了不加饰"[5]，"贵尚实中，不存文饰"[6]，这种质朴的文风很难受到豪门广厦中的"清谈"里手的欢迎。或许正是为了弥补质直文风所带来的缺

---

[1] "按'译人口传抄撮'云云，惟支谶译朔佛口传之时，于不了解处，辄加省略也。《祐录》此段明白。但《僧传·士行传》云，竺朔佛译出《道行经》，文句简略。后人据此以为朔亦译有此经，与支谶不同，是慧皎行文简略致误也。"汤用彤：《汉魏两晋南北朝佛教史》（增订本），北京大学出版社2011年版，第87页。

[2] "在他（支娄迦谶）所译的佛经中，小乘佛教的经典一部也没有，全系大乘经典，其中最重要的是《道行般若经》。这是《小品般若经》的异译，支娄迦谶译的《道行般若经》才是《般若经》的最早译本。"镰田茂雄著：《简明中国佛教史》，郑彭年译，上海译文出版社1986年版，第24页。

[3] 许里和著：《佛教征服中国》，李四龙、裴勇等译，江苏人民出版社1998年版，第50页。

[4] 《本无品》："怛萨阿竭教但说空慧。"《道行经》卷五，《大正藏》第八卷般若部四，第453页。又《泥犁品》："般若波罗蜜，空无所有，无近无远，是故为菩萨摩诃萨般若波罗蜜。"《道行经》卷三，《大正藏》第八卷般若部四，第440页。

[5] 道安：《道行经序》，僧祐《出三藏记集》卷七，中华书局1995年版，第263—264页。

[6] 支敏度：《合首楞严经记》，僧祐《出三藏记集》卷七，中华书局1995年版，第270页。

憾，支谦对《道行经》首先进行了重译。

相对于支娄迦谶所译之经，支谦之《大明度无极经》更简洁，更准确，更流畅，意译的特色十分鲜明，大抵吻合玄学家"以少总多"、"得意忘言"、"旨趣幽深"等审美趣味。支敏度所概括的支谦"文而不越，约而义显"的文风与"所异者删而定之，其所同者述而不改"的重译原则[1]，在这里也得以充分体现，故汤氏言支谦此经"用字既全黜胡音"、"义旨颇仿《庄》、《老》"，而吕澂也认为支谦之《大明度无极经》比《道行经》更能阐发般若"冥开解玄"的旨趣[2]。支谦对于文辞的过分关注，对于技巧的过分修饰，一度还引起了后学的忧虑，如道安即云"巧则巧矣，惧窍成而混沌终矣"[3]，僧肇也曾说过"恨支（谦）、竺（法护）所出，理滞于文，常惧玄宗，堕于译人"[4]。

总之，品目较少的《道行经》无法满足人们日益增长的对佛理的渴求，直到《大品般若经》的译出，才迎来了般若经典的辉煌。其中，无罗叉等人在公元 291 年所翻译的《放光般若经》可谓扛鼎之作，有学者甚至认为，"在罗什译出《摩诃般若经》前，一个多世纪内，《放光般若经》是人们最清楚、全面地了解般若义理的经典，《放光般若经》译出后，对当时的佛教义学产生了重大影响"[5]。

这一时期《放光般若经》的巨大影响确实有据可案。汤用彤《汉魏两晋南北朝佛教史》曾搜罗了两晋之际精通般若之学的 24 位名士僧徒，其中史籍明确注明 11 位学者所研习的是《放光般若经》，3 位精通《大品》即《放光经》的异译本[6]。许抗生罗列了 14 位般若学者，而有 12 位所研习

---

〔1〕　支敏度：《合首楞严经记》，僧祐《出三藏记集》卷七，中华书局 1995 年版，第 270 页。

〔2〕　吕澂：《中国佛学源流略讲》，中华书局 1979 年版，第 293 页。

〔3〕　道安：《摩诃钵罗若波罗蜜经抄序》，僧祐《出三藏记集》卷八，中华书局 1995 年版，第 290 页。

〔4〕　僧肇：《维摩诘经序》，僧祐《出三藏记集》卷八，中华书局 1995 年版，第 310 页。

〔5〕　蔡宏：《〈放光般若波罗蜜经〉在中国的传译及其思想影响》，《法源》2004 年，第 307 页。

〔6〕　汤用彤：《汉魏两晋南北朝佛教史》第七章"两晋际之名僧与名士"，北京大学出版社 2011 年版，第 89—90 页。

的是《放光般若经》〔1〕。如"深洞佛理,关陇知名"的帛法祚曾注《放光般若经》〔2〕;"少以风姿见重,加复神采卓荦,高论适时"的支孝龙,披阅竺叔兰所译《放光经》"旬有余日,便就开讲"〔3〕;"貌虽梵人,语实中国,容止详正,志业弘深"的康僧渊"诵《放光》、《道行》二般若"〔4〕;"西晋前期南方士大夫佛教的最著名的人物之一"竺道潜24岁便能讲《大品》〔5〕;竺法蕴"悟解入玄,尤善《放光般若》";道安"昔在汉阴十有五载,讲《放光经》岁常再遍。及至京师,渐四年矣,亦恒岁二,未敢堕息"〔6〕等。不仅众多僧人名士对《放光般若经》津津乐道,其时普通信徒也多喜爱。《出三藏记集》有云:

> 斯经既残不具,并《放光》寻出,大行华京,息心居士翕然传焉。中山支和上遣人于仓垣断绢写之,持还中山。中山王及众僧,城南四十里幢幡迎经,其行世如是。〔7〕

文中所谓"既残不具"的佛经是竺法护所翻译的《光赞般若经》。《光赞般若经》为大品般若的更早译本〔8〕,比《放光般若经》晚到中土而先出〔9〕,

〔1〕 许抗生:《魏晋玄学史》,陕西师范大学出版社1989年版,第454页。

〔2〕 《高僧传》第一卷译经上《晋长安帛远传》附录,第27页。

〔3〕 慧皎撰,汤用彤校注,汤一介整理:《高僧传》卷四,中华书局1992年版,第149页。

〔4〕 慧皎撰,汤用彤校注,汤一介整理:《高僧传》卷四,中华书局1992年版,第150—151页。

〔5〕 许里和著:《佛教征服中国》,李四龙、裴勇等译,江苏人民出版社2003年版,第102页。上书同页"来自汲郡的破落文人家庭的居士卫士度,他摘编了支娄迦谶的《放光经》",有误。

〔6〕 道安:《摩诃钵罗若菠罗蜜经抄序》,僧祐《出三藏记集》卷八,中华书局1995年版,第289页。

〔7〕 道安:《合放光光赞略解序》,僧祐《出三藏记集》卷七,中华书局1995年版,第266页。

〔8〕 道安以为它与《放光般若经》为"同本异译"(《合放光光赞略解序第四》,中华书局1995年版,第266页),任继愈《中国佛教史》第二卷(中国社会科学出版社1985年版,第31页)也支持这一看法。但吕澂认为它们是两个完全不同的本子(《中国佛学源流略讲》,中华书局1979版,第35页),镰田茂雄更指出"竺佛朔译的《道行经》,与朱士行携回的原本由无罗叉和竺叔兰共译的《放光经》,是完全不同的经典"(《中国佛教通史》第一卷,佛光出版社1985年版,第192页)。

〔9〕 "《光赞》于阗沙门祇多罗以太康七年赍来,护公以其年十一月二十五日出之。《放光分》如檀以太康三年于阗为师送至洛阳,到元康元年五月,乃得出耳,先《光赞》来四年,后《光赞》出九年也。"道安:《合放光光赞略解序》,僧祐《出三藏记集》卷七,中华书局1995年版,第265页。朱士行弟子,《出三藏记集》多写为"不如檀"、"弗如檀"。

但相当长时期内不为人所熟知,对此时人也有所不解:"护公出《光赞》,计在《放光》前九年,不九年当八年,不知何以遂逸在凉州,不行于世。寻出经时,乃在长安出之,而都不流行,乃不知其故。"[1]道安推测《光赞般若经》质朴的文风或是阻碍其流行的重要原因:"言准天竺,事不加饰,悉则悉矣,而辞质胜文也。每至事首,辄多不便,诸反复相明,又不显灼也。考其所出,事事周密耳。"[2]也就是说,译者过分追求周密详尽,与原意不差分毫,不免烦琐而质朴无文。相比之下,《放光般若经》则"言少事约,删削复重,事事显炳,焕然易观也"[3],所以能够风行。这样看来,《放光经》之于《光赞经》,正如《大明度无极经》之于《道行经》。

二　朱士行西行与《二万五千颂般若经》抄本的访获

盛行一时的《放光般若经》,是朱士行直接从西域求得的。朱士行的这一次西行求法,意义十分重大,历来极为引人瞩目。外国学者认为"这是对中国人出国求法的最早记载,也是中国人第一次自己详细地描述中亚当地的佛教"[4],国内学者多将其与我们所熟悉的玄奘相提并论,或肯定其宏愿与风骨[5],或赞扬其求法的热忱与真诚[6],或敬佩其求知的纯真与虔诚[7]。总之,他是一个求法者而非朝圣者或香客。

----

〔1〕 佚名:《渐备经十住梵名并书叙》,僧祐《出三藏记集》卷九,中华书局 1995 年版,第 332 页。

〔2〕 道安:《合放光光赞略解序》,僧祐《出三藏记集》卷七,中华书局 1995 年版,第 266 页。

〔3〕 道安:《合放光光赞略解序》,僧祐《出三藏记集》卷七,中华书局 1995 年版,第 265 页。

〔4〕 许里和著:《佛教征服中国——佛教在中国中古早期的传播与适应》,李四龙、裴勇等译,江苏人民出版社 2003 年版,第 62 页。

〔5〕 "士行之所谓佛法者,乃重在学问,非复东汉斋祀之教矣。四百余年后,玄奘忘身西行,求《十七地论》。二人之造诣事功,实不相侔,而其志愿风骨,确足相埒也。"汤用彤:《汉魏两晋南北朝佛教史》(增订本),第一章"佛教东传与东汉、三国时期的佛教",北京大学出版社 2011 年版,第 87 页。

〔6〕 "从汉僧西行求法的历史上看,朱士行可说是创始的人。那时去西域的道路十分难走,又没有人引导,士行只凭一片真诚,竟达到了目的;他这种为法热忱是可以和后来的法显、玄奘媲美的。"吕澂:《中国佛学源流略讲》,中华书局 2006 年版,第 295 页。

〔7〕 "士行可谓中国第一人,出国境往外国求学者。迹其出国远游之志,乃纯粹为求真学问,有功于中国文化者也。"张星烺:《中外佛教交通史料汇编》,弥勒出版社 1984 版,第 276 页。

作为中土西行求法第一人,朱士行的初衷究竟如何呢? 僧祐《出三藏记集》所载《朱士行传》,有生动而详细地描述:

> 朱士行,颍川人也。志业清粹,气韵明烈,坚正方直,劝沮不能移焉。少怀远悟,脱落尘俗,出家以后便以大法为己任。常谓入道资慧,故专务经典。初天竺朔佛,以汉灵帝时出《道行经》,译人口传,或不领辄抄撮而过,故意义首尾颇有格碍。士行常于洛阳讲《小品》,往往不通。每叹此经大乘之要,而译理不尽,誓志捐身,远迎大品。遂以魏甘露五年,发迹雍州,西渡流沙。既至于阗,果写得正品梵书,胡本九十章,六十万余言。遣弟子不如檀,晋言法饶,凡十人,送经胡本还洛阳。……河南居士竺叔兰,善解方言,译出为《放光经》二十卷。[1]

由此可见,朱士行所以西行取经,乃是出于对支娄迦谶等人所译《道行经》之不满,其不满则主要在于译文的扞格难通。探询其间的叙述语气,支谦所译之《大明度无极经》既属"小品"之列,或亦当为朱士行所不满。但在《高僧传》朱士行本传中,《大明度无极经》却被有意地忽略了:

> 昔汉灵之时,竺佛朔译出《道行经》,即"小品"之旧本也。文句简略,意义未周。士行尝于洛阳讲《道行经》,觉文章隐质,诸未尽善。每叹曰:"此经大乘之要,而译理不尽。誓志捐身,远求大本。"遂以魏甘露五年,发迹雍州,西渡流沙,既至于阗。果得梵书正本,凡九十章,遣弟子不如檀,此言法饶,送经梵本,还归洛阳。[2]

这与道安《道行经序》中的陈述较为接近。道安在《道行经序》中用大段文

---

[1] 僧祐:《出三藏记集》卷十三《朱士行传第五》,中华书局 1995 年版,第 515 页。
[2] 慧皎撰,汤用彤校注,汤一介整理:《高僧传》卷四,中华书局 1992 年版,第 145 页。许里和认为,这里之所以没有提到支谦的《大明度无极经》,是因为这部经书当时还没有传播到北方。许里和:《佛教征服中国》,江苏人民出版社 2003 年版,第 82 页。

字阐述了他的翻译思想，主张不能锱铢计较于字句之间，即所谓"考文以
征其理者，昏其趣者也；察句以验其义者，迷其旨者也"，而应该以意运辞，
这样则"三十万言，其是视诸运掌"〔1〕。支娄迦谶所译之《道行经》，在道
安看来正是犯了过分迷信直译的错误而导致译文含混不清，这也是朱士
行前往于阗寻求真经的缘由：

> 佛泥曰后，外国高士抄九十章为道行品。桓灵之世，朔佛赍
> 诣京师，译为汉文。因本顺旨，转音如已，敬顺圣言，了不加饰
> 也。然经既抄撮，合成章指，音殊俗异，译人口传，自非三达，胡
> 能一一得本缘故乎？由是《道行》颇有首尾隐者。古贤论之，往
> 往有滞。仕行耻此，寻求其本，到于阗乃得。送诣仓垣，出为《放
> 光品》。斥重省删，务令婉便，若其悉文，将过三倍。善出无生，
> 论空特巧，传译如是，难为继矣。〔2〕

在于阗的朱士行，自然是历尽艰辛，才寻获了《二万五千颂般若经》抄本。
朱士行所获之本，既然为真经，在人们印象中自然不能轻易获取，应该有
所磨砺，应该有神迹庇护方显弥足珍贵，于是在僧祐的《朱士行传》中便衍
生了这样一段曲折的故事：

> （朱士行）未发之间，于阗小乘学众遂以白王云："汉地沙门
> 欲以婆罗门书惑乱正典，王为地主，若不禁之，将断大法，聋盲汉
> 地，王之咎也。"王即不听赍经。士行愤慨，乃求烧经为证。王欲
> 试验，乃积薪殿庭，以火爇之。士行临阶而誓曰："若大法应流汉
> 地者，经当不烧；若其无应，命也如何！"言已，投经，火即为灭，不
> 损一字，皮牒如故。大众骇服，称其神感，遂得送至陈留仓恒水
> 南寺。〔3〕

---

〔1〕 道安：《道行经序》，僧祐《出三藏记集》卷七，中华书局1995年版，第263页。
〔2〕 道安：《道行经序》，僧祐《出三藏记集》卷七，中华书局1995年版，第263—264页。
〔3〕 僧祐：《出三藏记集》卷十三《朱士行传》，中华书局1995年版，第515—516页。

朱士行竟然被迫以用火焚烧的方法来验证佛经之真伪,这样的故事我们并不陌生,它之前在汉明帝时僧道斗法中就出现了,后来也发生在《首楞严三昧经》身上。这种神判的极端方式,只能说明朱士行对于大乘经籍的热衷与访求,已经引起了偌大的风波,使于阗当地的佛徒十分警惕,也说明大乘类的经籍不仅在洛阳不可多得,而且在远在西域的于阗也极为罕见,不为当地信徒所认可,这也进一步证明了朱士行此行的价值。虽然在众多经录如《出三藏记集》中,我们所能确认的与朱士行相关的佛籍仅此一部,但朱士行的地位已牢不可破。当然,《出三藏记集》卷二在记录朱士行所送之经书时也留下了错误,其中有云:

> 《放光经》二十卷,晋元康元年五月十五日出,有九十品。一
> 名《旧小品》,阙。右一部,凡二十卷。魏高贵乡公时,沙门朱士
> 行以甘露五年到于阗国,写得此经正品梵书胡本十九章,到晋武
> 帝元康初,于陈留仓垣水南寺译出。[1]

《祐录》以为朱士行在于阗所访获之胡本为十九章,但《朱士行传》及《道行经序》都明言其为九十章,而《放光经记》的记载最为翔实可靠:

> 惟昔大魏颖川朱士行,以甘露五年出家学道为沙门,出塞西
> 至于阗国,写得正品梵书胡本九十章,六十万余言。以太康三年
> 遣弟子弗如檀,晋字法饶,送经胡本至洛阳。住三年,复至许昌。
> 二年后至陈留界仓垣水南寺,以元康元年五月十五日,众贤者共
> 集议,晋书正写。时执胡本者,于阗沙门无罗叉,优婆塞竺叔兰
> 口传,祝太玄、周玄明共笔受。正书九十章,凡二十万七千六百
> 二十一言。[2]

---

〔1〕 僧祐:《出三藏记集》卷二《新集撰出经律论录》,中华书局1995年版,第31—32页。
〔2〕 佚名:《放光经记》,僧祐《出三藏记集》卷七,中华书局1995年版,第264—265页。

因此，一般认为这里的"十九章"是"九十章"之误。[1] 此外，作为中土记载中受戒第一人，朱士行出家的具体时间颇受人关注，《祐录》所谓"沙门朱士行以甘露五年到于阗国"的说法依然有误。在涉及朱士行生平的各类记载中，大都提到了"甘露五年"，但要么以之为朱士行动身前往于阗的日期，如《朱士行传》，要么以之为朱士行出家的年限，如《放光经记》，而绝无可能为朱士行抵达于阗的时间。日本学者忽滑谷快天认为朱士行在"甘露五年"以前已经出家，言下之意是赞同《朱士行传》的观点，以为朱士行在是年启程前往于阗：

> 朱士行受戒当在迦罗定戒律后，旧传阙年月，宋志磐以属正元元年（254），本觉作甘露二年（257），明觉岸亦同。其为嘉平以后，甘露五年（260）以前无容疑。《历代三宝纪》作甘露五年，盖混同向西天发足时，不足为凭。[2]

荷兰学者许里和以为"甘露五年"是朱士行出家的日期，所以在甘露五年后的 22 年，才寄回了《二万五千颂般若经》抄本，因为他认为朱士行出家与西行的时间应该有较大的间隔[3]。

三　竺叔兰的名士风范及对《放光经》的校订

《放光经》进入中土，注定是要费尽周折。朱士行以埋骨他乡为代价，于晋太康三年（282）将《二万五千颂般若经》抄本送回了洛阳，但机缘不遇，不得面世；三年后被送到许昌，同样是少有问津；又经两年后送至陈留

---

〔1〕 "依上述，朱士行自于阗送回来的正品梵文胡本是十九章，但道安的《道行经序》等都做九十章。而《出三藏记集》卷二所记述十九章，很明显的是九十章之误。"镰田茂雄：《中国佛教通史》第一卷，佛光出版社 1985 年版，第 189 页。
〔2〕 ［日］忽滑谷快天：《中国禅学思想史》，上海古籍出版社 2002 年版，第 9 页。
〔3〕 "无名氏《放光经后记》提到，他（朱士行）出家受戒是在公元 260 年。这也许是正确的，可以解释为什么朱士行行迟至出发后 22 年即 282 年才寄回他的《二万五千颂般若经》抄本。"［荷兰］许里和著：《佛教征服中国》，李四龙、裴勇等译，江苏人民出版社 2003 年版，第 130 页。

仓垣(今河南开封境内),最终在水南寺被人译出时,已经是元康元年(291)五月,距朱士行派子弟弗如檀将之送达中土已有十年之久[1]。这也是学者常感叹的《放光经》比《光赞经》早到而晚出的遗憾。

不过,元康元年的译本并非我们目前所见之定本,其间多有参订。《放光经记》详细描述了这一过程:

> 以元康元年五月十五目,众贤者共集议,晋书正写。时执胡本者,于阗沙门无罗叉比丘,优婆塞竺叔兰口传,祝太玄、周玄明共笔受。正书九十章,凡二十万七千六百二十一言。时仓垣诸贤者等,大小皆劝助供养。至其年十二月二十四日写都讫。经义深奥,又前后写者参校不能善悉。至太安二年十一月十五日,沙门竺法寂来至仓垣水北寺求经本,写时检取现品五部并胡本,与竺叔兰更考校书写,永安元年四月二日讫,于前后所写校最为差定。[2]

由于对初译的不满,竺法寂与竺叔兰两人曾对《放光经》的首译本进行了修订。但《高僧传》卷四《朱士行传》记载是支孝龙与竺叔兰进行了校正,而且对于翻译细节的描写颇为生动,其云:

> 又有无罗叉比丘,西域道士,稽古多学,乃手执梵本,叔兰译为晋文,称为《放光般若》。皮牒如故,今在豫章。至太安二年,支孝龙就叔兰一时写五部,校为定本。时未有品目,旧本十四匹缣,令写为二十卷。[3]

于是有学者将两种说法综合起来,认为《放光经》在传写过程中经过了两

---

[1] "惟昔大魏颍川朱士行,以甘露五年出家学道为沙门,出塞西至于阗国,写得正品梵书胡本九十章,六十万余言。以太康三年遣弟子弗如檀,晋字法饶,送经胡本至洛阳。住三年,复至许昌。二年后至陈留界仓垣水南寺,以元康元年五月十五目,众贤者共集议,晋书正写。"佚名:《放光经记》,僧祐《出三藏记集》卷七,中华书局1995年版,第264—265页。

[2] 佚名:《放光经记》,僧祐《出三藏记集》卷七,中华书局1995年版,第264—265页。

[3] 慧皎撰,汤用彤校注,汤一介整理:《高僧传》卷四,中华书局1992年版,第146页。

次重要的修订,一是支孝龙和竺叔兰于太安二年(303)的校正,一是竺法寂和竺叔兰于永安元年(304)的考校[1]。但也有人认为,支孝龙只是参与了抄写,因为《高僧传》支孝龙本传没有叙述其改译之事,所以《放光经》只是经过了一次修订[2]。无论《放光经》的修订是一次还是两次,值得我们注意的是,唯有竺叔兰全部参与其中,元康元年的初次译出是无罗叉、竺叔兰口译,祝太玄、周玄明笔受。因此,竺叔兰对于《放光经》在中土的流布做出的贡献是无法替代的。

竺叔兰对于《放光经》的热衷与喜爱,并非毫无缘故,他正是汤用彤先生所说的名士与名僧结合的典范[3]。魏晋名士的重要特征是性嗜酒,能清谈,善机变,竺叔兰亦莫能外,《出三藏记集》竺叔兰本传有载:

> 叔兰幼而聪辩,从二舅咨受经法,一闻而悟,善胡汉语及书,亦兼诸文史。然性颇清躁,游猎无度。……性嗜酒,饮至五六斗方畅。尝大醉卧于路旁,仍入河南郡门唤呼,吏录送河南狱。时河南尹乐广,与宾客共酣,已醉,谓兰曰:"君侨客,何以学人饮酒?"叔兰曰:"杜康酿酒,天下共饮,何问侨旧?"广又曰:"饮酒可尔,何以狂乱乎!"答曰:"民虽狂而不乱,犹府君虽醉而不狂。"广大笑。时坐客曰:"外国人那得面白?"叔兰曰:"河南人面黑尚不疑,仆面白复何怪耶!"于是宾主叹其机辩,遂释之。[4]

由文中的语气看来,竺叔兰的传记作者僧祐似乎对其放达的举止并不赞同,所以在文章中反复强调竺叔兰的改节:其母的蔬食使其戒掉了嗜酒的

---

〔1〕 董群:《中国三论宗通史》,凤凰出版社2008年版,第15页。

〔2〕 赖永海:《中国佛教通史》第一卷,江苏人民出版社2010年版,第435页。汤用彤也认为是《高僧传》所记有误:"此(《高僧传》朱士行本传)与《经记》所言颇相似,疑《僧传》误以为法寂为孝龙也。"汤用彤:《汉魏两晋南北朝佛教史》(增订本)上册,北京大学出版社2011年版,第95页。

〔3〕 《历代三宝纪》卷六明言竺叔兰为沙门,其卷六云:"《异毗摩罗诘经》三卷、《首楞严经》二卷,右二经合五卷,惠帝世,西域沙门竺叔兰并于洛阳出。"但上引《放光经记》称竺叔兰为"优婆塞",另支敏度《合首楞严经记》称"白衣竺叔兰",僧祐《朱士行传》称"河南居士竺叔兰"。称呼的混乱,也说明人们对其身份的困惑。

〔4〕 僧祐:《出三藏记集》卷十三《竺叔兰传》,中华书局1995年版,第520页。

毛病,其祖父、二舅的梦训使其专心经法等。但僧祐显然遗忘了竺叔兰生活的特殊背景,他的改节不仅不会得到时人的关注与认可,还将会使他泯然于众人。正如许里和所言,竺叔兰正是以这种奇特的举止让自己有机会融入当时的社会上层:"竺叔兰的酗酒和不良行为,屡遭佛教传记作者谴责,并常常在其传记里插进一个他转向虔诚生活的几乎不可能的故事,却也反映了早期中古文化的另一个重要方面:自发性、反礼教、怪诞、忽视并摆脱通常所谓的行为规范,这当时是被称为'达'的一种理想。我们在这里看到:一个入籍的印度佛教徒凭借(或养就)一种不见容于习俗的生活方式,契合了公元3世纪在某个士大夫圈内十分盛行的放达的理想境界(典型的例子当然是竹林七贤),并因此赢得了统治阶级的尊敬。"[1]

　　事实上,竺叔兰几乎获得了成功,他不仅以嗜酒与机变获得了乐广等社会贤达的认可,还与企慕"竹林七贤"的所谓"八达",即当时的社会名流建立了更稳定的关系。而其与名流贤达进行交流的重要媒介就是《放光经》。支孝龙是否真如《朱士行传》所言,曾和竺叔兰共同完成了《放光经》的校订,大有疑虑,但他对《放光经》的喜爱及与竺叔兰的密切往来是毋庸置疑的。《高僧传》支孝龙本传分明告诉我们:"时竺叔兰初译《放光经》,龙既素乐无相,得即披阅,旬有余日,便就开讲。"[2]甚至还有学者猜测,曾经将《放光经》抄写回中山而引起轰动的"中山支和上",就是支孝龙[3]。支孝龙既是名僧,更是放达的名士,如面对他人对其僧人装束的嘲弄,他即拿出名士的派头进行反击:

　　　　时或嘲之曰:"大晋龙兴,天下为家,沙门何不全发肤,去袈裟,释胡服,被绫罗?"龙曰:"抱一以逍遥,为寂以致诚。剪发毁容,改服变形,彼谓我辱,我弃彼荣。故无心于贵而愈贵,无心于

---

〔1〕　[荷兰]许里和著:《佛教征服中国——佛教在中国中古早期的传播与适应》,李四龙、裴勇等译,江苏人民出版社2003年版,第103页。
〔2〕　慧皎撰,汤用彤校注,汤一介整理:《高僧传》卷一,中华书局1992年版,第149页。
〔3〕　赖永海:《中国佛教通史》第一卷,江苏人民出版社2010年版,第435页。

足而愈足矣。"其机辩适时,皆此类也。[1]

支孝龙所面临的,是对佛教存在意义的根本怀疑。他的回答虽然"含有佛教的、印度的意味"[2],但在形式上是我们所熟悉的魏晋玄学的体系,如从文中的"抱一"、"逍遥"、"无心"等语词中即可寻端倪,这些语词即使在当时含有浓厚的印度思想的气息,这些气息现如今已然在历史长河中消散殆尽。他的玄学般的解答,事实上就是一种文化同化,因此甚而有学者由此质疑支孝龙的佛学底蕴:"用中国思想以揣测印度之思想,因此外来之思想乃特为中国学人所赏识,然非真对印度学术有何真深了解也,支孝龙之论可为例证。"[3]

支孝龙的佛学底蕴姑且不去讨论,他对玄学思潮的用心是毋庸置疑的。他已经完全消解了侨客、僧人等身份所带来的困扰,成功融入主流社会,跻身于所谓"八达"之一[4],时人的嘲弄亦不无艳羡之意。而支撑支孝龙的行为依据,先是《小品》,后是《放光经》。或者说,《放光经》的到来,使名僧们为获得身份认同而做的努力得到了认可。对于这些僧人而言,"容服之异"等问题不再是障碍[5],他们不仅在思想上与主流趋同,而且

---

〔1〕 慧皎撰,汤用彤校注,汤一介整理:《高僧传》卷一,中华书局1992年版,第149页。

〔2〕 历来学者多以为支孝龙的回答是纯玄学的,代表性的阐释如:"文中支孝龙与时人问答所讲的'抱一以逍遥,唯寂以致诚'一段话,其用语与见地,皆不离老庄思想守柔谦退、无为知足的范畴,而'抱一'、'逍遥'更是道家道教常用语。"萧登福:《道家道教与中土佛教初期经义发展》,上海古籍出版社2003年版,第214—215页。但石峻以为并非这样:"支孝龙'抱一以逍遥,唯寂以致诚'中四观念,如'寂'在印度等于'禅定'('禅'字译音),支则译'禅'为'寂',寂则引申可以为清静无为之义,'抱一'在印度为'守一'或'一心'、'一行'之义,'诚'指'一','逍遥'在印度亦其原义。……故支孝龙之论实有佛教的、印度的意味。"石峻:《石峻文存》,华夏出版社2006年版,第61页。

〔3〕 石峻:《石峻文存》,华夏出版社2006年版,第61页。

〔4〕 《高僧传》卷四:"支孝龙,淮阳人,少以风姿见重,加复神采卓荦,高论适时。常披味《小品》,以为心要。陈留阮瞻、颍川庾凯,并结知音之交,世人呼为八达。"相传为陶渊明所著的《圣贤群辅录》载"八达"之一为"沙门于法龙"。袁行霈:《陶渊明集笺注》,中华书局2003年版,第594页。明人周婴认为此属传闻之误。周婴:《卮林·补遗》,丛书集成初编,中华书局1985年版,第316页。

〔5〕 "有嘲其胡服者,(支孝)龙曰:'以道观之,诚不见有容服之异。彼谓我辱,我弃彼荣,则无心之贵愈贵,无心之安愈安耳。'"本觉:《释氏通鉴》卷二,《续藏经》第131册中国撰述史传部,新文丰出版公司1995年版,第780页。

还可以在行为方面理直气壮地本土化,这或许会使我们对《放光经》在两晋的盛行多一分了解。

四 "现音声菩萨"译名的认定及其意义

这部集众人之力校订并在其时大放异彩的《放光经》,开篇介绍前来听佛说法的菩萨,有名号的共计有 23 位,分别是:

> 护诸系菩萨、宝来菩萨、导师菩萨、龙施菩萨、所受则能说菩萨、雨天菩萨、天王菩萨、贤护菩萨、妙意菩萨、有持意菩萨、增益意菩萨、现无痴菩萨、善发菩萨、过步菩萨、常应菩萨、不置远菩萨、怀日藏菩萨、意不缺减菩萨、现音声菩萨、哀雅威菩萨、宝印手菩萨、常举手菩萨、慈氏菩萨,及余亿那术百千菩萨俱。[1]

如果没有异译本,我们不会对夹杂在其间的"现音声菩萨"产生任何的兴趣。而在此之前,竺法护所译《光赞般若波罗蜜经》中,出场有名号的菩萨共计 24 位,其中有我们所熟知的"光世音菩萨"。《光赞经》中有名号的24 位菩萨是:

> 颰陀和菩萨、罗邻那竭菩萨、摩诃须菩和菩萨、那罗达菩萨、娇日兜菩萨、和轮调菩萨、因坻菩萨、贤守菩萨、妙意菩萨、持意菩萨、增意菩萨、不虚见菩萨、立愿菩萨、周旋菩萨、常精进菩萨、不置远菩萨、日盛菩萨、无吾我菩萨、光世音菩萨、渐首菩萨、宝印首菩萨、常举手菩萨、常下手菩萨、慈氏菩萨,诸菩萨众如是难限不可计数亿百千垓。[2]

我们不妨大胆揣测,竺叔兰等人所译《放光般若经》中之"现音声菩萨",或

---

〔1〕 无罗叉:《放光般若经》卷一,《大正藏》第八卷《般若部四》,第 1 页。
〔2〕 竺法护《光赞经》卷一《摩诃般若波罗蜜光赞品第一》,《大正藏》第八卷般若部四,第147 页。

竺法护所译《光赞般若经》中之"光世音菩萨",亦即鸠摩罗什后来所译之"观世音菩萨",后者所译经中,对应部分有 22 位菩萨,分别为:

> 飚陀婆罗菩萨、罽那伽罗菩萨、导师菩萨、那罗达菩萨、星得菩萨、水天菩萨、主天菩萨、大意菩萨、益意菩萨、增意菩萨、不虚见菩萨、善进菩萨、势胜菩萨、常勤菩萨、不舍精进菩萨、日藏菩萨、不缺意菩萨、观世音菩萨、文殊师利菩萨、执宝印菩萨、常举手菩萨、弥勒菩萨,如是等无量百千万亿那由他诸菩萨摩诃萨。[1]

在上述竺叔兰、竺法护与鸠摩罗什三人的译本中,完全相同的译名竟然只有"常举手菩萨"一位。竺法护之《广赞般若波罗蜜经》比竺叔兰之《放光般若经》多一位"常下手菩萨",两人译名相同的还有"不置远菩萨"、"慈氏菩萨"。鸠摩罗什的《摩诃般若经》比竺叔兰的《放光般若经》少出现一位"贤护菩萨",译名相同的则有"导师菩萨"。从菩萨们出场的顺序及三人的翻译风格来看,我们大致可以判定竺叔兰《放光般若经》中的"现音声菩萨",就是竺法护《光赞般若波罗蜜经》所说的"光世音菩萨"及鸠摩罗什《摩诃般若经》中所说的"观世音菩萨"。

僧祐称赞竺叔兰"学兼胡汉,故译义经允"[2],在前者看来,《放光般若经》译本的盛行已经是最好的证明。任继愈也曾指出鸠摩罗什所译之《摩诃般若经》明显地参考了竺叔兰等人所译之《放光般若经》,这两部同本异译之经在内容排列和讲述次序方面大致相同,只不过鸠摩罗什本多有补充或发挥。即使在《摩诃般若经》译出之后,《放光般若经》还为许多佛教信徒与学者所爱好,包括鸠摩罗什的弟子僧肇在撰写《物不迁论》、《不真空论》等作品时就曾多次引用《放光般若经》作为论据[3]。不过,即使如此,竺叔兰等人所采用的"现音声菩萨"这样的译名,很快消散在历史

---

〔1〕 鸠摩罗什:《摩诃般若波罗蜜经》卷一《序品》,《大正藏》第八卷般若部四,第 217 页。
〔2〕 僧祐:《出三藏记集》卷十三《竺叔兰传第八》,中华书局 1995 年版,第 520 页。
〔3〕 任继愈:《中国佛教史》第二卷,中国社会科学出版社 1985 年版,第 38—39 页。

的长河中,除《放光经》之外,我们找不到任何其他使用这一译名的资料,这不免让我们感到惶惑,因为《放光经》在两晋的影响力是不容低估的。

道安对竺叔兰等人把玄学得意忘言、以少总多的思想应用到佛经翻译方面,心态十分复杂。一方面,他认识到这对佛经的传播十分有利,所谓"斥重省删,务今婉便,若其悉文,将过三倍。善出无生,论空特巧,传译如是,难为继矣"[1];另一方面,这种节删是否完全保留经文的原汁原味,他颇为踌躇:"言少事约,删削复重,事事显炳,焕然易观也。而从约必有所遗,于天竺辞及腾,每大简焉。"[2]"抄经删削,所害必多,委本从圣,乃佛之至诚也。"[3]不过,无论如何,《放光经》的流行还是证明竺叔兰的翻译获得了成功。就上述《放光经》、《光赞经》及《摩诃般若经》各自所译二十多位菩萨的名称而言,竺叔兰的少直译,多意会,本土化倾向最为突出。那么,"现音声菩萨"这样的译名为什么没有被人们普遍接受呢?这或许与该菩萨其时在经中的地位有关,毕竟它只是被一笔带过。另外,就内容的翻译而言,"现音声"虽然比"光世音"更全面与准确,而更接近于"观世音",读起来却远不如后者朗朗上口,自然也不易为诵经者所接受。

同时,将"现"改为"观",也可以有效避免误解。辛岛静志就判定"现"字属于误用之列,这是"现音声"为后人遗弃的原因之一:

> 竺叔兰与无罗叉于元康元年(291)翻译了《放光般若经》。其中出现了相当于观音的菩萨名称"现音声菩萨"。按照字面读的话,意为"表现音声的菩萨"。但在古文献中没有出现"现"一字。这是因为"见"字有"看见"与"现出"两个意思。到后来,为了明确表示意思不同,根据前后关系,用"现"代替了意为"现出"的"见"。《放光般若经》的"现音声菩萨"本来一定是"见音声菩萨"。后人误解其意,改写成"现音声菩萨"。因此,这一翻译也是把 Avaloki-

---

〔1〕 道安:《道行经序》,僧祐《出三藏记集》卷七,中华书局1995年版,第264页。
〔2〕 道安:《合放光光赞略解序》,僧祐《出三藏记集》卷七,中华书局1995年版,第265页。
〔3〕 道安:《道行经序》,僧祐《出三藏记集》卷七,中华书局1995年版,第264页。

tasvara 解释为 avalokita("看见")与 svara("音")。[1]

我们之所以倾向赞同辛岛静志的观点，是因为在这三部佛经中还可以找到一个相似的用法。在《放光般若经》中所出现的"现无痴菩萨"，为《光赞般若经》和《摩诃般若经》用"不虚见菩萨"菩萨所替代，这是"现"在此处被用作"见"的又一证据。除了这样一个内证以外，我们还可以找到其他旁证。在《佛说无量门微密持经》诸译本中，第五译即东晋陀跋陀罗所译《佛说出生无量门持经》中的"现无痴菩萨"，在第七译即刘宋之功德直和玄畅所译的《无量门破魔陀罗尼经》、第十译隋朝的阇那崛多所译的《佛说一向出生菩萨经》、第十一译唐朝智严所译的《出生无边门陀罗尼经》、第十二译唐朝不空所译的《出生无边门陀罗尼经》中，均被"不空见菩萨"所替代，第九译即梁朝僧伽婆罗所译的《舍利弗陀罗尼经》，则干脆使用了"善见菩萨"这样的意译，独有第八译北魏佛驮扇多所译之《佛说阿难陀目佉尼呵离陀邻尼经》为"不现相菩萨"。此外，在《大宝积经》所载西晋聂道真所译之《无垢施菩萨应辩会》中，"现无痴菩萨"被译作"无痴见菩萨"。经中与会的菩萨有：

> 宝手菩萨、德藏菩萨、慧严菩萨、称意菩萨、观世音菩萨、文殊师利法王子、悦音法王子、不思议解脱行法王子、思惟诸法无障碍法王子、弥勒菩萨、施无忧菩萨、无痴见菩萨、离恶趣菩萨、无碍行菩萨、断幽冥菩萨、除诸盖菩萨、辩严菩萨、宝德智威菩萨、金华光明德菩萨、思无碍菩萨，如是等菩萨摩诃萨万二千人俱。[2]

嗣后诸菩萨在发愿时，观世音菩萨说："我当令舍卫城中众生，牢狱系闭速

---

〔1〕　辛岛静志：《〈法华经〉的文献学研究》，《中华文史论丛》2009 年第 3 期。
〔2〕　聂道真：《大宝积经》卷一百《无垢施菩萨应辩会》第三十三《序品第一》，《大正藏》第 11 册《宝积部上》，第 556 页。

得解脱，临当死者即得济命，恐怖之者即得无畏。"[1]无痴见菩萨则言："我当令舍卫城中，若有众生应得阿耨多罗三藐三菩提者，其所见物皆是如来像；又令决定于阿耨多罗三藐三菩提。"[2]这都证明所谓"现无痴"当作"见无痴"。不过，令我们疑惑的是，在《放光般若经》中，除了上述两个事例之外，"见"与"现"的区分十分清楚。其1498次所用之"见"字，均与"看见"的意思有关；而236次对"现"的使用，除了"现无痴菩萨"、"现音声菩萨"之外，基本上所取为"显现"之意，即使大量出现的"现在"一词，也不妨理解为"示现在此地此时"。我们也同意在上古文献中"现"字很少出现的说法，同时也注意到魏晋六朝时期，"现"字在佛经与相关典籍中出现颇为频繁这一现象，这是否意味着"现"字的出现与佛经的翻译有着某种联系呢？假如是这样，当是译者翻译菩萨名时有意以"现"替代"见"的一个原因。

总之，通过对于"现音声菩萨"的译名的考察，我们注意到了一些有趣的现象。首先，玄风大畅于魏晋之时，般若经籍也受到了普遍的欢迎。学者多强调佛学对玄学的借重，这确实是当时的主流，是其时僧人引起社会上层关注而扩大影响的重要手段。但既然称之为"合流"，那么吸收就不会是单方面的。在我们所司空见惯的那些语词中，说不定就潜藏着被我们所消化的外来文化的气息。因此，对于那些我们曾经认定的玄学化的佛理与语词，就应该采取审慎的态度，因为从同化者立场出发而不去辨析就轻易做出判断无疑是草率的行为。日本学者蜂屋邦夫曾经说过："对于东晋贵族来说，仅仅有老庄思想还不能完全满足他们的需求，老庄和佛教兼收并蓄才能使他们不安定的心情得到整理。"[3]如果赞同这里的陈述，我们就应该将老庄思想与佛教视为相互交流的对象。而文化的交流总不会是一次性的，往往是无数次的尝试之后找到契合之处，才会打开闸门，

---

〔1〕 聂道真：《大宝积经》卷一百《无垢施菩萨应辩会》第三十三《序品第一》，《大正藏》第11册《宝积部上》，第556页。

〔2〕 聂道真：《大宝积经》卷一百《无垢施菩萨应辩会》第三十三《序品第一》，《大正藏》第11册《宝积部上》，第556页。

〔3〕 ［日］蜂屋邦夫：《道家思想与佛教》，辽宁教育出版社2000年版，第39页。

释放出滚滚洪流。陈寅恪先生论"心无"义时的一段话值得我们深思：

> 心无义亦同出于般若经者也，至其是否亦如性空、本无等义之比，与格义同有直接之关系，以今日遗存史料之不备，固不能决言；但心无义与"格义"同为一种比附内典外书之学说，又同为一时代之产物。二者之间，纵无师承之关系，必有环境之影响。故其树宗立义，所用以研究之方法，所资以解说之材料，实无少异。然则即称二者为性质近似，同源殊流之学说，虽不中亦不远也。[1]

其次，思想的传播终究要借助生活化的渠道。般若学的兴盛，离不开《放光经》的导入；《放光经》的传布，离不开竺叔兰与支孝龙；竺叔兰与支孝龙成功的秘诀，在于很好地融入了主流社会。值得注意的是，与前后之译经者大不相同的是，无论是竺叔兰还是支孝龙，都是名士与名僧结合的典范。当然我们也可以在印度佛学中找到支撑他们行为的依据，但未必是其行为的真正动机[2]。正是他们将般若学生活化，从而打通了老庄与佛家的隔阂，从而给中土文化带来新的成分。许里和的说法或许有些夸大，他认为"当中国知识分子一边拿着《道德经》，一边在佛教形而上学的密林里开始探寻自己的道路的时候，这种混合型佛教便开始形成了"[3]。但中土的佛教确实存在着混杂的现象，那么在混合的过程中，竺叔兰与支孝龙的行为无疑就是开创性的，所以方东美在谈到中土的佛教真正兴盛是在西晋时期，未尝不是以竺叔兰和支孝龙为标尺。[4]

最后，在佛经翻译史上，文辞派相比质朴派、意译者相对于直译者，终

---

〔1〕 陈寅恪：《支愍度学说考》，《陈寅恪集·金明馆丛稿初编》，生活·读书·新知三联书店 2009 年版，第 173 页。

〔2〕 何剑平《论六朝重视声貌辩才的社会风尚——名士文化与名僧文化之比较》："中土僧侣重视相貌辩才的传统可追溯到古印度的佛陀时代。"《觉群·学术论文集》第二辑，商务印书馆 2002 年版，第 435 页。

〔3〕 〔荷兰〕许里和：《佛教征服中国》，第 98 页。

〔4〕 方立天：《方立天文集》第一卷《魏晋南北朝佛教》，中国人民大学出版社 2006 年版，第 367—368 页。

会更受欢迎。《大明度无极经》之于《道行经》,《放光经》之于《光赞经》,乃至鸠摩罗什之于唐玄奘法师,莫不如此。文辞派与意译者的二度加工,虽然承担了主观谬误的风险,也不能不以原汁原味的丧失为代价迎合了受众的口味。人们总是更易对认知范畴之内的事物报以同情与欣赏的态度。因此翻译者不应该仅仅是食材提供者,还应该精通一定的烹饪技巧。至于"现音声菩萨"这样的译名为"观世音菩萨"所替代,并非是偶然的。

第四章 光世音

一 两种《自誓三昧经》

毫无疑问，"光世音菩萨"确实是竺法护翻译的重要特征之一。[1] 这使我们有充分的理由去质疑那些归属于竺法护名下而又使用其他称呼作品的真实性，比如《无量清净平等觉经》。但我们是否可以由此把另一些使用这一称呼而原本不属于竺法护的作品，比如《佛说自誓三昧经》，又重新划归于竺法护名下呢？虽然这种推断存在着简单粗暴的倾向，可依然有学者愿意承担这样的风险，因为在他们看来，与成功的高度可能性相比，失误的概率可以忽略不计。在现存我们可以找到使用"光世音"译名的十三部佛经中，十一部是竺法护翻译的，这几乎没有太多的疑问。[2]

---

〔1〕辛岛静志：《〈法华经〉的文献学研究——观音的语义解释》，《中华文史论丛》2009 年第 3 期。

〔2〕这些题名竺法护所译的出现"光世音"词语佛经，均在《出三藏记集》卷二中有明确记载，包括大多数佛经的译出具体时间，如：《正法华经》十卷，译于太康七年八月十日；《密迹经》五卷，译于太康九年十月八日；《持心经》六卷，译于太康七年三月十日；《严净佛土经》二卷，译于太康六年七月十日；《离垢施女经》一卷，译于太康十年十二月二日；《郁迦长者经》一卷；《济诸方等经》一卷；《决定持经》一卷；《如幻三昧经》二卷，译于太安二年五月十一日；《弥勒本愿经》一卷，译于太安二年五月十七日；《独证自誓三昧经》一卷。僧祐：《出三藏记集》卷二，中华书局 1995 年版，第 32—38 页。

而另两部佛经,一部是在偈颂中出现的,使用的是"光世音王"这样的称呼,而且是偏居西北一隅的西凉居士所译,情况较为复杂,容后讨论;另一部则是后汉安世高所译的《佛说自誓三昧经》,后者的真实性就理所当然遭到了质疑,尤其是在竺法护有同本异译的《佛说如来独证自誓三昧经》的情形下,有学者如辛岛静志就认为"两部经典中有一部是竺法护译,另一部是把它的语句多多少少改动了一些"[1]。也就是说,竺法护译本是首创,另一部是改译,这样看来,佛经中"光世音"的使用权还是属于竺法护的。

在我们讨论究竟哪一部《自誓三昧经》才是竺法护所译之前,我们首先要完成的工作是确定《佛说自誓三昧经》并非安世高所译,这一任务看起来并不困难。作为"佛经汉译的创始人"[2],博学多识的安世高所译佛经数量之多确实让我们敬佩[3],历代典籍所记数量之混乱也确实让我们困惑[4],如慧皎《高僧传》载有 39 部,僧祐《出三藏记集》录有 34 部,费长房《历代三宝纪》以为有 176 部,智昇《开元释教录》载有 95 部。不过,资料的混杂终究要好于资料的匮缺,与安世高生活时代最近的记载往往成为最权威的证据,给人们的信任提供了充足的理由。吕澂曾考证现存安世高所译佛经可靠者有 22 部[5],其依据便是道安的记载。当然,"即使

---

〔1〕 辛岛静志:《〈法华经〉的文献学研究——观音的语义解释》,《中华文史论丛》2009 年第 3 期。

〔2〕 吕澂:《中国佛教学源流略讲》附录《安世高》,中华书局 1979 年版,第 282 页。又许里和《佛教征服中国》:"在这些大师中最早到来的和最著名的是安息人安世高,他无疑是中国佛教史的第一人。或许正是他开启了系统的佛典翻译,并组织了第一个译场。以此而言,他确实极为重要:他的翻译尽管质朴,却标志着一种文学活动形式的开始,而从整体上来看,这项活动必定被视为中国文化最具有影响的成就之一。"江苏人民出版社 2003 年版,第 46 页。

〔3〕 "其(安世高)为人也,博学多识,贯综神模,七正盈缩;风气吉凶,山崩地动;针脉诸术,睹色知病;鸟兽鸣啼,无音不照。"康僧会:《安般守意经序》,僧祐《出三藏记集》卷六,中华书局 1995 年版,第 244 页。

〔4〕 安世高翻译形式的多样,也当是其译作数量难以统计的原因之一。时人严佛调曾言:"有菩萨者,出自安息,字世高。韬弘稽古,靡经不综,恫俗童蒙,示以桥梁。于是汉邦敷宣佛法,凡厥所出数百万言,或以口解,或以文传。"严佛调:《沙弥十慧章句序》,僧祐《出三藏记集》卷十,中华书局 1995 年版,第 369 页。这数百万言的作品,有的诉诸文字,有的则是他的口译。

〔5〕 "安世高译出的书,因为当时没有记载,确实部数已不可考。晋代道安编纂综终经目录,才加以著录,列举所见过的安世高译本,共有三十五部,四十一卷。其后历经散失,现存二十二部,二十六卷。"吕澂:《中国佛教学源流略讲》附录《安世高》,中华书局 1979 年版,第 283 页。

道安的记载，有些也是依照译作的风格和内容自己辨别判断的"〔1〕。

　　不过，在真实的数据无法得知的情形下，道安的记录终究是最易让我们采信的，而吕澂的考证也不失审慎与严谨，毕竟以早期的题记或序跋作为判断的标准不免严苛。〔2〕在吕澂的考证中，《佛说自誓三昧经》不在他所确定的 22 部之列，也不在他所列举的失传 13 部佛经之中，也即是说它的存在是有讨论的余地的，只能属于"现存而不能肯定为安世高所译者三十五部"之一了。〔3〕

　　僧祐将《自誓三昧经》毅然划入失译作品之列，〔4〕自然也是人们对安世高的所属权产生怀疑的重要原因。僧祐认为《自誓三昧经》与题名竺法护所译的《佛说如来独证自誓三昧经》大同小异，两《自誓三昧经》相同之处确实颇多，兹引与"光世音"有所关涉部分以为说明。《自誓三昧经》开篇云：

　　　　闻如是。一时佛游摩竭提界梵志精庐大丛树间玓露精舍，所止道场名曰显飔独证。初始得佛光影甚明，自然宝零莲华之座，与大比丘、众比丘三万二千，皆阿罗汉。诸漏已尽，意所总持，总摄诸根，三世自在，神通无碍。譬如大龙，所作已办，圣慧具足，畅众生原。贤者、舍利弗、大目犍连等菩萨无数，皆不思议，权行普具，游诸佛藏，过诸魔行等恒沙刹，弘慈六度，随时拯济，众生获安，远舍名教，光世音、慈氏等如是上首者也。于是如来便入神静化证三昧，普感恒沙诸佛世界，于佛座前，忽有莲华

────────────

〔1〕　赖永海主编：《中国佛教通史》第一卷，江苏人民出版社 2010 年版，第 171 页。汤用彤《汉魏两晋南北朝佛教史》第四章"汉代佛法之流布"："旧译本常缺人名，安尝依据文体审定译人（参看《僧传·道安传》）。如《十二门经》，安公即只谓似其所出（《祐录》六）。因此不但《长房录》著录一百七十六部，《开元录》载九十五部实系臆造，即《高僧传》谓其译三十九部亦不可信也。"北京大学出版社 2011 年版，第 37 页。

〔2〕　许里和认为根据早期的题记或序跋，在道安所载现存题名安世高所译的十九部佛经中，只有《人本欲生经》、《大安般守意经》、《阴持入经》、《道地经》4 部可靠。见其《佛教征服中国》，江苏人民出版社 2003 年版，第 47 页。

〔3〕　毓之：《安世高所译经的研究》，张曼涛主编《佛典翻译史论》，大乘文化出版社 1982 年版，第 34 页。

〔4〕　"《自誓三昧经》一卷，内题云《独证品》第四，出《比丘净行》中，与护公所出《独证自誓三昧》人同小异。"僧祐：《出三藏记集》卷四《新集续撰失译杂经录》，中华书局 1995 年版，第 172 页。

座自然踊从地出。其华清香,明彻十方。其华千叶,一一叶上有化菩萨,立侍祥序,玄处虚空,各从其位,五体投地,右绕七匝,当前恭立,俱发洪音,叹未曾有。[1]

竺法护所译《佛说如来独证自誓三昧经》开首云:

> 闻如是。一时佛游于句潭弥国大丛树间交露精舍,所止道场名曰独证自誓三昧。初始得佛光景甚明,自然灵瑞,宝莲华座。其花清香,明彻十方。华有千叶,一一叶上有化菩萨,接侍庠序,玄处虚空,各从其位,五体投地,各绕千匝,当前恭立,俱发洪音,叹未曾有。[2]

汤用彤认为支娄迦谶、安世高进入中土之后,才给佛教理论带来了根据:"及至桓灵之世,安清、支谶等相继来华,出经较多,释迦之教乃有所据。此中安清尤为卓著。"[3]安世高的卓著,不仅表现在出经的数量上,也表现在出经的质量上。道安对其尤为景仰:"(安世高)言古文悉,义妙理婉。睹其幽堂之美,阙庭之富者或寡矣。安每览其文,欲疲不能。所乐而玩者,三观之妙也;所思而存者,想灭之辞也。"[4]"音近雅质,敦兮若朴,或变质从文,或因质不饰。皇矣世高,审得厥旨。"[5]谢敷也盛赞安世高"所译出百万余言探畅幽赜,渊玄难测",并以《安般守意经序》为例,肯定其为佛学经典的基础:"其文虽约,义关众经,自浅至精,众行具举,学之先要,孰逾者乎?"[6]僧祐认为安世高是其时最优秀的翻译家:"天竺国自称书为天书,语为天语,音训诡蹇,与汉殊异,先后传译,多致谬滥。唯世高出经,为群译之首。"他所翻译的佛经,都让读者不忍释卷:"其先后所出经凡

---

〔1〕 安世高:《佛说自誓三昧经》,《大正藏》第十四卷经集部二,第342—343页。
〔2〕 竺法护:《佛说如来独证自誓三昧经》,《大正藏》第十四卷经集部二,第346页。
〔3〕 汤用彤:《汉魏两晋南北朝佛教史》,第四章"汉代佛法之流布",北京大学出版社2011年版,第36页。
〔4〕 道安:《人本生欲生经序》,僧祐《出三藏记集》卷六,中华书局1995年版,第250页。
〔5〕 道安:《道地经序》,僧祐《出三藏记集》卷十,中华书局1995年版,第367页。
〔6〕 谢敷:《安般守意经序》,僧祐《出三藏记集》卷六,中华书局1995年版,第247页。

三十五部，义理明晰，文字允正，辩而不华，质而不野，凡在读者，皆亹亹而不倦焉。"〔1〕

　　不过作为开疆拓土者，安世高的译文不可避免地存在着一些缺陷。时人道安曾指出其文崇尚质朴，有些地方甚至出现了词不达意的现象。〔2〕近人吕澂在肯定安世高能很纯粹地译述出佛经的同时，也指出他翻译的有些部分扦格难通。〔3〕西人许里和态度最为激烈，认为安世高的翻译存在着过分方言化的倾向，没有很好地与传统文化融合在一起，在语言风格上显得较为生硬："从文学观点来看，它们（安世高的译作）在中国文学中形成了一种新的和外来的因素，其风格上的特征完全脱离，甚至经常违背中国文学的创作原则。从语言学角度来看，这些译文大多数充满了方言表达及其句法结构，故如果比现有考察更为详尽地去研究，也许会找出有关公元二世纪中国北方语言中有趣的情况。"〔4〕而对于安世高译作的质量，许里和深表怀疑，并对历来的褒扬大惑不解：

　　　　作为翻译作品，它们的质量通常是最差的。有些令人奇怪的是：后来的中国佛教目录学家，尤其是作为古译本专家的道安，竟将安世高及其学派的作品称为杰作和翻译艺术的典范。我们很难明白他们的欣赏建立在什么标准之上，如果它确实不只是中国对古人、祖师和典型人物的一种表达尊敬的传统方式。大多数古译本实际上只是对原文的自由释义和摘录，到处充满了模糊不清和仍未标准化的表达，并被套上了一种模糊至极的语言，这种语言甚至在我们拥有同类经典的梵本或后来更为精

---

〔1〕　僧祐：《出三藏记集》卷十三《安世高传》，中华书局 1995 年版，第 508—510 页。
　　〔2〕　道安：《大十二门经序》，僧祐《出三藏记集》卷六，中华书局 1995 年版，第 254 页。
　　〔3〕　"至于译文形式，因为安世高通晓华语，能将原本意义比较正确地传达出来，所以僧祐称赞他说理明白，措辞恰当，不铺张，不粗俗，正到好处。但总的说来，究竟偏于直译。有些地方顺从原本结构，不免重复、颠倒，而术语的创作也有些意义不够清楚。因此道安说世高的翻译力求保存原来面目，不喜修饰，骤然看到还有难了解的地方。"吕澂：《中国佛教学源流略讲》附录《安世高》，中华书局 1979 年版，第 285 页。
　　〔4〕　［荷兰］许里和著：《佛教征服中国——佛教在中国中古早期的传播与适应》，李四龙、裴勇等译，江苏人民出版社 2003 年版，第 48 页。

确的汉译本后,其相当不可捉摸之处仍然不少。[1]

如果我们能以虚心的态度对待许里和严苛的批评,我们就不得不承认他所指责的现象在安世高的译作中或多或少地存在着。就上述两段译文对照看来,《自誓三昧经》语言较为生硬、稚嫩,思路较为混乱,表述也不太清晰明了。如果排除其中一些音写的翻译形式与许里和所谓不太标准化的表达方式,我们是否就能断定《自誓三昧经》绝非竺法护所译了呢?遗憾的是,按照许里和与吕澂的描述,我们从风格上无法区分。许里和虽然肯定了竺法护译文精确的特色,却也指出了他作品中所存在的晦涩难懂的突出弊病。[2]而吕澂则认为竺法护译文的最大特色就是忠实于原文,力求详尽,不加修饰,一改从前译家随意删略的偏向。[3]也就是说,竺法护的译文因力求保持原汁原味,不失质朴之风而难免晦涩。而上述《佛说如来独证自誓三昧经》引文部分的简洁流畅,动摇了我们坚守从道安到吕澂所形成的这种传统观念的信心,相比于《自誓三昧经》,它的删略现象实在是太醒目了。

如果《佛说如来独证自誓三昧经》确定无疑为竺法护所译,那么如何化解它与吕澂等人的描述之间所存在的龃龉呢?任继愈对于竺法护的一种说法,用在这里或许正好可以解决我们的困惑。他曾经感喟:"竺法护的译文风格,有的文字流畅,含义明晰;有的古拙含混,晦涩难解;有的'言准天竺;事不加饰';有的则删烦去重,'比较雅便'。前后译语用词也很不

---

〔1〕[荷兰]许里和著:《佛教征服中国——佛教在中国中古早期的传播与适应》,李四龙、裴勇等译,江苏人民出版社 2003 年版,第 48—49 页。

〔2〕"法护一派的译本在翻译技巧的发展中形成了一个重要的阶段。他的译本比此前的任何译本都更为精确,其中所用的中国佛教术语更为全面和专业化。对准确性的注重使他的翻译经常相当晦涩难读。"[荷兰]许里和著:《佛教征服中国——佛教在中国中古早期的传播与适应》,李四龙、裴勇等译,江苏人民出版社 2003 年版,第 91—92 页。

〔3〕"至于法护的译风,忠实于原本而不厌详尽,一改从前译家随意删略的偏向,所以他的译本形式上是'严准天竺,事不加饰',而与人以'辞质胜文'的印象。用作对照异译的资料,对于理解经义的帮助是很大的。这如道安称赞他译的《光赞般若》'事事周密'和《放光》译本'互相补益'而'所悟实多'(见《合放光光赞随略解序》)。"吕澂:《中国佛学源流略讲》,中华书局 1979 年版,第 298—299 页。

一致。这可能与他的译地不定,笔受者的水平不齐有关。"〔1〕《佛说如来独证自誓三昧经》或许正好是笔受者水平较高,而又做了一些删烦去重的工作。

当然,一种更胆大更直接的猜测,则是《自誓三昧经》为竺法护所出,而《佛说如来独证自誓三昧经》则或是删节本,因为《自誓三昧经》整体风格与竺法护译文更为接近,而"光世音"等语词也正是竺法护所独有的。方一新教授等人曾从语法、词汇的角度,通过对一些语言现象的考索来判定旧题为安世高所译《阿难问事佛吉凶经》的翻译年代。〔2〕这是一项充满挑战性的工作,相比以语言风格翻译方式为标尺,无疑更为细致。这也许可以给我们提供另一个路径来进一步讨论两部《自誓三昧经》的联系及它们同竺法护之间的关系。

二　两种《佛说须赖经》

现存13种使用"观世音菩萨"译名的佛经中,有两部经书在各种经录中都没有划归在竺法护名下。这两部经书,一部在竺法护之前,一部在竺法护之后。在竺法护之前的《佛说自誓三昧经》,经过仔细推理,我们猜测它实际上可能是竺法护所译;在竺法护之后的《佛说须赖经》的翻译权,毫无争议地归属于支施仑。佚名《首楞严经后记》云:

> 咸和三年,岁在癸酉,凉州刺史张天锡,在州出此《首楞严
>
> 经》。于时有月支优婆塞支施仑,手执胡本。支博综众经,于方

---

〔1〕　任继愈:《中国佛教史》第二卷,中国社会科学出版社1985年版,第49页。竺法护的译经,大多是团队协作的结果。如其《正法华经记》就介绍了诸多的协助者:"太康七年八月十日,敦煌月支菩萨沙门法护手持胡经,口宣《正法华经》二十七品,授优婆塞聂承远、张仕明、张仲政共笔受,竺德成、竺文盛、严威伯、续文承、赵叔初、张文龙、陈长玄等共劝助欢喜。九月二日讫。天竺沙门竺力、龟兹居士帛元信共参校,元年二月六日重复。又元康元年,长安孙伯虎以四月十五日写素解。"僧祐《出三藏记集》卷八,中华书局1995年版,第304页。关于团队译经问题,参见孙昌武:《中国佛教文化史》第一册第五章"中国佛教早期僧侣与僧团",中华书局2010年版。

〔2〕　方一新、高列过:《旧题东汉安世高译〈阿难问事佛吉凶经〉考辨》,《中国典籍与文化论丛》第十辑,北京大学出版社2000年版,第59—73页。

等三昧特善，其志业大乘学也。出《首楞严》、《须赖》、《上金光首》、《如幻三昧》，时在凉州，州内正听堂湛露轩下集。时译者龟兹王世子帛延善晋胡音，延博解群籍，内外兼综。受者常侍西海赵潚、会水令马亦、内侍来恭政，此三人皆是俊德，有心道德。时在座沙门释慧常、释进行。凉州自属辞。辞旨如本，不加文饰，饰近俗，质近道，文、质兼唯圣有之耳。[1]

从《首楞严经后记》中，我们得知支施仑共译出《首楞严经》、《须赖经》、《上金光首》与《如幻三昧经》，甚至译经地点、时间与共译者都一清二楚。不仅如此，我们还能确定《须赖经》等经书辗转南来的具体年月。佚名《渐备经十住梵名并书叙》有云：

《渐备经》以太元元年十月三日达襄阳，亦是慧常等所送，与《光赞》俱来。顷南乡间人留写，故不与《光赞》俱至耳。《首楞严》、《须赖》并皆与《渐备》俱至凉州，道人释慧常，岁在壬申，于内苑寺中写此经，以酉年因寄，至子年四月二十三日达襄阳。[2]

也就是说，咸安二年（372），慧常在凉州写就《光赞经》、《渐备经》、《须赖经》和《首楞严经》，然后送至襄阳道安的手中。《须赖经》和《首楞严经》太元元年（376）四月二十三日抵达襄阳。在这四部经书流传过程中起关键作用的慧常，与道安交往密切，或即是道安的弟子。道安《比丘大戒序》：

外国重律，每寺立持律，月月相率说戒。说戒之日，终夜达晓，讽乎切教，以相维摄犯律必弹，如鹰隼之逐鸟雀也。大法东流，其日未远，我之诸师，始秦受戒，又乏译人，考校者鲜。先人所传，相承谓是，至澄和上多所正焉。余昔在邺，少习其事，未及

---

〔1〕佚名：《首楞严经后记》，僧祐《出三藏记集》卷七，中华书局1995年版，第271页。咸和三年，汤用彤据《开元录》以为当是"咸安三年"，并以为此及定为道安所做，见其《汉魏两京南北朝佛教史》之第十二章"传译求法与南北朝之佛教"，北京大学出版社2011年版。

〔2〕佚名：《渐备经十住梵名并书叙》，僧祐《出三藏记集》卷九，中华书局1995年版，第333页。

检戒，遂遇世乱，每以怏怏不尽于此。至岁在鹑火，自襄阳至关
右，见外国道人昙摩侍讽阿毗昙于律持善。遂令凉州沙门佛念
写其梵文，道贤为译，慧常笔受。经夏渐冬，其文乃讫。考前常
行世戒，其谬多矣。或殊文旨，或粗举意。昔从武遂法潜得一部
戒，其言烦直，意常恨之。而今侍戒规矩与同，犹如合符，出门应
彻也。然后乃知淡乎无味，乃直道味也。而慊其丁宁，文多反
复，称即命慧常，令斥重去复。常乃避席，谓大不宜尔。戒犹礼
也，礼执而不诵，重先制也，慎举止也。戒乃迳广长舌相三达心
制，八辈圣士珍之宝之，师师相付，一言乖本，有逐无赦。外国持
律，其事实尔。[1]

虽然也有人认为此处译经之慧常乃别是一慧常，非曾西行求法者，[2]但
也不足以动摇我们认定支施仑所出《须赖经》等四部经书的信心，嗣后各
种经录均以《出三藏记集》所载《首楞严经后记》为基础而进行斟酌，如《开
元释教录》卷四：

优婆塞支施仑，月支人也。博综众经，特善方等，意存开化，
传于未闻。奉经来游，达于凉土。张公见而重之，请令翻译。以
咸安三年癸酉（从晋年号也）于凉州州内正厅堂后湛露轩下，出
《须赖》等经四部，龟兹王世子帛延传语，常侍西海赵潇、会水令
马亦、内侍来恭政三人笔受，沙门释慧常、释进行同在会证凉州，
自属辞，不加文饰也。[3]

———————

〔1〕　道安：《比丘大戒序》，僧祐《出三藏记集》卷十一，第412—413页。
〔2〕　"沙门昙摩持，或云侍，秦言法慧，或云法海，西域人。善持律藏妙入契经，以苻坚建
元三年丁卯四年戊辰，于长安译十诵戒本等三部。竺佛念传语，慧常笔受。……谨按长房等录，
皆以慧常为其译主，与昙摩持、竺佛念共译。今以秦僧慧常元不游于天竺，常虽共出《尼戒》，执
本乃是昙，摩佛念传，译常为笔受，与其僧戒，何别此乃别标慧常？推校本末，事乃分明，常为助
翻，昙摩为主故，入昙摩之录，慧常不别存焉。"智昇：《开元释教录》卷三，《大正藏》第五十五卷目
录部，第510页。
〔3〕　智昇，《开元释教录》卷四，《大正藏》第五十五卷目录部，第519页。

不过,支施仑所出四部经书中,三部散佚,仅《佛说须赖经》独存。《佛说须赖经》为极贫者须赖说法,其结尾有偈语云:

> 我灭度之后,后世法尽时,
> 须赖于行彼,东方之世界。
> 其土名妙乐,如来名无怒,
> 当从彼来还,余三阿僧祇。
> 于其数不减,于是已之后,
> 续当勤行道,当严净国土。
> 欲度众生故,彼于是劫后,
> 当成其胜道,号光世音王。
> 土如阿閦佛,如来之世界,
> 世界名善化,众德悉备具。[1]

偈语中所描述的是东方阿閦佛的妙乐世界,与我们所习见的西方阿弥陀佛的极乐世界有所不同,但作为法尽灭度之后的未来佛光世音王,与我们所知道的观世音菩萨有太多的相近之处,无法不使我们产生这样的联想。那么,支施仑在翻译《佛说须赖经》之时有没有可能受到竺法护的影响呢?事实上,佚名《渐备经十住梵名并书叙》明确说明竺法护曾经翻译过《佛说须赖经》,虽然作序者未曾见到,却为名"彦"之凉州僧侣所喜爱。[2] 可想而知,支施仑曾见过竺法护所出此经。

佚名《渐备经十住梵名并书叙》评价支施仑所出《佛说须赖经》"亦复小多,能有佳处"[3],自然是与他本相对照而言。作序者未曾见竺法护所出之《须赖经》,竺法护所出今亦散佚,那么作序者所见之他本为何人所出呢?僧祐《新集经论录》载支谦、康僧会、白延均译有《须赖经》,后两者康

---

〔1〕 支施仑:《佛说须赖经》,《大正藏》第十二卷宝积部,第63页。
〔2〕 "有护公出《须赖经》,虽不见,恒闻彦说之。"佚名:《渐备经十住梵名并书叙》,僧祐《出三藏记集》卷九,中华书局1995年版,第332页。
〔3〕 佚名:《渐备经十住梵名并书叙》,僧祐《出三藏记集》卷九,中华书局1995年版,第333页。

僧会与白延所出均特别注明已阙,而其《新集安公失译经录》又载《须赖经》一卷为失译经;《历代三宝纪》卷五《译经魏吴》以为白延所译为第一出,支谦所译为第二出;法坚《众经目录》卷一以支谦所出《须赖经》(或名《须赖菩萨经》),与魏世白延所译为同本异译;《开元释教录》以白延、支谦、求那跋陀罗与支施仑所出为同本,[1]并以白延所译为第一出,支谦所译为第二出,求那跋陀罗所译《贫子须赖经》为第四出,四出一存三阙。[2]

　　总之,众多经录都提到了白延所出之《佛说须赖经》,今《大正藏》所录异本即标明"曹魏西域沙门白延于洛阳白马寺译"[3],或当是经录所载白延译本。白延译本相对于支施仑译本更为质朴,也较为简洁,《渐备经十住梵名并书叙》所谓"先出诸公恨太简,于文句殊多可恨"[4],或许就包括白延译本在内。其结尾之偈语与上述所引支施仑本略异:

> 我般泥日后,末时须赖终。
>
> 生东可乐国,阿閦所山方。
>
> 余三阿僧祇,行满大愿成。
>
> 得佛除世邪,安隐度十方。
>
> 自然为神将,号曰世尊王。
>
> 始如阿閦佛,所度无有量。
>
> 世名德化成,恶灭善义兴。[5]

白延译本开篇为:"闻如是,一时佛在舍卫国祇树给孤独园,与大比丘众千二百五十人及五千菩萨俱。"[6]支施仑本则为:"闻如是,一时世尊,游于

---

　　[1]　"优婆塞支施仑《须赖经》一卷,与曹魏白延、吴支谦、宋功德贤所出《须赖经》同本。"智昇:《开元释教录》卷四,《大正藏》第五十五卷目录部,第519页。

　　[2]　智昇:《开元释教录》卷十四,《大正藏》第五十五卷目录部,第631页。

　　[3]　白延:《佛说须赖经》,《大正藏》第十二卷宝积部,第52页。

　　[4]　佚名:《渐备经十住梵名并书叙》,僧祐《出三藏记集》卷九,中华书局1995年版,第333页。

　　[5]　白延:《佛说须赖经》,《大正藏》第十二卷宝积部,第56页。

　　[6]　白延:《佛说须赖经》,《大正藏》第十二卷宝积部,第52页。

舍卫祇树给孤独园,与大比丘众俱千二百五十人、菩萨五千人。"〔1〕白本说法者为"佛",所以"未来佛"可以译成"世尊王";而在支施仑译本中,说法者译成了"世尊",即专指佛陀,因此"未来佛"也就随之改译为"光世音王"。此后经书中不再有"世尊王"的称呼说法,而有"观世音王"的说法,如《佛说佛名经》有"南无见爱世界观世音王如来国土"〔2〕,《陀罗尼集经》有"莲花座上作火焰光北面西头第一座主,名观世音王,莲花座上作含莲花,光焰围绕"、"第五观世音王"〔3〕,《一字佛顶轮王经》有"马头观世音王"〔4〕等。

我们找到了支施仑翻译《佛说须赖经》时将"世尊王"改译为"光世音王"的理由,并推测他所使用的"光世音"译名受到了竺法护的影响。值得注意的是,从《首楞严经后记》中,我们得知文施仑在翻译《佛说须赖经》等四部经书的过程中,有一位"博解群籍,内外兼综"的助手龟兹王子帛延,他与《佛说须赖经》的早期译者白延是什么关系呢? 如果我们相信《首楞严经后记》中的记载,那么曹魏时期白延翻译《佛说须赖经》之记录就令人生疑了。日本学者小野玄妙说:

> 关于白延此人,道安目录未列其名,将之追记者为僧祐法师。关于其传历,祐法师所谓"白延者,不知何许人,魏正始之末重译出《首楞严》,又《须赖》及《除灾患经》凡三部云"。可是问题就是,若白延果真为魏代人,且重译《首楞严经》,则支愍度于序中应附一言。然不但序文不提其事,且支愍度之后有帛延者,翻译《首楞严经》等。或谓帛与白字不同,然由帛、白、支、安、竺等字,均同表其出身龟兹观之,则不能认为异名。……区区百年之内,不可能有同名之人翻译同名经典之事。然则此二说应采取何者? 当然应采用《首楞严经后记》之说。若如此,则魏之白延

---

〔1〕 支施仑:《佛说须赖经》,《大正藏》第十二卷宝积部,第63页。

〔2〕 菩提流支:《佛说佛名经》卷九,《大正藏》第十四卷经集部一,第163页。

〔3〕 阿地瞿多:《陀罗尼经》卷十二,《大正藏》第十八卷密教部一,第895页。

〔4〕 菩提流志:《一字佛顶轮王经·成像法品第六》,《大正藏》第十九卷密教部二,第238页。

其人就成为非实在之人，如此之人可视为非历史人物，则有无译
经，固亦不成问题。[1]

小野玄妙否认有曹魏时期之帛延或白延存在，也就否定了白延曾译《佛说须赖经》。不过，正如他所言，曹魏之白延有无《佛说须赖经》不成问题，这部译经先于支施仑译本出现是没有疑问的。

三　两种"光世音"

在竺法护所译的 11 部经书中，"光世音"出现的形式主要有两种：一种如《佛说如来独证自誓三昧经》那样，在开首介绍出场的菩萨时与其他菩萨一同出现，嗣后再无音讯，在书中是莅临者的身份；一种是作为经书中的发问者，参与或推动着对话的展开。

仅仅作为一种身份象征出现的"光世音菩萨"，往往与"大势至菩萨"联袂出现。具体到这些佛经而言，作为旁观者的观世音、大势至两位菩萨，也有两种不同的身份，一是开场作为重要的来宾即诸菩萨之"上首"加以特别渲染，被介绍者连同光世音菩萨不过两三位而已；一是光世音与大势至两位菩萨虽然也被提及，但夹杂在众多的菩萨中，并不引人注目。前一种出场方式如《文殊师利佛土严净经》：

> 一时佛游王舍城灵鹫山，与大比丘十万众俱；及诸菩萨八万四千，皆不退转无所从生，逮得权慧神通无极，随时而化救济三界，其名曰文殊师利、光世音、大势至诸菩萨等咸来云集。[2]

这是一部宣扬文殊菩萨功德的经书，书中叙述十方无量无边佛刹中之佛皆是由文殊所劝导成就，文殊师利菩萨是整部经书当之无愧的核心。经书开篇光世音菩萨与大势至菩萨陪伴文殊师利菩萨一同出场，或正是用

---

〔1〕 [日]小野玄妙：《佛教经典总论》，新文丰出版公司 1983 年版，第 37 页。
〔2〕 竺法护：《文殊师利佛土严净经》卷上，《大正藏》第十一卷宝积部上，第 890 页。

以烘托文殊师利菩萨的身份与地位。不过,经书核心人物的陪伴者身份,正说明了光世音、大势至两位菩萨所具有的超然地位,所以经书中有对众多菩萨的具体描述,如光英菩萨、寂根菩萨、意愿菩萨、弥勒菩萨、师子步雷音菩萨、爱见菩萨、无碍辩菩萨、善心菩萨、海底菩萨、十上月童真菩萨、消诸忧冥菩萨、钩锁菩萨、普现菩萨、深行菩萨等。从这些描述或阐释中,我们大致了解了这些菩萨得名的缘由或所达到的境界,如光英菩萨在于"其无来无往",寂根菩萨在于"其无所得亦无所等,亦不造证亦不寂然,亦无淡怕无去来今",意愿菩萨在于"其不妄想佛法圣众,不念菩萨,无国土想,无地狱念,不断章句,不倚有常",海底菩萨在于"其志如海永难得底,深入法要不见妄想,如所应行而颂宣法,不我无彼"等[1]。不过,在演说佛法时,光世音与大势至两位菩萨却始终没有参与对话或佛法展示,这或许正好说明它们在净土世界中的特殊地位。在这一时期有关文殊师利菩萨的经书中,观世音、大势至往往羼杂在其间,如聂道真所译《佛说文殊师利般涅槃经》意在详述文殊菩萨的来历,从这部经书中,我们知晓了文殊师利菩萨出生时的无量神通与无量变现。其开首云:

> 一时佛在舍卫国祇树给孤独园,与大比丘僧八千人俱,长老舍利弗、大目犍连、摩诃迦叶、摩诃迦旃延,如是等众上首者也;复有菩萨摩诃萨十六人等,贤劫千菩萨弥勒为上首;复有他方菩萨千二百人,观世音菩萨而为上首。[2]

在这里,观世音菩萨被作为诸菩萨之"上首"特别加以介绍,显示出它是清净国土的特殊存在。在经书末尾,我们还看见与观世音菩萨极为接近的法门:

> 佛告跋陀波罗:"此文殊师利法王子,若有人念,若欲供养修福业者,即自化身,作贫穷孤独苦恼众生,至行者前。若有人念

---

〔1〕 竺法护:《文殊师利佛土严净经》卷下,《大正藏》第十一卷宝积部上,第990页。
〔2〕 聂道真:《佛说文殊师利般涅槃经》,《大正藏》第十四卷经集部一,第480页。

文殊师利者，当行慈心，行慈心者即是得见文殊师利。是故智者
当谛观文殊师利三十二相、八十种好，作是观者，首楞严力故，当
得疾疾见文殊师利。作此观者名为正观，若他观者名为邪观。
佛灭度后一切众生，其有得闻文殊师利名者、见形像者，百千劫
中不堕恶道；若有受持读诵文殊师利名者，设有重障，不堕阿鼻
极恶猛火，常生他方清净国土，值佛闻法得无生忍。"[1]

又如在《郁迦罗越问菩萨行经》中，出场的菩萨被隆重介绍的仅慈氏菩萨、
软首菩萨、除恶菩萨与光世音菩萨4位：

闻如是。一时佛游舍卫国祇树之园给孤独精舍，与大比丘
众千二百五十人，慈氏菩萨、软首菩萨、除恶菩萨、光世音菩萨等
五千人俱。[2]

在竺法护所出的另一些经书中，光世音、大势至两位菩萨虽然不是在开场
就给予隆重介绍，与之同时出现的菩萨也为数不少，却依然显示了它们不
可动摇的重要地位，如译于太康六年(285)的《佛说海龙王经》，其《请佛品
第十》有云：

安乐世界无量寿如来佛土菩萨，号光世音、大势至大士，与
无央数亿诸菩萨俱，为佛世尊示现庄严诸所有供养，皆令前所严
供隐蔽不现，无能知者。焰气世界难逮如来佛土菩萨，号法英、
法道大士；妙乐世界无怒如来佛土菩萨，号香首、众香首大士；照
明世界月辩如来佛土菩萨，号师子、师子音大士；不眴世界善目
如来佛土菩萨，号导御、诸法自在大士；光曜世界普世如来佛土
菩萨，号宝场、宝焰大士；乐御世界宝首如来佛土菩萨，号慧步、
慧见大士；光察世界普观如来佛土菩萨，号雨王、法王大士；爱见

---

[1] 聂道真：《佛说文殊师利般涅槃经》，《大正藏》第十四卷经集部一，第480页。
[2] 竺法护：《郁迦罗越问菩萨行经·上士品第一》，《大正藏》第十二卷宝积部下，第113页。

世界尊自在王如来佛土菩萨,号退魔后魔王大士。取要言之,如
是十方各各无央数亿诸菩萨,皆来劝乐海中龙王欲见如来供养
奉事。[1]

三千大千世界,十方无量无边佛刹中,自有无数佛与无数菩萨,而最为我
们所熟知的是安乐世界中无量寿佛与观世音、大势至两位菩萨。《海龙王
经》对西方三圣的描述,表明这一组合渐次稳定而影响日益深广。当然,
更常见的情形则是光世音菩萨夹杂在慈氏菩萨与大势至菩萨之间,随着
声势浩大的队伍出场,如《佛说如幻三昧经》:

> 闻如是:一时,佛游王舍城灵鹫山,与大比丘众俱,比丘六万
> 二千,一切圣智神通已达而悉耆年;菩萨四万二千,溥首童真之
> 等类也,其名曰:师子英菩萨、慈氏菩萨、光世音菩萨、得大势菩
> 萨、辩积菩萨、建立远菩萨、山顶菩萨、山幢菩萨、无动菩萨、善思
> 议菩萨、所思善议菩萨、心勇菩萨、心志菩萨、善心菩萨、珠积菩
> 萨、石磨王菩萨、宝掌菩萨、宝印手菩萨、常举手菩萨、常下手菩
> 萨、常精进菩萨、御众菩萨、笃进菩萨、住言行相应菩萨、超愿菩
> 萨、立报答菩萨、等思菩萨、弃诸恶趣菩萨、度无量菩萨、度无动
> 菩萨、虚空藏菩萨、上意菩萨、持意菩萨、增意菩萨、术详菩萨、执
> 诵菩萨、月光菩萨、月英菩萨、光英菩萨、光首菩萨、还若干光菩
> 萨、师子步雷音菩萨、辩无碍菩萨、妙辩菩萨、应辩菩萨、度意菩
> 萨、显日月光菩萨、空无菩萨、质游菩萨、常笑菩萨、根喜菩萨、除
> 诸盖菩萨、转女菩萨、转男菩萨、转胎菩萨、被德铠菩萨、大慧菩
> 萨、光燋菩萨、照明菩萨、无受菩萨、受音王菩萨、深藏菩萨、众香
> 手菩萨,解缚之等八正士俱,如是等类四万二千。[2]

在《弥勒菩萨所问本愿经》中,光世音也是排在第4位,不过出场的菩萨有

---

[1] 竺法护:《海龙王经》卷三《请佛品第十》,《大正藏》第十四卷经集部二,第145页。
[2] 竺法护:《佛说如幻三昧经》卷上,《大正藏》第十二卷宝积部下,第134页。

17 位之多〔1〕。在《佛说离垢施女经》，光世音已经退到 20 位菩萨中的第6 位：

> 闻如是：一时佛在舍卫国祇树给孤独园，与大比丘众俱，比丘千人皆阿罗汉——诸漏已尽逮得已办，无复尘垢而得自在，弃捐重担逮得己利，尽除终始诸所结缚，度以聪慧通达明智悉为仁贤，犹如大龙心得自在——其大人贤者阿难；菩萨万人，皆成大阿罗汉——皆一切圣达神通已畅，悉不退转法轮——菩萨其名：宝光菩萨、智积菩萨、名首菩萨、辩积菩萨、首咸菩萨、光世音菩萨、贤首菩萨，喜王菩萨、行无思议脱门菩萨、念诸法无盖菩萨、慈氏菩萨、入志性菩萨、弃诸恶趣菩萨、除众忧冥菩萨、超欲无虚迹菩萨、无虚见菩萨、德宝校饰菩萨、金宝曜首菩萨、舍诸盖菩萨、无害心菩萨，如是等菩萨具足万人。〔2〕

而到了《佛说济诸方等学经》，光世音仅仅是 20 位菩萨中的第 9 位了：

> 于是，文殊师利告趣聚福菩萨、不虚见菩萨、一辩心菩萨、善了说心菩萨、诃辩菩萨、喜王菩萨、离怨毛竖无畏行菩萨、心愿无量佛土菩萨、光世音菩萨、众香手菩萨、除诸阴盖菩萨、不置远菩萨、合百千德菩萨、威神音菩萨、心不舍诸慧菩萨、宣名称英幢菩萨、念求诸义菩萨、行不离佛界菩萨、超月殿威灼灼菩萨、严诸大界菩萨。文殊师利告于此等二十菩萨，复白佛言："如是，如是！世尊！诚如圣教。吾诣东方过是六十江沙诸佛刹土，礼诸世尊，

---

〔1〕"闻如是：一时佛游于披祇国，妙华山中恐惧树间鹿所聚处，与大比丘众俱，比丘五百人，一切贤圣神通已达，悉尊比丘，其名曰：贤者了本际、贤者马师、贤者和波、贤者大称、贤者贤善、贤者离垢、贤者具足、贤者牛呵、贤者鹿吉祥、贤者优为迦叶、贤者那翼迦叶、贤者迦翼迦叶、贤者大迦叶、贤者所说、贤者所著、贤者面王、贤者难提、贤者和难、贤者罗云、贤者阿难，如是之辈，五百比丘。复有菩萨如弥勒等五百人，其名曰：增意菩萨、坚意菩萨、辩积菩萨、光世音菩萨、大势至菩萨、瑛吉祥菩萨、软吉祥菩萨、神通华菩萨、空无菩萨、喜信净菩萨、根土菩萨、称土菩萨、柔软音响菩萨、净土菩萨、山积菩萨、具足菩萨、根吉祥菩萨，如是等菩萨五百人。"竺法护：《弥勒菩萨所问本愿经》，《大正藏》第十二卷宝积部下，第 186 页。
〔2〕竺法护：《佛说离垢施女经》，《大正藏》第十二卷宝积部下，第 89 页。

闻所说法,亦如今日;西、南、北佛土、四维、上、下亦复如是。游观七日转复前行,不见余佛。寻复还反,来至此土稽首听经。"[1]

至于《密迹经》中的光世音,如果我们没有足够的专注力,恐怕很容易忘却他的存在:

诸会菩萨具足功勋,其名曰:月施菩萨、月英菩萨、寂英菩萨、首英菩萨、光英菩萨、光首菩萨、首积、首寂、钩锁、龙忻、龙施、执像蜜天、缘胜、缘手、常举手、常下手、宝印手、宝掌、普世、宿王、金刚意、金刚步、不动行迹、过三世度、无量迹、无量意、海意、坚意、上意、持意、增意、常惨、常笑、喜根、善照威、离垢、弃恶趣、去众盖、极精进、智积、常观、光世音、大势至、山顶、虚空藏、不眴、不慕乐、宝上、宝心、善思、善思义、珠结总、豪王、净王、严土、宝事、恩施、帝天、水天、帝罔、明罔、喻天、积快、臂善、白象、香手、众香手、师子、英普、利意、妙御、大御、寂意、慈氏、普首、童真,其八万四千菩萨号各如是。[2]

在竺法护所翻译的另一些佛经中,也有对光世音菩萨进行详细介绍的。如《佛说决定总持经》,这部佛经使我们知道了光世音菩萨的部分来历,尽管很简略:

佛告无怯行菩萨,此族姓子等类十人,过去世时,违犯诸佛诽谤经典。何谓违犯诸佛之法?乃往过去久远世时,更历三十二劫焰弃世界,有佛名曰光世音如来至真等正觉明行成为善逝世间解无上士道法御天人师为佛世尊,是族姓子等类十人,在于彼世,为大豪贵长者作子。佛灭度后处于末学,为其世尊兴立功

---

〔1〕 竺法护:《佛说济诸方等学经》,《大正藏》第九卷法华部全、华严部上,第377页。
〔2〕 竺法护:《密迹金刚力士会第三》,菩提流志《大宝积经》卷八,《大正藏》第十一卷宝积部上,第42页。

德，五百塔寺讲堂精舍，以若干种供养之具，而用给足诸比丘僧，一一塔寺所有精舍，百千比丘游居其中。[1]

在《持心梵天所问经》中，我们知道了光世音与菩萨道的紧密联系。在佛与各菩萨讨论何为"菩萨"时，光世音与众位菩萨一同阐述了它的法门：

> 是道意菩萨白世尊曰：我各志乐所名菩萨。佛告曰：若欲乐者可说之耳。道意白佛：譬如世间男子女人，昼夜精进奉八关斋，无所毁失亦不缺戒，如是大圣行菩萨者，从初发意未成正觉，常八关斋，是故名曰为菩萨也。
>
> 坚意菩萨曰：假使菩萨坚固之性行慈具足，是故名曰为菩萨也。
>
> 度人菩萨曰：譬若如船，又如桥梁，若有人来，悉过度之。不以勤劳，亦无想念，其有喻心。如是行者，是故名曰为菩萨也。
>
> 弃恶菩萨曰：假使菩萨适能等立于佛土者，则能蠲除一切众恶，斯则名曰为菩萨也。
>
> 光世音菩萨曰：假使众生适见菩萨则得归趣志于佛道，但察名号则得解脱，斯则名曰为菩萨也。
>
> 得大势菩萨曰：举脚经行三千大千佛之世界，一切魔宫悉为之动，是则名曰为菩萨也。[2]
>
> ……

在这里，光世音菩萨谈到了它的重要法门是"察名号则得解脱"，解脱的目的是归于佛道，这与我们所熟知的观世音"称名救难"的功能还存在着细微的差别，真正对观世音法门进行详细描述并奠定观世音信仰基础的是竺法护所出的《正法华经》。

---

[1]　竺法护：《佛说决定总持经》，《大正藏》第十七卷经集部四，第771页。
[2]　竺法护：《持心梵天所问经》卷二《谈论品第七》，《大正藏》第十四卷经集部二，第17页。

四　竺法护与《正法华经》

竺法护之所以能为中土观世音信仰体系的建立奠定基础，首先在于他所具有的特殊地位，名士孙绰曾将之比为竹林七贤中的山涛，[1]名僧支道林以之为佛学玄宗，[2]时人则称之为"敦煌菩萨"[3]。在竺法护之前，虽然有不少僧侣从事译经工作，也翻译了很多经籍，但或是兴之所至，或是专注于某一类甚至某一部经书，较为零散，如竺法护这般大规模的翻译，却是前所未有的。日本学者小野玄妙曾对竺法护 40 余年翻译 150 多部经书的成就惊叹不已：

> 前期之译经家安世高、支谶、支谦等人确是居功至伟，然后代之鸠摩罗什、玄奘等，其贡献亦昭然在目。而此期法护三藏译经之惊人成绩，实非人所能想象。法护由太始二年至永嘉二年，前后四十三年（A.D.266—308），岁月虽长，但大小共译出一百五十余部经典，无论怎么说都值得令人惊叹。其学力与精力之伟大，实超过吾人想象之上。[4]

---

〔1〕"（竺法护）精勤行道，于是德化四布，声盖远近，僧徒千数，咸来宗奉。……后孙兴公制《道贤论》，以天竺七僧方竹林七贤，以（竺法）护比山巨源，其论云：护公德居物宗，巨源位登论道，二公风德高远，足为流辈。"僧祐：《出三藏记集》卷十三《竺法护传》，中华书局 1995 年版，第 518—519 页。

〔2〕"邈矣护公，天挺弘懿，濯足流沙，倾拔玄致。"慧皎撰，汤用彤校注，汤一介整理：《高僧传》卷一，中华书局 1992 年版，第 23 页。又："胡公于佛教入中华以来，译经最多，又其学大彰《方等》玄致，宜世人尊之，位在佛教玄学之首也。"汤用彤：《汉魏两晋南北朝佛教史》（增订本）第七章"两晋际之名僧与名士"，北京大学出版社 2011 年版，第 93 页。

〔3〕"（竺法）护世居敦煌而化道周洽，时人咸谓敦煌菩萨也。"慧皎撰，汤用彤校注，汤一介整理：《高僧传》卷一，中华书局 1992 年版，第 24 页。又"护公，菩萨人也，寻其余音、遗迹，使人仰之弥远。夫诸方等无生、诸三昧经，类多此公所出，真众生之冥梯"。佚名：《渐备经十住梵名并书叙》，僧祐《出三藏记集》卷九，中华书局 1995 年版，第 332 页。

〔4〕[日]小野玄妙：《佛教经典总论》，新文丰出版公司 1983 年版，第 44 页。

尤其令人敬佩的是,这些经书的译出都是在颠沛流离中所完成的。[1] 很多学者也认为,正是因为竺法护的全身心地投入译经,才使得佛法得以流布在中土,即所谓"(竺法护)终身译写,劳不告倦,经法所以广流中华者,(竺法)护之力也"[2]。同时,竺法护的传道活动,即作为"游方传教者的工作、僧团的组织和监督者的工作"[3]也是他产生重要影响的原因之一。《出三藏记集》竺法护本传说他"后立寺于长安青门外,精经行道,于是德化四布,声盖远近,僧徒千数,咸来宗奉。……于是四方士庶,闻风向集,宣隆佛化,二十余年"[4]。他在长安、洛阳一带的传教活动,对佛教在中土的推广发挥了重要作用。荷兰学者许里和分析道:

> 根据他的传记,法护因在使中国人皈依佛教方面比其他任何人贡献都多而受到称颂。这也许有些夸大其词,但毋庸置疑,正是他使当时还相当微不足道的长安僧团成为中国北方重要的佛教中心,也因此为后人的工作打下了基础——在他死后约 70 年,道安秉承余绪,并由鸠摩罗什及其学派弘扬光大。同时,他似乎极大地推进了洛阳和敦煌僧团的活动。最后,公元 4 世纪初南方佛教的一些最杰出人物也与长安直接有关,而且我们完全有理由说:南方都城里十分发达的玄学化佛教,实际上是在长安和洛阳、法护学派及其周围的义学僧以及士大夫信徒中已经

---

〔1〕 "这些经典并非固定于某地译述,而是陆续在长安、洛阳、酒泉、敦煌等地进行,盖因地方连年饥馑,八王及永嘉之乱迭起,使他不得不颠沛流徙,在离乱中设法抽暇执笔,其卓绝的精神与毅力,委实令人肃然起敬。"中村元等著:《中国佛教发展史》,天华出版事业股份有限公司1984 年版,第 52—53 页。

〔2〕 僧祐:《出三藏记集》卷十三《竺法护传》,中华书局 1995 年版,第 518 页。

〔3〕 [荷兰]许里和著:《佛教征服中国——佛教在中国中古早期的传播与适应》,李四龙、裴勇等译,江苏人民出版社 2003 年版,第 89 页。

〔4〕 僧祐:《出三藏记集》卷十二《竺法护传》,中华书局 1995 年版,第 518—519 页。

发展起来的观念和实践的直接延续。[1]

当然,竺法护主要还是以翻译数量惊人的佛经而为人们所敬佩。竺法护究竟主持翻译过多少佛经呢?道安《众经目录》收录150部;[2]《出三藏记集》卷二记载,竺法护自太始年间至怀帝永嘉二年(308)所出经典为154部、309卷;[3]《高僧传》本传记载为165部;《历代三宝纪》卷六增加为有210部、394卷;《开元释教录》卷五考订为为175部、354卷,实存91部、208卷。吕澂认为《开元释教录》所载91部竺法护译经中真正为其所译的是74部、177卷,另有10部是竺法护所译而讹为他人所译。[4] 在这些记载中,可能会出现同本异出的现象,但考虑到竺法护翻译的状况,也不难理解。小野玄妙解释说:

> 同一人有二部相同之译经,他人或甚以为怪,然在竺法护三
> 藏则有可能。何以故?竺法护译经之方法,乃由法护口读梵本
> 且译,以口授方式授与他人笔录,以此所译者似占大部分,故能

---

〔1〕 [荷兰]许里和著:《佛教征服中国——佛教在中国中古早期的传播与适应》,李四龙、裴勇等译,江苏人民出版社2003年版,第88页。李尚全教授认为竺法护是佛教传播与研究从点到线、从线到面的关键人物:"竺法护在汉传佛教史上占有十分显赫的地位。在他之前,佛教东渐的落脚点为河南洛阳。曹魏时,又增加了一个金陵,成为从海上丝绸之路东渐的落脚点。到了西晋的武帝时代,竺法护则从敦煌到长安沿途翻译佛经,从而把佛教向中国内地的东渐由点变成了线,使佛教信仰向沿线的民间渗透,从而扩大了佛教在中国的影响。竺法护晚年,又把佛教的东渐变成了深入研究佛理的面,即在长安建寺草创关河学派,为弘扬佛教培训人才。"李尚全:《汉传佛教概论》,东方出版中心2008年版,第22页。

〔2〕 "《历代三宝纪》和其他史料提到的所谓《(竺)法护(众经)目录》是否曾经存在过,这实在无法确定,它从未被引用过。在《出三藏记集》卷9第63页中第11列中提到《护公录》,但这部书未列在《出三藏记集》法护的著作中,而且这个《护公录》很可能指道安或僧祐自己经录中有关法护译经的目录。"[荷兰]许里和著:《佛教征服中国——佛教在中国中古早期的传播与适应》,李四龙、裴勇等译,江苏人民出版社2003年版,第134页。

〔3〕 "右六十四部,凡一百一十六卷。经今阙。合二件,凡一百五十四部,合三百九卷。晋武帝时,沙门竺法护到西域,得胡本还。自太始中至怀帝永嘉二年已前所译出。"僧祐:《出三藏记集》卷二,中华书局1995年版,第43页。

〔4〕 "竺法护翻译的经典,据梁僧祐《出三藏记集》的记载,有一八五十九部,三百〇九卷,当时存在的写本是九十五部。其后各家目录续有增加,唐代《开元录》刊定法护译本存在的凡九十一部,二百〇八卷(现经重新对勘,实系法护翻译的只七十四部,一百七十七卷)。其中很多重要的经典。……此外另有十种法护译本已认为散失了的,现经判明,仍然存在,不过误题为别人所译而已。"吕澂:《中国佛学源流略讲》,中华书局1979年版,第297—298页。

于二十三日之间译十卷《正法华经》，于一个半月之间译完七卷《大哀经》。不同于他人精读慢译，须费时一年，二年始完成一部经。因法护本身不作乎录，故可能有以口授传于甲某之经，后又对乙某讲说之情事。尤以当时极为重视之《首楞严经》，乃更有可能，故对道安之二部皆记载一事，无须提出异议。[1]

竺法护不仅所出佛经数量多，而且种类也极为齐全，几乎将当时流行于西域的佛籍囊括无遗，包括了华严经类、法华经类、涅槃经类等诸多与如来藏思想有关联的要典，既有般若经类、宝积经类、大集经类、大乘律类，又有（小乘）涅槃经类、本生经类。总之，正是因为竺法护在佛教东渐过程中所具有的特殊地位，他在经中反复称引"光世音菩萨"，无疑极大地强化了这一信仰的基础。

竺法护对于观音信仰体系建立的深远影响，在于他所译出的《正法华经》直接推动了观世音信仰的形成。中村元等人所著的《中国佛教史》说：

> 《正法华经》第十卷中还涵盖了《光世音普门品》（即《观世音普门品》），历叙观世音普济众生，神奇感人的事迹。此品影响所及，竟使世人纷纷膜拜救苦救难的观世音菩萨，并发展成为独树一帜的观音信仰。[2]

就观音信仰的形成而言，方立天在其《中国佛教简史》中也持大致相同的看法：

> 竺法护所译经中，最有影响的是《正法华经》、《光赞般若经》、《渐备一切智德经》等。《正法华经》十卷使印度大乘佛教的重要经典首次传到中国。经中通过许多比喻说明佛以"权方便"设种种教化以普度众生，使人人得以成佛。因有这部经典，产生

---

〔1〕　[日]小野玄妙：《佛教经典总论》，新文丰出版公司1983年版，第45页。
〔2〕　[日]中村元等著：《中国佛教发展史》，天华出版事业股份有限公司1984年版，第53页。

了竺道潜、于法开,竺法崇、竺法义、竺道壹等研究《法华经》的专家。又由于《法华经》之"光世音菩萨普门品"的流传,导致了观音信仰的逐步兴盛。[1]

他们都认为,《正法华经》在中土的译出与流传,是中土观世音信仰形成的根本动因,其中竺法护的贡献功不可没。这样的看法无疑是令人信服的。事实上,在竺法护之前,《法华经》的别生经或支派经曾被介绍到中土,前者如支谦所出《佛以三车唤经》[2],后者如魏甘露元年沙门支彊良楼于交州城所译的《法华三昧经》一部六卷[3],但均没有引起太多的关注,甚至竺法护此前的略出本——西晋太始元年所出《萨芸芬陀梨法华经》六卷,依然没有引起反响[4]。而《正法华经》的译出却是一件十分隆重的事情,其《出经后记》云:

> 太康七年八月十日,敦煌月支菩萨沙门法护手执胡经,口宣出《正法华经》二十七品,授优婆塞聂承远、张仕明、张仲政共笔受,竺德成、竺文盛、严威伯、续文承、赵叔初、张文龙、陈长玄等共劝助欢喜。九月二日讫。天竺沙门竺力、龟兹居士帛元信共参校,元年二月六日重覆。又元康元年,长安孙伯虎以四月十五日写素解。[5]

---

〔1〕 方立天:《中国佛教简史》,宗教文化出版社 2001 年版,第 30 页。

〔2〕 "若别行者,《佛以三车唤子经》一卷,魏代支谦译。"僧详:《法华传记·支派别行第四》,《大正藏》第五十一卷史传部三,第 52 页中。又"《佛以三车唤经》一卷,出《法华经》。"费长房:《历代三宝纪》,《大正藏》第四十九卷史传部一,第 58 页。

〔3〕 "《法华》翻译年代,略有六时。一者,佛灭后一千二百三十年,前魏甘露元乙亥,即吴五凤二年也,七月七日,外国支强梁接,言正无畏,于交州城,沙门道馨笔受,译成六卷,名《法华三昧经》者是也;二者,一千二百四十年,西晋太始元乙酉,月支国沙门昙摩罗蜜,晋言法护,姓支氏,历游西域,解三十六国语及书,从天竺国赍持梵本来,译成六卷,名《萨芸芬陀梨法华经》者是也。"僧详:《法华传记·传译年代第三》,《大正藏》第五十一卷史传部三,第 5 页。

〔4〕 "又西晋武帝太始元年略出竺法护之《法华》,即《萨芸分陀利经》六卷,未引起世人注意。反之竺法护之译《正法华经》十卷,与中国、日本之大乘佛教以深远影响,作妙典弘通,不失为佛教史上重要之一事。"[日]忽滑谷快天:《中国禅学思想史》,上海古籍出版社 2002 年版,第 11 页。

〔5〕 出经后记:《正法华经记》,僧祐《出三藏记集》卷八,中华书局 1995 年版,第 304 页。

又《正法华经后记》载：

> 永熙元年八月二十八日，比丘康那律于洛阳写《正法华品》
> 竟。时与清戒界节优婆塞张季博、董景玄、刘长武、长文等手执
> 经本，诣白马寺对，与法护口校古训，讲出深义。以九月大斋十
> 四日，于东牛寺中施檀大会，讲诵此经。竟日尽夜。无不咸欢，
> 重已校定。[1]

竺法护所出《正法华经》不仅在当时产生了巨大影响，在此后的相当长时
间内也为信徒所喜爱。在《高僧传》中，我们可以发现许多名僧对《正法华
经》尤为喜爱，如有能讲《正法华经》而备受姚兴礼遇的释昙：

> 释昙影，或云北人，不知何许郡县。性虚靖，不甚交游，而安
> 贫志学，举止详审，过似淹迟，而神气骏捷，志与形反。能讲《正
> 法华经》及《光赞波若》，每法轮一转，辄道俗千数。后入关中，姚
> 兴大加礼接。[2]

有因诵《正法华经》而梦中为人讲说经旨的释昙邃：

> 释昙邃，未详何许人。少出家，止河阴白马寺。蔬食布衣，
> 诵《正法华经》，常一日一遍。又精达经旨，亦为人解说。尝于夜
> 中忽闻扣户云，欲请法师九旬说法，邃不许，固请乃赴之，而犹是
> 眠中。比觉已身在白马坞神祠中，并一弟子。自尔日日密往，余
> 无知者。后寺僧经祠前过，见有两高座，邃在北，弟子在南，如有
> 讲说声。又闻有奇香之气，于是道俗共传，咸云神异。至夏竟，
> 神施以白马一匹，白羊五头，绢九十四。咒愿毕，于是各绝。邃
> 后不知所终。[3]

---

〔1〕　佚名：《正法华经后记》，僧祐《出三藏记集》卷八，中华书局1995年版，第304页。
〔2〕　慧皎撰，汤用彤校注，汤一介整理：《高僧传》卷一，中华书局1992年版，第243页。
〔3〕　慧皎撰，汤用彤校注，汤一介整理：《高僧传》卷一，中华书局1992年版，第458—459页。

又释宝唱《比丘尼传》：

> 智贤，本姓赵，常山人也。父珍，扶柳县令。贤幼有雅操，志
> 概贞立。及在缁衣，戒行修备，神情凝远，旷然不杂。太守杜霸，
> 笃信黄老，憎嫉释种，符下诸寺，克日简汰。制格高峻，非凡所
> 行。年少怖惧，皆望风奔骇，唯贤独无惧容，兴居自若。集城外
> 射堂，皆是耆德，简试之日，尼众盛壮，唯贤而已。霸先试贤以
> 格，格皆有余。贤仪观清雅，辞吐辩丽。霸密挟邪心，逼贤独住。
> 贤识其意，誓不毁戒法，不苟存身命，抗言拒之。霸怒，以刀斫贤
> 二十余疮，闷绝躄地，霸去乃苏。倍加精进，菜斋苦节。门徒百
> 余人，常如水乳。及符坚伪立，闻风敬重，为制织绣袈裟，三岁方
> 成，价直百万。后住司州西寺，弘显正法，开长信行。晋太和中，
> 年七十余，诵《正法华经》，犹日夜一遍。其所住处，众鸟依栖，经
> 行之时，鸣呼随逐云。[1]

正是《正法华经》的盛行，才使得光世音菩萨为越来越多的信徒所知晓，从而直接推动了观世音信仰的形成。

总之，竺法护对观世音信仰在中土流传产生了巨大影响。首先，他所选定的"光世音"译名，与后世通行的"观世音"最为接近，甚至还有不少人认为这两个译名音近义同。[2]"光世音"与"观世音"两种的异同，容后再加讨论。不过毫无疑问的是，"光世音"这一译名的盛行，并非因为后者，而恰恰相反，它的出现为后来"观世音"这样的译名为人们普遍接受奠定

---

〔1〕 释宝唱著，王孺童校注：《比丘尼校注》卷一《司州西寺智贤尼传三》，中华书局2006年版，第10—11页。

〔2〕 "又正经列名之中，云光世音，光、观声同，便即书之，后代何不依光释义。"湛然：《法华文句记》卷十，《大正藏》第三十四卷经疏部二，第353页中。"问：观世音有几名。答：古经云光世音，今云观世音也。未详方言，故为此号耳。若欲释者，光犹是智慧，如大经云，光明者即是智慧，智慧即是观也。又菩萨智慧光明照于世间，故云光也。《华严》云观音菩萨说大悲经光明之行，大悲即是功德，光明谓智慧，则知光世音不失此意也。"胡吉藏：《法华玄论》卷十，《大正藏》第三十四卷经疏部二，第448页下。"若就身语，名光世音，以身光照及故；若具三轮摄物无碍，名观自在。"法藏：《华严经探玄记》卷十九，《大正藏》第三十五卷经疏部三，第471页。

了良好的基础。

　　其次，我们不能忽略的是，正是在竺法护所译出的佛籍中，"光世音菩萨"才经常性出现以至于最终为人们所接受。在此之前，虽然有各种译名的出现，也有对观世音菩萨基本特征的一些描述，但它们留给人们的印象并不是太深刻，毕竟在众多的菩萨中，它往往只是匆匆过客中的一员。而在竺法护所出的经籍中，"光世音菩萨"不仅出现的次数大量增多，而且出现在各类的要典中。它在竺法护手中出现的次数如此频繁，也使得我们基本上可以将它作为一个重要的标尺，即大凡使用"光世音"这一译名的经籍，可以判定为竺法护所出，或者受到过竺法护译经的影响。

　　更重要的是，竺法护所出的《正法华经》首次全面介绍了光世音菩萨的慈悲精神与救济观念，奠定了观世音信仰的核心。或为《光世音普门品》的《光世音经》，以及曾经流行的《光世音应验记》，都显示出了竺法护对观世音信仰所做出的重要贡献。

第五章　观世音

一　《大方便佛报恩经》

关于"观世音"这一译名的最早出现，说法虽然不一，但大多限定在两晋之间，鲜有上溯至东汉者。而我们所熟知的事实是，被不少学者认定为东汉所译的《大方便佛报恩经》开篇曾提及"观世音菩萨"。其《序品第一》云：

> 如是我闻：一时，佛住王舍城耆阇崛山中，与大比丘众二万八千人俱——皆所作已办，梵行已立，不受后有，如摩诃那伽，心得自在，其名曰：摩诃迦叶、须菩提、憍陈如、离越多诃多、富楼那弥多罗尼子、毕陵伽婆蹉、舍利弗、摩诃迦旃延、阿难、罗睺罗等。众所知识菩萨摩诃萨三万八千人俱——此诸菩萨久殖德本，于无量百千万亿诸佛所，常修梵行，成满大愿，悉能通达百千禅定陀罗尼满；不舍大悲，随诸众生，而能饶益；绍隆三宝，使不断绝；能建法幢，为诸众生作不请友；到大智岸，名称普闻。其名曰：观世音菩萨、得大势菩萨、常精进菩萨、妙德菩萨、妙音菩萨、电光菩萨、普平菩萨、德首菩萨、须弥王菩萨、香象菩萨、大香象菩萨、持势菩萨、越三界菩萨、常悲菩萨、宝掌菩萨、至光英菩萨、

炎炽妙菩萨、宝月菩萨、大力菩萨、无量慧菩萨、跋陀和菩萨、师子吼菩萨、师子作菩萨、师子奋迅菩萨、满愿菩萨、宝积菩萨、弥勒菩萨、文殊师利法王子等，百千眷属俱。复有无量百千欲界诸天子等，各与眷属俱，赍诸天上微妙香华，作天伎乐，住虚空中。诸天龙、夜叉、乾闼婆、阿修罗、迦楼罗、紧那罗、摩睺罗伽、人、非人等，各与若干百千眷属俱，各礼佛足，退坐一面。尔时如来，大众围绕，供养恭敬，尊重赞叹。[1]

我们今日所见之《大方便佛报恩经》，即是当日相传为后汉失译的七卷本《报恩经》，这一点已有学者进行了详细地调查。[2]那么在涉及"观世音"译名年限问题时，为什么《报恩经》会被众多学者视而不见呢？这是因为他们对《报恩经》的编纂年代持有异议。《报恩经》有一卷本和七卷本两种。一卷本自从费长房以来即认定为桓灵之世支娄迦谶译于洛阳，[3]但早已散佚，早期的经师如道安等亦无缘获见。七卷本曾被僧祐列为失译众经的首位，在前言中，僧祐特别说明他所收录的这些失译之经，来源极其复杂，"或一本数名；或一名数本；或妄加游字，以辞繁致殊；或撮半立题，以文省成异"。而失译的缘由也不一致，"将是汉、魏时来，岁久录亡；

---

〔1〕　失译：《大方便佛报恩经》，《大正藏》第三卷本缘部上，第124页。

〔2〕　"《大方便佛报恩经》（七卷）是一部失译经，旧附后汉录。从文献学的角度，结合经录记载、佛教类书引录该书的情况和《一切经音义》所录《大方便报恩经》的词语等方面对该经作一些考察，认为七卷本《大方便报恩经》与今本《大方便佛报恩经》是同一部经。"史光辉：《〈大方便佛报恩经〉文献学考察》，《古籍整理研究学刊》2011年第5期。

〔3〕　"《大方便报恩经》一卷，见《吴录》。……右二十一部，合六十三卷，月支沙门支娄迦谶，亦直云支谶，桓灵世建和岁至中平，于洛阳译。"费长房：《历代三宝纪》卷四，《大藏经》第四十九卷史传部一，第52页。"沙门支娄迦谶，月支国人。操行纯深，性度开敏，秉持法戒，讽诵群经，志在宣弘，游方化物。以桓帝建和元年岁次丁亥至灵帝中平三年岁次丙寅，于洛阳译……《大方便报恩经》（一卷）。"靖迈：《古今译经图纪》卷一，《大正藏》第五十五卷目录部，第348页下。"《大方便报恩经》（见吴录）。"道宣：《大唐内典录》卷一《历代众经传译所从录·后汉传译佛经录》第一，《大正藏》第五十五卷目录部，第223页下。"右二十一部六十三卷，是月支国沙门支娄迦谶，亦直云支谶，以汉桓帝世建和岁至中平年于洛阳译，河南清信士孟福、张运等笔受。捡僧祐录，有二十四部。"道宣：《大唐内典录》卷一《历代众经传译所从录·后汉传译佛经录》第一，《大正藏》第五十五卷目录部，第224页上。"《大方便报恩经》一卷，后汉月支三藏支娄迦谶译。"智昇：《开元释教录》卷十四《别录中有译无本录》第二，《大正藏》第五十五卷目录部，第633页。

抑亦秦、凉宣梵,成文屈止;或晋、宋近出,忽而未详"[1]。在僧祐心中,失译的《报恩经》属于哪一种情况,它究竟是汉、魏或秦、梁还是晋、宋的经籍,我们不得而知。这种含糊的说法在隋代法经等人《众经目录》中也没有改变。

值得注意的是,费长房《历代三宝纪》卷四收录支谶所译《大方便报恩经》一卷本之后,又收录了七卷本,并说明其转录于僧祐《出三藏记集》中道安相关的记载,他自己则未睹经卷,只是空阅名题[2]。此后,关于七卷本《报恩经》为后汉失译的说法流传开来,如智昇《开元释教录》卷十二云"《大方便佛报恩经》七卷,失译在后汉录"[3]等,今日则成为许多学者探讨东汉问题的重要论据[4]。由于《历代三宝纪》给人们留下了滥收与臆断的印象,后人多指斥《大方便报恩经》"东汉失译说"为费长房肇其端。其中,小野玄妙的态度尤为激烈。他对费长房的批评,一则为武断地给失译经以确切的译者:

> 《历代三宝纪》自《出三藏记集》之失译经中,抽出约六百七十部,一一新附以译人之名,而转录入有译人之译经中。此一事实,只需对照前章传译史中所揭出之各时代各译人之译经目,与后列之失译经综揽表,无论谁皆能一目了然。如此令人惊骇之欺人手段进行之结果,一夜之间,即将道安以来大部分有问题之失译经,解决殆尽。笔者敢言此为诈术,若非诈术即是魔术。三四百年来,道安、僧祐等此道之权威,绞尽脑汁仍无以得知其实

---

〔1〕 僧祐:《出三藏记集》卷四《新集续撰失译杂经录》,中华书局1995年版,第123页。

〔2〕 "《大方便报恩经》七卷。……右一百二十五部,合一百四十八卷,并使僧祐律师《出三藏记集》撰古旧二录,及道安失源并新集所得失译,诸经部卷甚广,髓校群目芜秽者众,出入相交实难铨定,未睹经卷,空阅名题。"费长房《历代三宝纪》卷五,《大正藏》第四十九卷史传部一,第55页。

〔3〕 智昇:《开元释教录》卷十二,《大正藏》第五十五卷目录部,第602页。

〔4〕 如陈文杰《早期汉译佛典语言研究》引用达52例之多,以作为早期佛经翻译之例证。四川大学博士论文,2004年。又如季羡林《再谈浮屠与佛》,亦有所引证。陈秀兰《"不听"作"不允许"解的年代考证》亦引之以为汉魏语料。见赵晓岚:《中国古典文献学研究》,湖南师范大学出版社2005年版,第48页。

情，而费长房等如何于一夜之间将近七百部，如此多数之经本，完全断定其译者之名？除诈术或魔术外，恐无法完成此事。[1]

一则为无端地判定失译经以确切的年限，后者以《大方便报恩经》为典型：

　　（费长房）又将所余三百余部失译经，亦以时代别区分之，以录之体裁而言，似乎很合理，然就实质而言，则未有更愚昧之行。既谓后汉之失译经，则即为后汉时所译，而原已失其译人之名，又何以得知其时代？若是经由文献上之证据而得知，或由于严密研讨译语、译文，把握确证而断定之，自有承认之价值。然若是任意而盲目地区以时代别，即非但无益，甚至毒害后世，毫无收获与价值可言。比如：《大方便佛报恩经》一类经论，竟列为后汉失译经之首。由如此无识之人，轻率、任意的决定此种重大之问题，实令人无法补救。另行说明一事，现行之失译经，虽或有后汉失译、西晋失译或附东晋录等文字，大部分均已划定时代别，事实上并非有其他根据而定之译号。虽或有少数恰好命中，然大多数均可一眼得知其误。总而言之，即不足以信赖。因此失译经之处理，仍须追溯至法经录以前，仅以失译录之，而不作时代别，方为正确。[2]

近代以来，人们对于《报恩经》失译于后汉之说，多持否定态度，或以为当

---

　　〔1〕［日］小野玄妙：《佛教经典总论》第二部《录外经典考》第二章"失译经"，新文丰出版公司 1983 年版，第 191 页。
　　〔2〕［日］小野玄妙：《佛教经典总论》第二部《录外经典考》第二章"失译经"，新文丰出版公司 1983 年版，第 191—192 页。

译于三国之后[1]、西晋时期[2]、东晋前后[3],或出于宋梁之际[4],乃至唐代[5],甚者以为是编纂割裂而成,根本不存在所谓译者[6]。其手段或出自文献考证,或来自译语的辨析,其中从语汇、语法的角度进行认定尤为学者所喜爱。如史光辉重点考察了"如是我闻"、"憍陈如"、"耆婆"、"夜叉"、"紧那罗"、"涅槃"、"南无"等佛教词语以及其他一些常用词语来证明自己的观点[7],林显庭所举的佛语为"阿耨多罗三藐三菩提"、"乾闼婆"等[8];方一新等人则是先确定相对可靠的 34 种东汉佛经,对其疑问句进行穷尽性的统计研究,然后和《大方便经》进行比较,从而判定《大方便经》的翻译年代等[9]。但正如方一新所言:"通过语言、词汇的某些用法来鉴定佛经的翻译年代,还有许多问题有待于解决。比如,东汉和三国、西晋的年代较近,有些语言现象未必就能一刀两断,区分得一清二楚。

---

〔1〕 "有种种迹象表明,这些经的实际翻译时代可能要晚于东汉,估计为三国时期所译。"汪维辉:《东汉—隋常用词演变研究》,南京大学出版社 2000 年版。"从特指问句和疑问语气助词的角度看,《大方便经》是一部翻译时间不早于三国、具体译经年代待考的佛经,不是东汉译经。"方一新、高列过:《从疑问句看〈大方便佛报恩经〉的翻译年代》,《语言研究》2005 年第 3 期。

〔2〕 "通过以上的考察,我们认为七卷本《大方便佛报恩经》和东汉其他译经在语言上有着明显的差异,其具体翻译年代当不早于三国,其中不少用语与西晋时期佛经的语言更为接近。"史光辉:《从语言角度看〈大方便佛报恩经〉的翻译时代》,《古汉语研究》2009 年第 3 期。

〔3〕 "(《大方便佛报恩经》的一些译名),显为东晋末鸠摩罗什来华主持译经后,始为佛学界普遍沿用。"林显庭:《〈大方便佛报恩经〉纂者考及其唐代变文》,《中国文化月刊》1987 年第 91 期,第 65—91 页。

〔4〕 "……故《报恩经》的撰集年代应在宋梁之际,即公元 445 年至 516 年之间。"李永宁:《报恩经和莫高窟壁画中的报恩经变相》,《敦煌研究文集》,甘肃人民出版社 1982 年版,第 195 页。

〔5〕 "敦煌所藏佛经可能是最早的译本,因为它把原文录上了。……北魏以后,也有十几种,主要有《大乘起信论》、《观世音经》、《佛说普贤菩萨证明经》和《大方便佛报恩经》等,这些是唐代翻译的。"作者所言,是敦煌所藏佛经。姜亮夫:《敦煌学概论》第三讲《敦煌经卷简介(上)》,北京出版社 2004 年版,第 48 页。

〔6〕 "《报恩经》虽然成经有据,撰文有典,但并非天竺成经,而是由汉僧割裂、截取、增删、改写和辑录《涅槃经》、《贤愚经》等经典中的有关作品,逐步撰集、编纂而成的。因此,它不可能有译者,只能有撰集者。但为了权充天竺'真经',故以不明时代和注之'失译'而含混搪塞之。"李永宁:《报恩经和莫高窟壁画中的报恩经变相》,《敦煌研究文集》,甘肃人民出版社 1982 年版,第 195 页。

〔7〕 史光辉:《从语言角度看〈大方便佛报恩经〉的翻译时代》,《古汉语研究》2009 年第 3 期。

〔8〕 林显庭:《〈大方便佛报恩经〉纂者考及其唐代变文》,《中国文化月刊》1987 年第 91 期。

〔9〕 方一新、高列过:《从疑问句看〈大方便佛报恩经〉的翻译年代》,《语言研究》2005 年第 3 期。

又如,如何选择鉴别的标准,提取作鉴别用的有价值的区别性语言特征,也是十分棘手的事,鉴别标准提取得不准确,则结论可想而知。"[1]这一忧虑是值得重视的。就我们所关注的"观世音"译名而言,对于它在《大方便佛报恩经》中的出现我们深感困惑,因无法确认而去求证译经的准确时代,但我们却遗憾地发现,"观世音"这一译名本身又成为《大方便佛报恩经》不可能失译于后汉的首要例证。[2]这种循环论证,让我们体验到了以词汇、语法为手段来辨析佛经翻译年限的不准确性。

二 康僧铠

就"观世音"译名而言,同样为人们所忽略的还有康僧铠的《郁伽长者所问经》。《大宝积经》卷八十二收录有题名曹魏三藏法师康僧铠所出的《郁伽长者会》,其经开篇有云:

> 如是我闻:一时佛在舍卫国祇陀林中给孤穷精舍,与大比丘僧千二百五十人俱。菩萨五千人,弥勒菩萨、文殊师利菩萨、断正道菩萨、观世音菩萨、得大势菩萨如是等而为上首。尔时世尊,与于无量百千大众,恭敬围绕而演说法。[3]

虽然在这里观世音菩萨作为五位上首菩萨之一被置于醒目的位置,但大凡有关观音信仰与译名等问题讨论的文章中,它却很少成为讨论的对象,

---

〔1〕 方一新:《翻译佛经语料年代的语言学考察——以〈大方便佛报恩经〉为例》,《古汉语研究》2003 年第 3 期。

〔2〕 方一新、高列过的《从佛教词语辨〈大方便佛报恩经〉的时代》选取了 12 条佛教词语作为证据来确定其年限,其第一个证据便是"观世音菩萨":"……可见,即从'观世音菩萨'一词看,《大方便佛报恩经》的翻译年代不会早于后秦。"《浙江大学学报》2012 年第 3 期。

〔3〕 康僧铠:《郁伽长者会》,《大正藏》第十一卷宝积部上,第 472 页。

原因亦在于人们对于其所出年代抱以质疑的态度。[1] 如印顺法师即云：

> ……曹魏康僧铠译，名《郁伽长者所问经》，今编入《大宝积经》卷八二《郁伽长者会》。依译文，这不可能是曹魏的古译，可能是传为佚失了的，晋白法祖或刘宋昙摩蜜多所译出。[2]

当然，印顺法师是质疑的只是《郁伽长者会》可能不是康僧铠所出的《郁伽长者所问经》。至于曹魏之康僧铠译出《郁伽长者所问经》一事，言下之意还是给予了认可。事实上，在提到康僧铠的著述中，几乎都是把《郁伽长者所问经》作为康僧铠的标志性成果。如《高僧传》卷一《魏洛阳昙柯迦罗传》附云：

> 时又有外国沙门康僧铠者，亦以嘉平之末，来至洛阳，译出《郁伽长者》等四部经。[3]

《历代三宝纪》则把康僧铠译出《郁伽长者所问经》的具体时间都告诉了我们，即在嘉平四年(252)，"康僧铠于洛阳译《郁伽长者所问经》二卷"[4]。嗣后，《开元释教录》在支持这一说法的前提下又有扩充：

> 沙门康僧铠，印度人也，广学群经，义畅幽旨。以嘉平四年壬申，于洛阳白马寺译《郁伽长者经》等三部。[5]

即使如此，对于康僧铠的具体情况我们并没有掌握多少，由此也带来了一些困扰。比如对于康僧铠的国籍，《高僧传》只说是"外国沙门"，费长房认

---

〔1〕"观音的汉语意译名何时出现呢？汉传佛教何时把观音这位菩萨介绍到中国？后汉支谦所译《维摩经》里已有'观音'一词，《成具光明定意经》里则有'窥音'一词，但难以断定它们就是观音这位菩萨的称呼。《郁伽长者所问经》的最早译本里有'观世音'一词，但此经书的问世年代一说为公元252年，一说为公元421年，两种说法的时间概念，相去百余年。"王明达：《南诏大理国观音图像学研究》，云南人民出版社2011年版，第13页。

〔2〕释印顺：《印顺法师佛学著作全集》第十七卷，中华书局2009年版，第892页。

〔3〕慧皎撰，汤用彤校注，汤一介整理：《高僧传》卷一，中华书局1992年版，第13页。

〔4〕费长房：《历代三宝纪》卷三，《大正藏》第四十九卷史传部一，第37页。

〔5〕智昇：《开元释教录》卷一，《大正藏》第五十五卷目录部，第487页。

定其为天竺人,《开元释教录》录为"印度人",而一般情形下法号前冠"康"者应该为康居人〔1〕。又如康僧铠所出经籍,《高僧传》以来均明言为四部,而费长房声称他只见到两部,"检道祖《魏晋录》及僧祐出《三藏记》并宝唱《梁代录》等,所列如前,自外二部并不显名,校阅群录未见"〔2〕,智昇找到了三部,还是未能凑足四部:"《高僧传》中云译四部不具显名,竺道祖《魏晋录》、僧祐、宝唱《梁代录》等及长房、道宣、靖迈三录并云二部,余二既不显名,校阅未见,今更得一部,余欠一经,检亦未获。"〔3〕

但长期以来,康僧铠所出之经书无不饱受质疑。智昇所检索出的那部经书是《四分杂羯磨》,〔4〕曾被有些学者视为戒律方面的标志性成果,如周叔迦曾有论述:"曹魏佛教的趋势是不满足于安息、月支两系的现状而要求有所进展。关于戒律方面,要求如法受持。于是昙柯迦罗于嘉平二年(250)译出《僧祇戒本》一卷,康僧铠于嘉平四年(252)译出《四分杂羯磨》一卷,昙谛于正元元年(254)译出《昙无德羯磨》一卷。乃集梵僧立羯受戒,是为中国比丘受戒之始。"〔5〕"至曹魏高贵乡公时,昙柯迦罗始请梵僧立羯磨受戒。于时康僧铠出《四分杂羯磨》一卷,昙无谛出《昙无德羯磨》一卷,是东夏戒律之始。"〔6〕但更多人认为智昇的记载实在可疑,《四分杂羯磨》是后人编撰而成。〔7〕

相对而言,《无量寿经》影响最大,学者对其质疑也最为激烈。《无量寿经》出现过众多的异议本,据费长房《历代三宝纪》等书描述,安世高之

〔1〕 赖永海:《中国佛教通史》第一卷,第189—190页。

〔2〕 费长房:《历代三宝纪》卷三,《大正藏》第四十九卷史传部一,第56页。

〔3〕 智昇:《开元释教录》卷一,《大正藏》第五十五卷目录部,第487页。

〔4〕 智昇《开元释教录》卷一三:"《四分杂羯磨》一卷,题云《昙无德律杂羯磨》,以结戒场为首,曹魏天竺三藏康僧铠译。"《大正藏》第五十五卷目录部,第619页。

〔5〕 周叔迦:《周叔迦佛学论著全集》第一册,中华书局2006年版,第104页。

〔6〕 周叔迦:《周叔迦佛学论著全集》第五册,中华书局2006年版,第2014页。

〔7〕 屈大成《广律东来前早期中国佛教的律典传译》:"这记载首见于《开元录》,注文指《高僧传》记康僧铠在嘉平间末到洛阳出《郁伽长者经》等四部,但没全列出经名,《房录》等再举出《无量寿经》一部,至《开元录》又寻得这部。康僧铠本根昙谛本的内容和文句基本相同,唯少了'内护匡救僧众摈罚羯磨'一段。由于这本的记载甚迟出,平川彰怀疑有人参昙谛本编成,再假托为康译。"《觉群佛学》(2008),宗教文化出版社2009年版,第414页。

《无量寿经》为首译,支娄迦谶之《无量清净平等觉经》为第二译,支谦所出《大阿弥陀经》为第三译,曹魏康僧铠《佛说无量寿经》为第四译。《佛说无量寿经》其中有云:

> 佛告阿难:彼国菩萨,皆当究竟一生补处,除其本愿,为众生故,以弘誓功德而自庄严,普欲度脱一切众生。阿难,彼佛国中,诸声闻众身光一寻,菩萨光明照百由旬,有二菩萨最尊第一,威神光明,普照三千大千世界。
>
> 阿难白佛:彼二菩萨,其号云何?
>
> 佛言:一名观世音,二名大势至。是二菩萨,于此国土修菩萨行,命终转化生彼佛国。[1]

虽然这里也出现了对观世音菩萨的详细描述,但历来学者大多视而不见,原因即在于对《佛说无量寿经》的归属颇有争议。如望月信亨认为现存之《佛说无量寿经》不是康僧铠所译,而是刘宋宝云所出之《新无量寿经》;[2]小野玄妙甚至斥责康僧铠出《佛说无量寿经》之事为智昇之臆造,本无任何根据:

> 将净土三经,《平等觉经》作为支谶所译,《无量寿经》作为康僧铠所译,乃智昇个人之见,而非古承之说。[3]

不仅如此,小野玄妙还由此对康僧名下所有的经书都拒绝接受,正因为他对康僧铠所出经之事不予认可,他甚至还对康僧铠这一人物的真实性表示怀疑:

> 《历代三宝纪》以下诸录,据竺道祖之《魏录》,说有《四分杂羯磨》等译经,而现行之《大藏经》亦三部均署其名,然吾人不能

---

〔1〕 康僧铠:《佛说无量寿经》卷下,《大正藏》第十二卷宝积部下,第273页。
〔2〕 [日]望月信亨:《中国净土教理史》,华宇出版社1987年版,第30页。
〔3〕 [日]小野玄妙:《佛教经典总论》,新文丰出版公司1983年版,第25页。

相信其说。那并非仅因道安、僧祐之目录无其目之故，实是不但其所据之传说可疑，且于事实而言，彼等经本征诸文章译语等，均为晋末以后之作，绝非曹魏代之古译经典。[1]

……又谓康僧铠亦译《无量寿经》，其证据同为"竺道祖录"。长房虽述说亦根据《出三藏记集》，但不论是僧祐之目录抑或溯至道安之目录，二者均根本不承认康僧铠此一人物之存在。[2]

小野玄妙的质疑，得到了国内一些学者的呼应。纪赟《慧皎〈高僧传〉研究》有云：

首先我们来看康僧铠，此人也是由慧皎首次揭出。此传极短，只有一句话"时又有外国沙门康僧铠者，亦以嘉平之末来至洛阳，译出《郁伽长者》等四部经"。观其内容当是出自某部经录，现所知最早记录康僧铠的是竺道祖的《众经录》，然而道祖诸录以及《祐录》都没有记载康僧铠译有四部经，尤其是《祐录》甚至没有提到其人，这是值得注意的。还有一点，就是《房录》搜集到的两部经中，这其中包括《梁传》提到的《郁伽长者》存在疑问。《开元录》卷十一"（《郁伽长者》）经本题为康僧铠者，误也"。然而未提出根据，对于此经的研究还可以参考平川彰的研究，他确认此经为伪经。而《无量寿经》则基本已为目前学界所否定，另外《开元录》卷一中又提到他译有"《四分杂羯磨》一卷（题云《昙无德律部杂羯磨》，以结戒场为首，新附）"，也没有什么根据，因为这部经录实乃是《四分律》译出以后编撰而成，非为翻译。由以上可知，康僧铠的译经事迹，慧皎所记载多有可疑之处，以至于对其人是否真的存在，有些学者（如境野黄洋）都产生了怀疑。[3]

---

〔1〕 ［日］小野玄妙：《佛教经典总论》，新文丰出版公司1983年版，第37页。
〔2〕 ［日］小野玄妙：《佛教经典总论》，新文丰出版公司1983年版，第27页。
〔3〕 纪赟：《慧皎〈高僧传〉研究》，上海古籍出版社2009年版，第242页。

当然，也有不少学者如周叔迦对于康僧铠及其经书的存在从来没有产生过怀疑。他们没有详细阐述过康僧铠及其经书真实存在的具体依据，在他们看来，这应该是不证自明的。因此，他们往往把康僧铠所出经书及相关描述作为展开论述的重要材料，如季羡林先生在讨论"出家"一词时，就把康僧铠所出《郁伽长者会》作为曹魏时期译经的典型代表，这说明他认为康僧铠出经的真实性是毋庸置疑的：

> ……其次是汉文的译经。我觉得，这方面的资料较为确凿可靠。我在下面选出六种在不同时期有不同译文的汉译佛典，把有关的地方，加以对比，看看情况究竟如何。这些佛典，每一种尽管译文详略不同，时代相距也很远，但其实是一部经，因此对比的结果才有说服力。第一种是后汉安玄译之《法镜经》，曹魏康僧铠译之《郁伽长者会》（见《大宝积经》），西晋竺法护译之《郁伽罗越问菩萨行经》。[1]

不过，在具体讨论观音译名及相关音义时，我们不得不采取更加谨慎的态度。这是在康僧铠名下所出两部经书《郁伽长者所问经》与《佛说无量寿经》均有"观世音菩萨"出现，而我们在论述相关问题时均不愿谈及的重要原因。

三　聂道真

可以确定最早使用"观世音"这一译名的译者，就目前的资料来看，一般认为是西晋的聂道真。他在翻译《文殊师利般涅槃经》时，使用了这样的译名：

> 如是我闻：一时佛在舍卫国祇树给孤独园，与大比丘僧八千

---

〔1〕　季羡林：《季羡林全集》第十五卷学术论著七《佛教与佛教文化》（一），外语教学与研究出版社 2010 年版，第 96 页。

人俱,长老舍利弗、大目犍连、摩诃迦叶、摩诃迦旃延,如是等众上首者也;复有菩萨摩诃萨十六人等,贤劫千菩萨弥勒为上首;复有他方菩萨千二百人,观世音菩萨而为上首。[1]

此外,其《无垢施菩萨应辩会》也反复使用了"观世音菩萨"这一称呼:

> 如是我闻:一时佛游舍卫国祇树给孤独园,与大比丘众千人俱,皆是阿罗汉。诸漏已尽无复烦恼,于诸法中皆得自在,所作已办舍于重担,逮得己利尽诸有结,得正智解脱,心得善解脱,慧得善解脱。其心调伏如大象王,心得自在到于彼岸,入八解脱,唯除阿难一人。复有诸菩萨摩诃萨,皆大庄严众所知识,逮不退转,尽一生补处,其名曰宝手菩萨、德藏菩萨、慧严菩萨、称意菩萨、观世音菩萨、文殊师利法王子、悦音法王子、不思议解脱行法王子、思惟诸法无障碍法王子、弥勒菩萨、施无忧菩萨、无痴见菩萨、离恶趣菩萨、无碍行菩萨、断幽冥菩萨、除诸盖菩萨、辩严菩萨、宝德智威菩萨、金花光明德菩萨、思无碍菩萨,如是等菩萨摩诃萨万二千人俱。
>
> 尔时大德舍利弗、大德目犍连、大德摩诃迦叶、大德须菩提、大德富楼那弥多罗尼子、大德离越、大德阿那律、大德阿难及文殊师利法王子、无痴见菩萨、宝相菩萨、离恶趣菩萨、除诸盖菩萨、观世音菩萨、辩严菩萨、无痴行菩萨,如是等八大菩萨及八大声闻,晨朝执持衣钵,欲入舍卫城乞食,时于道中,各作是念共论斯事。
>
> ……观世音菩萨作是念言:我当令舍卫城中众生牢狱系闭速得解脱,临当死者即得济命,恐怖之者即得无畏。[2]

---

〔1〕 聂道真:《佛说文殊师利般涅槃经》,《大正藏》第十四卷经集部一,第480页。
〔2〕 聂道真:《无垢施菩萨应辩会》第三十三《序品第一》,《大正藏》第十一卷宝积部下,第556页。

由于聂道真译作中"观世音菩萨"多次出现,有学者认为聂道真便是"观世音"这一译名的创作者。聂道真是如何创造出这一译名的呢?他们的解释是:聂道真在协助竺法护译经的过程中,对"光世音"这一译名不太满意,因此在竺法护死后有机会独立翻印佛经时,就创造出了这样一个词汇。[1]这样的诠释富有想象力,颇能给人以启迪,当然也存在一些瑕疵。聂道真与其父亲聂承远是大翻译家竺法护的重要助手,这是毫无疑义的。在竺法护那些注明助手与翻译时间的后记中,他们父子的名字出现得最为频繁。如晋武帝太始二年(266)十一月八日至十二月三十日,竺法护在长安青门内白马寺口译《须真天子经》时,笔受者有聂承远;[2]太康七年(286)三月十日竺法护在长安口授《持心经》时,笔受者为聂承远;[3]同年八月十日,口授《正法华经》二十七品时,聂承远为笔受者之一;[4]是年十一月二十五日,竺法护口授《光赞般若经》,聂承远笔受。[5]太康十年(289)以后,聂道真出现在笔受者的行列。这一年四月八日,竺法护于洛阳白马寺口宣《佛说文殊师利净律经》时,聂道真笔受;[6]同年十二月竺法护出《佛说魔逆经》,聂道真笔受;[7]晋惠帝元康元年(291)七月七日,

---

〔1〕"聂道真精通梵文",在协助竺法护时,也许对竺法护根据特殊的解释翻译的'光世音'一词怀有疑问,因此在竺法护死后,独自翻译,取 Avalokita 的一般解释'看',造出新译'观世音'一词。但由于受'光世音'一词的影响,他翻译时留下了'世'字,其结果就是出现了有些莫名其妙的'观世音'。这一翻译被鸠摩罗什及法显所继承,至 5 世纪成为翻译经典的主流。辛岛静志:《〈法华经〉的文献学研究——观音的语义解释》,《中华文史论丛》2009 年第 3 期。

〔2〕"《须真天子经》,太始二年十一月八日,于长安青门内白马寺中,天竺菩萨昙摩罗察口授出之。时传言者,安文惠、帛元信;手受者,聂承远、张玄泊、孙休达,十二月三十日未时讫。"佚名:《须真天子经记》,僧祐《出三藏记集》,中华书局 1995 年版,第 267 页。

〔3〕"太康七年三月十日,敦煌开士竺法护在长安说出梵文,授承远。"出经后记:《持心经记》,僧祐《出三藏记集》卷八,中华书局 1995 年版,第 308 页。

〔4〕"太康七年八月十日,敦煌月支菩萨沙门法护,手执胡经,口宣出《正法华经》二十七品,授优婆塞聂承远、张仕明张仲政共笔受。"出经后记:《正法华经记》,僧祐《出三藏记集》卷八,中华书局 1995 年版,第 304 页。

〔5〕"《光赞》护公执胡本,聂承远笔受。"道安:《合放光光赞略解序》,僧祐《出三藏记集》卷七,中华书局 1995 年版,第 266 页。

〔6〕"太康十年四月八日,白马寺中,聂道真对笔受。"出经后记:《文殊师利净律经记》,僧祐《出三藏记集》卷七,中华书局 1995 年版,第 277 页。

〔7〕"太康十年十二月二日,月支菩萨法护,手执梵书,宣晋言,聂道真笔受,于洛阳城西白马寺中始出。"出经后记:《魔逆经记》,僧祐《出三藏记集》卷七,中华书局 1995 年版,第 174 页。

竺法护口授《大哀经》时,聂氏父子笔受。[1]

总之,聂氏父子开始是以笔受者的身份出现的。《高僧传》卷一《竺昙摩罗刹传》载:"时有清信士聂承远,明解有才,笃志务法。护公出经,多参正文句。《超日明经》初译,颇多烦重,承远删正,得今行二卷。其所详定,类皆如此。承远有子道真,亦善梵学。此君父子比辞雅便,无累于古。"[2]由此可以看出,他们父子的贡献主要在于修订文字,疏通文句,删改整理。僧祐《出三藏记集》卷二的记载也与此相似:"《超日明经》二卷,旧录云《超日明三昧经》。右一部,凡二卷。晋武帝时,沙门竺法护先译梵文,而辞义烦重。优婆塞聂承远整理文偈,删为二卷。"[3]他们一致认为,传为聂承远所译的《超日明经》,实际上是聂承远对竺法护译本的删定。费长房所著录的《迦叶诘阿难经》,出于同样的理由而遭到了否定。[4]

作为独立翻译家的聂道真,似乎首先出现在《历代三宝纪》中,其卷六载:"右五十四经,合六十六卷,聂承远子道真,惠帝之世始太康年迄永嘉末,其间询禀谘承法护,笔受之外,及护没后,真遂自译前件杂经。诚师护公,真当其称,颇善文句,辞义分炳。此并见在《别录》所载。"[5]智昇的《开元释教录》继承了这一说法,只不过缩减了聂道真翻译佛经的数目:"右二十四部三十六卷,《菩萨受斋》上六部六卷见在,《大方广》下一十八部三十卷缺本。……及护殁后,真遂自译《无垢施应辩》等经二十四部。……又长房等录更有二十九经,亦云道真所出,今以并是别生抄经,故删之不存也。"[6]

此后,聂道真在竺法护死后独立翻译大量佛经的说法,被人们广泛接

---

[1] "元康元年七月七日,敦煌菩萨支法护手执胡经,经名《如来大哀》,口授聂承远、道真正书晋言,以其年八月二十三日讫。"佚名:《如来大哀经记》,僧祐《出三藏记集》卷九,中华书局1995年版,第335页。

[2] 慧皎:《高僧传》,汤用彤校注,汤一玄整理,中华书局1992年版,第24页。

[3] 僧祐:《出三藏记集》卷二,中华书局1995年版,第43页。

[4] "又长房等录云,(聂)承远更译《迦叶诘阿难经》,此乃《杂譬喻》抄,非是别翻。"智昇:《开元释教录》卷二,《大正藏》第五十五卷目录部,第500页。

[5] 费长房:《历代三宝纪》卷二,《大正藏》第四十九卷史传部一,第66页。

[6] 智昇:《开元释教录》卷二,《大正藏》第五十五卷目录部,第500页。

受。如梁启超《翻译文学与佛典·佛典翻译界之代表人物》即云:"其追随(法护)笔受者,有聂承远、聂道真、陈士伦、孙伯虎、虞世雅等;而聂氏父子通梵文。护卒后,道真续译不少。"[1]日本学者野上俊静《中国佛教史概说》:"……尤其是聂道真,在竺法护去世之后,仍继续于译业,以《华严》之分品为始,译出了二十四部三十六卷。"[2]任继愈《中国佛教史》更是将《高僧传》与《历代三宝纪》中有关聂道真的记载糅合起来:

> 聂道真也善文辞,且懂梵语,除与其父聂承远为竺法护译经担当笔受者外,在竺法护死后尚独自译经。据《开元录》卷二,他译有《文殊师利般涅槃经》一卷、《异出菩萨本起经》一卷、《三曼陀跋陀罗菩萨经》一卷、《菩萨受斋经》一卷等二十四部三十六卷。出于传教需要,他还从某些大经中节选抄录出一部分作为单行本(所谓"别生抄经")流行;这种经达二十九种之多。《历代三宝纪》卷六还载他撰有《众经录目》一卷,从本卷所引内容来看,主要是记载竺法护所译的部分佛经目录。[3]

但聂道真译经之说出现较晚,不见载于早期经录,不能不令人生疑。小野玄妙《佛教经典总论》就对相关描述极为怀疑:

> (聂道真)与聂承远同任竺法护之译席,当笔受之职。于元康元年七月翻译《大哀经》时,与承远并肩担任其务。由此不难察知道真通达胡汉双方语言,然聂道真有译经之事,道安、僧祐目录中均不曾言及一语。然《历代三宝纪》中,竟列举数十部。其中《无垢施菩萨分别应辩经》、《文殊师利涅槃经》、《异出菩萨本起经》、《三曼陀跋陀罗菩萨经》等,仍署名为聂道真所译而现行。其大部分为道安、僧祐编入古异、失译之经典,遽然转为聂

---

〔1〕 梁启超:《佛学研究十八篇·翻译文学与佛典》,湘潭大学出版社2010年版,第114—115页。

〔2〕 [日]野上俊静等著:《中国佛教史概说》,圣严译,台湾"商务印书馆"1993年版,第19页。

〔3〕 任继愈主编:《中国佛教史》第二卷,中国社会科学出版社1985年版,第36页。

道真等之译本而置译号者,若是由他处得确实证据,而了解新事
实则另当别论,否则历史性之发现,并非随处可见。其中有与其
师法护公所译之经典同名或类似者,这或可视为护公译经目之
一部混入者。无论如何不能轻易承认其确实性。[1]

就与观音相关的佛经而言,聂氏父子明确参与了竺法护的《持心经》《正
法华经》等经籍的翻译,在当时为何没有提出更改译名的建议呢? 而我们
所知道的是,他们在翻译过程中的地位是非常重要的。此外,题名聂道真
所译《无垢施菩萨应辩会》,是竺法护《佛说离垢施女经》之异出本。如其
中之诸菩萨名,除观世音外,其他鲜有相同者,这也颇令人生疑。

四　鸠摩罗什

无论在鸠摩罗什之前,"观世音"这一译名是否为人所使用,其为人们
所熟知并成为中土最有影响的译名,毫无疑问要归功于鸠摩罗什,而这与
鸠摩罗什的崇高地位又不无关联。明末高僧真可曾将鸠摩罗什置于无人
企及的高峰,所谓"译经者流,无虑百余家,若夫文质精到,逗机不爽,无越
(罗)什师"[2]。在汉传佛教史上,唯一与鸠摩罗什相提并论的似乎只有
唐朝的玄奘了[3]。关于佛经翻译史,有古译时代、旧译时代与新译时代
之说,不少学者往往将古译与旧译合二为一,从而将玄奘作为划分新旧时
代的标志,因为僧祐所谓"新经",在大唐以来众多译者看来还是属于旧

〔1〕 ［日］小野玄妙:《佛教经典总论》第一部《经典传译史》第三章"古译时代",新文丰出
版公司 1983 年版,第 45—46 页。

〔2〕 真可:《沐浴碧云禅房睹罗什道影》,《紫柏尊者全集》,《续藏经》第七十三卷,第 315 页。

〔3〕 在汉传佛教史上了,除了鸠摩罗什与玄奘这双峰并峙的看法外,常见的说法是汉译
四大家。此外,张舜徽还提出了古代三大佛经翻译家之说:"他(鸠摩罗什)所译的经、论及其翻
译方法,对后世影响很大。他与梁朝真谛.唐代玄奘并称为我国古代三大佛经翻译家。"张舜徽:
《中华人民通史》第六部分《人物编》,华中师范大学出版社 2008 年版,第 1369 页。

译〔1〕。从这个角度来看,耀眼的鸠摩罗什也只是旧译时代最灿烂的明星而已,与玄奘相比自然略微逊色。如镰田茂雄即云:"在中国译经史上,担任最重要任务的就是鸠摩罗什和玄奘。玄奘不但在中印文化交流方面尽了卓越的贡献,同时还翻译了庞大的经典群,尤其使瑜伽派的经典,能传译于中国,诚属厥功甚伟。而其译文又都采用了忠于原著逐语直译方式,是故把玄奘以后,称为佛经的新译时代。中国的译经史,以玄奘为基点,分为二,玄奘以前的佛典翻译史上,扮演重要角色的是鸠摩罗什。"〔2〕

但依然有不少学者认为鸠摩罗什是中土佛经翻译史上里程碑式的人物,或者说他所开创的时代就是新译时代,〔3〕包括前面提及镰田茂雄,在完成其《中国佛教通史》之后的八年,他又在《中国佛教简史》中承认鸠摩罗什是佛经翻译史划时代的人物:"姚秦时代有许多西域僧络绎不绝地来到中国,从事译经工作。其中鸠摩罗什的活动在中国译经史上具有划时代的意义,是使中国佛教从移植期转入成长发展期的原动力。"〔4〕对于鸠摩罗什的拥趸而言,即使他们承认翻译史有所谓的古译、旧译与新译三个时代之分,但并不意味后来者都凌驾在前者之上,如谢和耐对佛经翻译发展史三个阶段的描述:

> 首先经过第一个摸索探求的阶段(这就是"古译"),其中的译本或由于过分迁就中国大众而太蹩脚或由于过分确切而几乎无法理解了。由于在 5 世纪初叶形成了以龟兹僧鸠摩罗什为首

---

〔1〕 "僧祐所谓新经,即指晋宋末至梁代新译之经典而言。僧祐所谓之新经,若由唐以后之译本视之,则均属旧译经。将隋代以前所译经典成为旧译,唐以后者称新译,乃是行之已久之惯例。笔者于此所称之旧译,系采用此惯例而名,然同为旧译,西晋之前与东晋以后,不可以等量齐观,故特安古译一名,以此两期之别。"[日]小野玄妙:《佛教经典总论》第一部《经典传译史》第四章"旧译时代之前期·概说",第 60 页。

〔2〕 [日]镰田茂雄:《中国佛教通史》第二卷第三章"鸠摩罗什——其翻译事业",佛光出版社 1986 年版。

〔3〕 如郭鹏:《郭鹏佛学论文选集·鸠摩罗什》:"罗什译经,在中国佛教的译经史上开创了一个新时代,史家统称罗什以前的译经为'旧译';称罗什译经为'新译'。"社会科学文献出版社 2011 年版,第 285 页。

〔4〕 [日]镰田茂雄:《简明中国佛教简史》,华宇出版社 1988 年版,第 46 页。

的译经小组、稍后不久又有了原居住在扶南并被梁武帝于 548 年从广州召至南京的天竺僧真谛(Pargmartha,500—569 年)的译经小组,译经的严格性和文笔得到了巨大发展。这就是"旧译"时代。第三个阶段是随着 7 世纪的译经师们而得以超越的,他们强制性地规定了一种统一的词汇和一种技术上的严格性,从而使唐代(7—9 世纪)的"新译"失去了先前时代作品所具有的文学意义。[1]

在谢和耐看来,从佛经的文学性和生动性来衡量,以鸠摩罗什为代表的旧译时代无疑更值得肯定。黄忏华则更进一步,他认为鸠摩罗什与玄奘虽是中土佛经翻译史上的双璧,两人各有千秋,但前者的开创之功似乎更为引人瞩目:"中国佛教由鸠摩罗什而面目一新,由鸠摩罗什而始有良好之译本,系统之教义。佛典汉译之泰斗,前有罗什,后有玄奘。言旧译者,必称罗什;言新译者,必推玄奘。然玄奘译之卷帙,虽富于什;而什译之范围,则广于奘。"[2]金克木认为这是玄奘译本之所以不如罗什译本流行的重要原因:"(罗)什和(林)纾译在各自当时是结合传统而新开的一面,奘译虽然更忠实优美,但并非创新,只在已经确立并流行的文体中略有改进,从文辞说,自然也就比不上旧译的作用大了。"[3]

近代以来,鸠摩罗什的创造性获得了普遍的认可,不少学者甚至认为中土佛教发展史的转捩点就应该标识在他身上。"从整个佛典翻译史上看,他(鸠摩罗什)介绍的种类或数量都不算是最多的,但对促进内地佛教的发展,却起了转折性的作用;从东汉末年以来,大小译家三十余人,译出大小乘典籍四五百部,在二百五十多年中,一直是佛教在内地传播和研究的主要依据,至此,基本上已由罗什的新译所取代,从而开辟了佛教发展

〔1〕 [法]谢和耐著:《中国社会史》,耿升译,江苏人民出版社 1995 年版,第 181—182 页。
〔2〕 黄忏华.《中国佛教史》,上海文艺出版社 1990 年版,第 28 页。
〔3〕 金克木:《梵佛探》,河北教育出版社 1996 年版,第 405 页。

的新阶段。"〔1〕鸠摩罗什所开辟的时代,才是名至实归的新时代,其成就当在玄奘之上。〔2〕那么,鸠摩罗什何以开创出佛教发展的新阶段呢?

首先在于翻译的组织上。"将佛经翻译成中文是一项极为艰苦的工作,只有在政府的人力、物力支持下才能顺利进行。再者,译经的工作要求一些具有天才的人从事方能成功,而鸠摩罗什便是其中的佼佼者。……虽然鸠摩罗什对佛经翻译有很大的贡献,他实际上不谙中文,他的伟大之处在于他渊博的学识、对佛法的理解和带领助手完成译经工作表现的领导才干。"〔3〕鸠摩罗什不仅在佛理方面有天才般的领悟能力,而且具有极其出色的领导能力与宣传能力。其译场规模之大,其参与译师之众以及所出经籍影响之远,都令人惊叹。汤用彤有云:

> 鸠摩罗什以姚秦弘始三年(401)冬至长安,十五年(413)四月迁化。十余年中,敷扬至教,广出妙典,遂使"法鼓重震于阎浮,梵轮再转于天北"。(僧肇《什法师诔文》)法筵之盛,今古罕匹。虽云有弥天法师为之先导,慧远、僧肇等为其羽翼,然亦法师之博大精微有以致之也。〔4〕

之所以出现"法筵之盛,今古罕匹",则是因为有官府的支持与众多的参与者。"鸠摩罗什的翻译事业,有着前人所未有的优越条件,那就是当时政府(姚秦)的大力支持和在道安影响下产生的具有高度文化修养的一大批

---

〔1〕 杜继文:《鸠摩罗什在长安》,《隋唐佛教研究论文集》,三秦出版社 1990 年版,第 318—319 页。

〔2〕 "鸠摩罗什所译经论,不论其语言的精美,还是内容的确切,都是前所未有的。正因为其译经的上述特点,使他在中国古代曾盛行一时的佛经翻译中独树一帜。他的翻译被称为'新译',在中国佛教译经史上开创了一个新时代。他的佛典翻译活动,在中国佛教史、哲学史、文学史上产生了久远影响。其影响之大,玄奘也有所不及。鸠摩罗什翻译的一些经典虽已有多种译本,但时至今日,仍以他的翻译为正本最为流传。"[越南]释慧莲:《东晋佛教思想与文学研究》,巴蜀书社 2008 年版,第 42 页。

〔3〕 秦家懿,[德]孔汉思著:《中国宗教与基督教》,吴华译,生活·读书·新知三联书店 1990 年版,第 185—186 页。

〔4〕 汤用彤:《汉魏两晋南北朝佛教史》第十章"鸠摩罗什及其门下",北京大学出版社 2011 年版,第 154 页。

义学僧人的辅助。"[1]姚兴对鸠摩罗什的重视、对佛理的关注以及亲自所参与的佛义讨论活动,使鸠摩罗什的核心地位日益稳固,影响也日益深远。《晋书·姚兴载记》描述说:

> 兴如逍遥园,引诸沙门于澄玄堂,听鸠摩罗什演说佛经。罗什通辩夏言,寻览旧经,多有乖谬,不与胡本相应。兴与罗什及沙门僧䂮、僧迁、道树、僧叡、道坦、僧肇、昙顺等八百余人,更出《大品》。罗什持胡本,兴执旧经,以相考校,其新文异旧者皆会于理义。续出诸绎并诸论三百余卷。今之新经,皆罗什所译。兴既托意于佛道,公卿已下,莫不钦附沙门。自远而至者五千余人。起浮图于永贵里,立波若台于中宫。沙门坐禅者恒有千数。州郡化之,事佛者十室而九矣。[2]

参与其译场之人数,有五百[3]、八百[4]之说,其受业者有一千[5]、二千[6]、三千[7]、四千或五千之众,而其门下又有八俊、四圣、十哲之称。

---

〔1〕 赵朴初:《佛教常识答问》,华文出版社 2011 年版,第 119 页。

〔2〕 房玄龄等:《晋书》第十册《载记第十七·姚兴上》,中华书局 1974 年版,第 2984—2985 页。

〔3〕 "法师手执胡本,口宣秦言……与诸宿旧、义业沙门释慧恭、僧䂮、僧迁、宝度、慧精、法钦、道流、僧叡、道恢、道标、道恒、道悰等五百余人,详其义旨,审其文中,然后书之。"僧叡《大品经序》,僧祐《出三藏记集》卷八,中华书局 1995 年版,第 292—293 页。

〔4〕《晋书·姚兴载记》云有八百余人外,僧祐《出三藏记集》卷十四《鸠摩罗什传》亦云"于是兴使沙门僧肇、僧䂮、僧迁等八百余人咨受什旨,更令出《大品》"。中华书局 1995 年版,第533—534 页。又僧叡《法华经后序》:"于是听受领悟之僧八百余人,皆是诸方英秀,一时之杰也。"僧祐《出三藏记集》卷八,中华书局 1995 年版,第 307 页。

〔5〕 "每天有近千名僧侣、信众听他将佛法,其中不乏当时国内最优秀的学者。"秦家懿、〔德〕孔汉思著:《中国宗教与基督教》,吴华译,生活·读书·新知三联书店 1990 年版,第 186 页。

〔6〕 "幸遇鸠摩罗什法师与关右,既得更译梵音,正文言于竹帛,又蒙披释玄旨,晓大归于句下。于时咨悟之僧二千余人,大斋法集之众,欣豫难遭之庆。"僧叡:《思益经序》,僧祐《出三藏记集》卷八,中华书局 1995 年版,第 308 页。又同卷慧观《法华宗要序》:"秦弘始八年夏,于长安大寺草堂集四方义学沙门二千余人,更出斯经,与众详究。"僧祐《出三藏记集》,第306 页。

〔7〕 "于是,四方义学沙门不远万里,名德秀拔者,才畅二公;乃至道恒、僧标、僧叡、僧敦、僧弼、僧肇等三千余僧,秉受精研,务穷幽旨。"僧祐《出三藏记集》卷十四《鸠摩罗什传》,中华书局 1995 年版,第 534 页。"兴既虚襟,崇仰佛法,恒于大寺草堂之中供三千僧,与(罗)什参定新、旧诸经,莫不精究,洞其深旨。"道宣.《大唐内典录》卷三《后奉传译佛经录·沙门鸠摩罗什译经录》,《大藏经》第五十五卷目录部,第 251 页。

这些参与者各有擅长，或精义理，或擅文辞，有所谓译主、笔受、度语、证梵、润文、证义、总勘之分工。每译一文，经过了较为严密的程序检验，故能将译文的水平大大提高。

其次，在于翻译内容的选择方面。"在罗什以前的佛教传播，大多靠神通来显化，到罗什东来的时期，才使佛教哲学化，与儒、道两家分庭抗礼，变成中国文化学术的一派巨流，以后才有儒、释、道三家之学，构成中国文化全貌的总体称谓。"[1]鸠摩罗什的译经之所以使释教能与儒、道两教相抗衡，不仅在于超越了神通的层面，还在于摆脱了儒学、玄学的荫蔽，保留了天竺原始佛学的本来面目，充实了佛教教理。[2] 他有意识地对所翻译的内容进行了梳理与整合，强化其思想的一致性与体系的完整性，从而为宗派的形成提供了可能性。他所挑选出来的译书"多半都是原来有很高的哲学价值和文学价值或宗教价值的重要著作，这和以前遇到会什么人的就译什么书的情形很不相同"[3]。

最后，则在于新的翻译方式与文风。《出三藏记集》曾全面评价了鸠摩罗什的贡献：

> 自大法东被，始于汉明，历涉魏、晋，经论渐多。而支、竺所出，多滞文格义。兴少崇三宝，锐志讲集。什既至止，仍请入西明阁、逍遥园，译出众经。什率多暗诵，无不究达。转解秦言，音译流利。既览旧经，义多乖谬，皆由先译失旨，不与胡本相应。于是兴使沙门僧肇、僧䂮、僧迁等八百余人咨受什旨，更令出《大品》。什持胡本，兴执旧经，以相仇校。其新文异旧者，义皆圆通，众心惬服，莫不欣赞焉。兴宗室常山公显、安成侯嵩，并笃信

〔1〕 南怀瑾:《中国佛教的传播》,复旦大学出版社 1996 年版,第 79 页。

〔2〕 "时东晋的佛教受儒玄之影响,已中国化。唯罗什所传之佛理,尚保持天竺原始儒学之本来面目,使佛教教理大为充实。始有大小乘之别,始有宗派观念,最难得的是令佛经得到一个总体的整理。对于佛学之阐扬,影响极大。"陈致平:《中华通史·两晋南北朝史》,花城出版社 2003 年版,第 458 页。

〔3〕 金克木:《中印人民友谊史话·鸠摩罗什》,《梵竺庐集》乙种《天竺诗文》,江西教育出版社 1999 年版,第 437 页。

缘业，屡请什于长安大寺讲说新经。续出《小品》、《金刚般若》、《十住》、《法华》、《维摩》、《思益》、《首楞严》、《华首》、《持世》、《佛藏》、《菩萨藏》、《遗教》、《菩提》、《呵欲》、《自在王》、《因缘观》、《无量寿》、《新贤劫》、《诸法无行》、《禅经》、《禅法要》、《禅要解》、《弥勒成佛》、《弥勒下生》、《称扬诸佛功德》、《十诵律》、《戒本》、《大智》、《成实》、《十住》、《中》、《百》、《十二门》诸论三十三部，三百余卷，并显畅神源，发挥幽致。[1]

这里罗列了鸠摩罗什所译的众多典籍。罗什译经的数量，存在不同的说法，[2]但都保持在一个令我们惊讶的基准上。池田大作说过："在他（罗什）进入长安到他入寂为止的八年或一说十二年间，他翻译了三百数十卷的经典。即使简单计算，其速度也是一个月内就得翻译两卷或三卷的。而且，他还要面对八百到两千名大群的年轻精英，使用着与翻译语言所产生的效果完全不同的讲解，来进行这次佛学研究活动。对于这一事实，不能不使人深为惊叹。"[3]但数量并不是鸠摩罗什傲视侪辈的主要原因，[4]核心原因是他对前辈讹谬的纠正，这种纠正不仅体现翻译用词的准确性上，还体现翻译方法上，即彻底摈弃了以玄学用语比附佛学概念的方法，极力避免《高僧传》所批评的"滞文格义"的现象，直接创造出新的词汇及与之相应的文体、文风。

鸠摩罗什对呆板的直译极其鄙薄，认为"改梵为秦，失其藻蔚，虽得大意，殊隔文华，有似嚼饭与人，非徒失味，乃令人呕秽也"[5]。除了确实无

---

〔1〕　僧祐：《出三藏记集》卷十四《鸠摩罗什传》，中华书局1995年版，第533—534页。

〔2〕　僧祐《出三藏记集》卷二所载为"三十五部，凡二百九十四卷"，卷十四《鸠摩罗什传》为"三十二部，三百余卷"；费长房《历代三宝纪》卷八为"九十八部，四百二十五卷"；道宣《大唐内典录》卷三亦为"九十八部，合四百二十五卷"；智昇《开元释教录》卷四所录为"七十四部，三百八十四卷"。

〔3〕　[日]池田大作：《我的人学》（上），铭九译，北京大学出版社1990年版，第106页。

〔4〕　在译经的数量上，玄奘具有绝对的优势。据《开元释教录》，玄奘译有七十六部一千二百七十四卷。

〔5〕　僧祐：《出三藏记集》卷十四《鸠摩罗什传》，中华书局1995年版，第534页。

法改变的语句,要用直接输入的方式外,即在"不可变者,即而书之"[1]之外,他创造了许多佛学专用词汇,[2]这保证了他的译文,"意皆通圆,众心惬伏",故后来者盛赞"其文约而诣,其旨婉而彰"[3]。这种意译的行为,最大限度地保证了中土对外来佛经的充分理解与接收,[4]而在文风上所体现的"质而不野,简而必诣"[5]的雅洁[6]、典丽又大大加强了佛经的意境,提升了佛经的品位。陈寅恪认为这种文风是他影响超过玄奘的主因:"予谓鸠摩罗什翻译之功,数千年间,仅玄奘可以与之抗席。然今日中土佛经译本,举世所流行者,如《金刚》、《心经》、《法华》之类,莫不出自其手。故以言普及,虽慈恩犹不能及。所以致此者,其文皆不直译,较诸家雅洁,当为一主因。"[7]而金克木认为鸠摩罗什的这种翻译文风既能保持原有的外国异域风情,又符合当时流行的汉文体裁,远远超过了他之前的许多译文。他所翻译的一些佛典如《妙法莲华经》,在某种程度上可以视为一种创作,其地位与影响甚至超越了原典。[8] 也就是说,鸠摩罗什在翻译的过程中,熔冶华梵,追求文美义足,强调既达又雅,创造了一种新的文

---

[1] 僧叡:《大品经序》,僧祐《出三藏记集》卷八,中华书局 1995 年版,第 293 页。

[2] "其事数之名与旧不同者,皆是大师以义正之者。如'阴入持'等,名与义乖,故随义改之。阴为众,人为处,持为性,解脱为背舍,阴入为胜处,意止为念处,意断为正勤,觉意为菩提,直行为圣道,诸如此类,改之甚众。"僧叡:《大品经序》,僧祐《出三藏记集》卷八,中华书局 1995 年版,第 293 页。

[3] 僧肇:《维摩诘经序》,僧祐《出三藏记集》卷八,中华书局 1995 年版,第 310 页。

[4] "由于什公通晓胡汉语文,并对佛教教学具有深厚的造诣,故指摘了旧来译出经典的误谬之处,同时加以改订,所以他的语言,最为正确、流畅和适切,不落旧套,也使中国人最容易理解。"[日]野上俊静等著:《中国佛教史概说》,圣严译,台湾"商务印书馆"1993 年版,第 23—24 页。

[5] 僧肇:《百论序》,僧祐《出三藏记集》卷十一,中华书局 1995 年版,第 403 页。

[6] "秦言青目(印度人)之所释也,其人虽信解深法,而辞不雅中,其中乖缺烦重者,法师(鸠摩罗什)皆裁而裨之。吉藏:《中论序疏》,《大正藏》第四十二卷,第 6 页。

[7] 陈寅恪:《鸠摩罗什译经的艺术》,胡适《白话文学史》第九章"佛教的翻译文学"(上),东方出版社 2012 年版,第 139 页。

[8] "可是自从(鸠摩罗什所创造的)这种翻译问题流行以后,在翻译和创作的交互影响之下,六朝的文体已经成为我国文学史上有相当地位的一种文章格调了。从这一观点来说,有些鸠摩罗什所译的书在中国文学史上的地位并不比原书在印度文学中的地位低,甚至可能还要高些。例如《妙法莲华经》和《维摩诘所说经》,不过后者的原本还没有发现。"金克木:《梵竺庐集(乙)·天竺诗文》,江西教育出版社 1999 年版,第 436 页。

体,即翻译文学。[1]

虽然鸠摩罗什力图使他的译文符合中土士人的审美规范,不过这并不意味着他会付出损害译文准确性的代价。时人曾言:"罗(什)自手执胡经,口译秦语。曲从方言,而趣不乖本。"[2]鸠摩罗什所用之语是当地人们所习以为常的,但意旨依然是原有的。日人所谓鸠摩罗什是最忠实的毫不掺入个人臆见译者的说法,[3]或许存在讨论的余地,但他翻译态度的严肃却是无可疵议的。[4] 王仲荦有言:"他(鸠摩罗什)力求译文典丽而又不损原意,对翻译的态度是十分严肃的。"[5]这种严肃的翻译态度与严密的翻译程序,使他得以纠正许多以往译者的纰缪。如果我们接受玄奘的说法,承认"观世音"这一译名是"讹言",那么鸠摩罗什为什么会出现这种常识性的错误呢? 即使这一译名不是他的首创,那么他又为何没有去订正呢? 因为订正旧译讹谬是他醒目的贡献之一。对于梵文"观世音"的"误译",金克木先生曾经有一个大胆的猜测:

> 前面提到的四部经(《阿弥陀经》、《金刚经》、《维摩诘所说经》、《妙法莲华经》),三部都已发现原本。《维摩诘所说经》虽尚未见原本,但有玄奘的另译,可见并非杜撰。现在发现的这几种原本不一定是鸠摩罗什翻译的底本。因为当时书籍只有传抄和

---

〔1〕 "在他(鸠摩罗什)之前,汉译佛经已日渐增多,但译文多病滞塞,不与原本相应。罗什针对这种情况,改直译为意译,力求其达;同时他又强调不失大义,以求其信。他译出的经、论,既信且达,文美义足,创造了一种熔冶华梵的新体裁,即翻译文学,在中国文学史上开辟了一块新园地。"张舜徽:《中华人民通史》第六部分《人物编》,第 1369 页。

〔2〕 慧观:《法华宗要序》,僧祐《出三藏记集》卷八,中华书局 1995 年版,第 306 页。

〔3〕 "越过漫长的丝绸之路,前来中国宣扬佛法的译经僧当中,其翘楚则是鸠摩罗什。日莲大圣人说:'唯独鸠摩罗什是位在教主释尊的经文中不掺杂个人私见的人。'他不只在翻译技术上,留下了优秀的译经典范,而且立足于大乘佛教正统派龙树的哲学,将佛教的精髓毫无谬误地传往中国,也是他的伟大功绩。"[日]池田大作:《我的人学》(上),北京大学出版社 1990 年版,第 103 页。

〔4〕 "罗什译经,就是这样地一丝不苟,精益求精。他慎重地对待前人的旧译,同样慎重地对待自己的新译,虚心听取助手们的意见,集众人之智,反复推敲,务使每字每句皆安稳妥帖。"释海法:《海法一滴集——白马寺与中国佛教》第三章"东晋十六国佛教(上)",四川辞书出版社 1996 年版,第 126 页。

〔5〕 王仲荦:《魏晋南北朝史》(下册),中华书局 2007 年版,第 826 页。

背诵，所以传写本不会没有歧异。例如"观世音"或"观音"就被玄奘改译为"观自在"。两个原词音别不大，意义却不同，好像是鸠摩罗什弄错了，将原词看漏了一个小点子，或重复了两个音；但仍不能排除他也有根据，据说中亚写本中也有他这样拼法。即使只以发现的原本和鸠摩罗什译本对照，检查其忠实程度，也可以说，比起严复译《天演论》和林纾译《茶花女遗事》，鸠摩罗什对于他认为神圣的经典真是忠实得多了。因此我们可以将译本比对原文。[1]

即使忠实于原文，甚至能够将译本比照原本，我们也不能苛求其间没有任何的舛误。因此鸠摩罗什看错或看漏一个小点，也是寻常之事。不过，"观世音"出现在他的译本中如此频繁，如在《法华经·普门品》中甚至为主角，再以偶尔看错或看漏来为误译辩解，显然就无法令人信服了。因此，我们更愿意相信，这样的拼法在中亚的写本中原本存在。

六朝以来，"观世音"的译名为人们普遍接受，除了与鸠摩罗什在汉传佛教史上的崇高地位有关之外，更直接的原因则是与观世音相关的佛典他几乎都进行了重译。他所重译的版本也成为数个世纪以来最通行的译本，哪怕有后来者进行改译，依然无法替代。如上文提及的《法华经》，它是大乘佛教中影响中土最为广泛的经典之一，唐代道宣即以为"自汉至唐，六百余载，总历群籍，四千余轴，受持胜者，无出此经"。而现存竺法护译《正法华经》、鸠摩罗什译《妙法莲华经》以及阇那崛多与达摩笈多译《添品妙法莲华经》三种中，罗什本最为流行，亦如道宣所言"时所宗尚，皆弘秦本"[2]。蒋维乔称罗什本为佛教翻译界一大革新，[3]池田大作甚至认

---

〔1〕 金克木：《梵竺庐集（丙）·梵佛探》，河北教育出版社 1996 年版，第 403—404 页。

〔2〕 道宣：《妙法莲华经弘传序》，《全唐文》第 6 册第 909 卷，山西教育出版社 2002 年版，第 5593 页。

〔3〕 "罗什所译，《般若》而外，当推《法华》。《般若》扫迷妄，《法华》示究竟。《法华》实属重要。就我国佛教教义史上之影响言之，《法华》较《般若》，尤为重要也。罗什之前，译《法华》者，虽不乏其人。然罗什所译之《法华》，在译界上，与以一大革新，有关佛教史者匪浅，究非前人所译者可以几及。"蒋维乔：《中国佛教史》，湘潭大学出版社 2010 年版，第 16 页。

为正是鸠摩罗什优秀的翻译，才使《法华经》这些佛典得以盛行。[1] 提到鸠摩罗什，我们也很难将他与《法华经》这样优秀的译作分离开来。[2] 因此，在他的译作迅速替代前人如竺法护等的作品之后，曾经非常盛行的"光世音"也为"观世音"所替代；也正因为他的许多译作如《法华经》等一直是最通行的译本，哪怕"观世音"被一度认定为误译，更准确的译法如"观自在"依然无法取代它。

---

　　[1] "正是有了鸠摩罗什的优秀译文，才使法华经、般若经、维摩经等经典得以流传中国全土。这就是为什么称赞他的功绩是'空前绝后'的缘故。"[日]池田大作：《我的人学》（上），北京大学出版社1990年版，第103页。
　　[2] "鸠摩罗什译出的经，最重要的是《大品般若》，而最流行而又最有文学影响的却要算《金刚》、《法华》、《维摩诘》三部。""《法华经》虽不是小说，却是一部富于文学趣味的书。其中的几个寓言，可算是世界文学里最美的寓言，在中国文学上也曾发生不小的影响。"胡适：《白话文学史》（上），东方出版社2012年版，第130、132页。

第六章　观世自在

一　菩提流支

　　与"观世音菩萨"等其他译名不同的是，"观世自在"的出现颇为突然，且具有很强的地域性。这一译名是否由菩提流支所创，目前我们不得而知，但毫无疑问菩提流支是使用"观世自在"这一称呼最为频繁的翻译家。提起菩提流支，首先让我们想到的是他的译经团队所翻译的《十地经论》[1]，一部将北朝义学推至高潮并在某种程度上影响了唐朝佛学发展的经籍；而在信仰传播层面，我们所津津乐道的则是菩提流支在净土初宗昙鸾皈依过程中的作用。在其后激烈的佛道之争的衬托下，菩提流支的贡献就更加醒目了。昙鸾的求法立场以《续高僧传》所载最为详细而生动：

　　　　释昙鸾，或为峦，未详其氏，雁门人也。家近五台山，神迹灵
　　怪，逸于民听。时未志学，便往寻焉。备觌遗踪，心神欢悦，便即
　　出家。内外经籍，具陶文理，而于《四论》、"佛性"，弥所穷研。读

────────────

〔1〕　崔光《十地经论序》以为其书为菩提流支、勒那摩提、佛陀扇多同译，《续高僧传》卷七《道宠传》以为菩提流支、勒那摩提分别译出，后合二为一。

《大集经》,恨其词义深密,难以开悟,因而注解。文言过半,便感气疾。权停笔功,周行医疗。行至汾州秦陵故墟,入城东门,上望青霄,忽见天门洞开,六欲阶位,上下重复,历然齐睹。由斯疾愈,欲继前作。顾而言曰:"命惟危脆,不定其常。《本草》诸经,具明正治。长年神仙,往往间出。心愿所指,修习斯法。果克既已,方崇佛教,不亦善乎?"承江南陶隐居者,方术所归,广博弘赡,海内宗重,遂往从之。

……鸾寻致书通问。陶乃答曰:"去月耳闻音声,兹辰眼受文字,将由顶礼岁积,故使应真来仪。正尔整拂藤蒲,具陈花水,端襟敛思,伫聆警锡也。"及届山,所接对欣然,便以《仙经》十卷,用酬远意。还至浙江,有鲍郎子神者,一鼓涌浪,七日便止。正值波初,无由得度。鸾便往庙所,以情祈告:"必如所请,当为起庙。"须臾,神即见形,状如二十,来告鸾曰:"若欲度者,明旦当得,愿不食言。"及至明晨,涛犹鼓怒。才入船里,怗然安静。依期达帝,具述由缘。有敕,为江神更起灵庙。因即辞还魏境,欲往名山,依方修治。

行至洛下,逢中国三藏菩提留支。鸾往启曰:"佛法中颇有长生不死法,胜此土《仙经》者乎?"留支唾地曰:"是何言欤?非相比也。此方何处有长生法?纵得长年,少时不死,终更轮回三有耳。"即以《观经》授之曰:"此大仙方,依之修行,当得解脱生死也。"鸾寻顶受,所赍仙方并火焚之。自行化他,流靡弘广。魏主重之,号为"神鸾"焉。下敕令住并州大寺。晚复移住汾州北山石壁玄中寺。时往介山之阴,聚徒蒸业,今号"鸾公岩"是也。[1]

昙鸾求道于陶弘景,不可不谓有成,然而就在他准备回山修仙之际,却为菩提流支一语喝醒,从而转换阵营。在这场争夺"昙鸾"的战斗中,道教一方出场的是陶弘景,其武器是《仙经》;释教一方出场的是菩提流支,其武

---

[1] 道宣:《续高僧传》卷六,《大正藏》第五十卷史传部二,第470页。

器是《观经》,最终结果则是《观经》大胜《仙经》。菩提流支能够以引导者的身份出场,自然与他北魏译经第一人的地位有关。北魏宣武皇帝下敕,以之为译经之元匠,[1]其译经"虽石室之写金言,草堂之传真教,不能过也"[2],而其所译经三十部之数量,也是北朝之冠。[3]这里的《观经》,即《观无量寿佛经》,为净土三经之一,嗣后昙鸾的各种传记多用全称,如迦才《沙门昙鸾法师传》[4]、少康《昙鸾法师传》[5]、戒珠《后魏壁谷释昙鸾传》[6]等,或用另称《十六观经》,如王日休《后魏壁谷僧昙鸾》[7]、袾宏所辑《神鸾传》[8]等。菩提流支与净土宗的渊源极为密切,其普泰元年(531)所译《无量寿优婆提舍经论》,则是净土宗重要典籍,与《阿弥陀佛经》、《观无量寿经》、《无量寿经》合称为"三经一论"。

菩提流支授与昙鸾的《观无量寿佛经》,一般认为是刘宋时期的畺良耶舍所译。这一说法在时间上是可以成立的。倘若如此,菩提流支对"观世音菩萨"应该非常熟悉,因为这一译名在经中出现了 26 次之多,其中还有一段对该菩萨的详细描述:

> 佛告阿难及韦提希,见无量寿佛了了分明已,次亦应观观世
>
> 音菩萨。此菩萨身长八十亿那由他恒河沙由旬,身紫金色,顶有

---

〔1〕"菩提流支,魏言道希,北天竺人也。遍通三藏,妙入总持,志在弘法,广流视听。遂挟道宵征,远莅葱左,以魏永平之初,来游东夏,宣武皇帝下敕劳问,供拟殷华,处之永宁大寺,四事将给,七百梵僧,敕以流支为译经之元匠也。"道宣:《续高僧传》卷一《魏南台永宁寺北天竺菩提流支传》,《大正藏》第五十卷史传部二,第 428 页。

〔2〕杨衒之撰,周祖谟校释:《洛阳伽蓝记》卷四《城西·融觉寺》,中华书局 1963 年版,第 171 页。

〔3〕菩提流支译经之数量,说法不一,《续高僧传》以为"二十余年凡所出经三十九部一百二十七卷"(道宣:《续高僧传》卷一《魏南台永宁寺北天竺菩提流支传》,《大正藏》第五十卷史传部二,第 428 页下),费长房《历代三宝纪》录入三十九部,智昇《开元释教录》录有三十部。

〔4〕"法师撰集《无量寿经》。"迦才:《净土论》卷下,《大正藏》第四十七卷诸宗部四,第 97 页。

〔5〕"即将《无量寿经》授与(昙)鸾曰……"《往生西方净土瑞应传》,《大正藏》第五十一卷史传部三,第 104 页。

〔6〕"旋以《观无量寿经》授之曰……"戒珠:《净土往生传》卷上《后魏壁谷释昙鸾传》,《大正藏》第五十一卷史传部三,第 153 页。

〔7〕王日休:《龙舒净土文》卷五,《大正藏》第四十七卷诸宗部四,第 265 页。

〔8〕袾宏:《往生集》卷一,《大正藏》第五十一卷史传部三,第 129 页。

肉髻,项有圆光,面各百千由旬。其圆光中有五百化佛,如释迦牟尼,一一化佛,有五百菩萨无量诸天,以为侍者。举身光中五道众生,一切色相皆于中现。顶上毗楞伽摩尼妙宝,以为天冠。其天冠中有一立化佛,高二十五由旬。观世音菩萨面如阎浮檀金色,眉间毫相备七宝色,流出八万四千种光明。一一光明,有无量无数百千化佛。一一化佛,无数化菩萨以为侍者。变现自在满十方界,臂如红莲花色,有八十亿微妙光明,以为璎珞。其璎珞中,普现一切诸庄严事。手掌作五百亿杂莲华色,手十指端,一一指端有八万四千画,犹如印文。一一画有八万四千色,一一色有八万四千光。其光柔软普照一切,以此宝手接引众生。举足时,足下有千辐轮相,自然化成五百亿光明台。下足时。有金刚摩尼花,布散一切莫不弥满。其余身相众好具足,如佛无异,唯顶上肉髻及无见顶相,不及世尊。是为观观世音菩萨真实色身想,名第十观。[1]

在《观无量寿佛经》中反复出现的"观世音菩萨"应该为菩提流支所熟知,那么他在译经时为何没有沿用这一称呼呢?同样能够证明他对观音经典有过深入研究的,是他于延昌四年(515)所译的《妙法莲华经论》。《法华经论述记》云:

> 妙法莲华经优婆提舍者,妙法莲华经,是所释经本名;优婆舍释论名也。所释经本义要有二:一开方便门;二示真实相。……此论二本,一是勒那摩提所翻,无归敬颂;二是菩提流支所翻,有归敬颂。文句小异,义意无别,今所释者流支翻也。[2]

而在此前一年,即延昌三年(514),菩提流支在洛阳译出了《深密解脱经》

---

〔1〕 畺良耶舍:《观无量寿佛经》,《大正藏》第二卷宝积部下、涅槃部,第343—344 页。

〔2〕 《法华经论述记》,《续藏经》第95 册中国撰述大小乘释律部,新文丰出版公司1994 年版,第705 页。

五卷，这是现存菩提流支译作中我们所能确定的他大量使用"观世自在"译名最早的作品，其中"观世自在"出现的次数达 150 次左右。不过，《深密解脱经》译于延昌三年（514）是费长房的说法，[1] 这一说法目前还没有找到依据。而据昙宁的序言，此经当译于 20 年后，即永熙二年（533）。昙宁序云：

> 夫至迹虚微，理包言像之外；幽宗冲秘，旨绝名相之域。是以大圣秉独悟之灵姿，镜襄中之妙趣，实相廓然，与虚无齐其量；法性憺尔，与幽冥同其源。神辉潜映而不灭，万相俱应而不生。然此生也，生所不能生；此之灭也，灭所不能灭。显既非有，隐岂为无？寂焉而动，动焉而寂。出没无方，教迹星罗者矣。盖《深密解脱经》者，乃兆圣之玄源，亿善之渊府。论其旨也，则真相不二；语其教也，则湛然理一。义尽冲籍，文穷秘典，妙绝熙怡，包括群藏。自非诠于理教，何以显兹深致？……时有北天竺三藏法师菩提留支，魏音道晞，曾为此地之沙门都统也，识性内融，神机外朗，冲文玄藏，固不该洞。以永熙二年，龙次星纪，月吕蕤宾，诏命三藏，于显阳殿，高升法座，披匣挥麈，口自翻译，义语无滞。皇上尊经祇法，执翰轮首下笔成句，文义双显，旨包群籍之秘理，含众典之奥。但万机渊旷，无容终讫。舍笔之后，转授沙门都法师慧光、昙宁，在永宁上寺，共律师僧辩、居士李廓等，遵承上轨，岁常翻演新经诸论，津悟恒沙。帝亦时纡尊仪，饰兹玄席。同事名儒招玄，大统法师僧令、沙门都法师僧泽、律师慧颙等十有余僧，缁俗诜诜，法事隆盛，一言三覆，慕尽穷微。是使深密秘藏，光宣于景运；解脱妙义，永流于遐劫。理教渊廓，固测其源；旨趣中绝，焉究其宗。所谓鹿苑之唱再兴，祇园之风更显者也。宁虽识昧，忝厕伦末，敢罄庸管，祇记云尔。[2]

---

〔1〕"《深密解脱经》五卷，延昌三年，于洛阳出，僧辩笔受，见法上录。"费长房：《历代三宝纪》卷九，《大正藏》第四十九卷，第 85 页。

〔2〕昙宁：《深密解脱经序》，《大正藏》第十六卷经集部三，第 665 页。

昙宁以亲历者的身份记录了这段往事,这使我们不得不将《深密解脱经》的翻译时间大大推迟。而在此之前,"观世自在"的译名只是为菩提流支偶尔使用,如神龟元年(518)于洛阳所译《胜思惟梵天所问经》,其中有云:

> 观世自在菩萨言:若菩萨众生见者,即得必定于阿耨多罗三
> 藐三菩提。又称其名得免惊怖,故名菩萨。[1]

从内容上看,这里的"观世自在菩萨"毫无疑义就是我们所讨论的"观世音菩萨"。据此,辛岛静志等将它作为菩提流支使用新译的证据之一。[2]两年后的正光元年(520),菩提流支译出了《大萨遮尼乾子所说经》,再一次提到了"观世自在菩萨":

> 诸菩萨摩诃萨七十二百千万亿诸大众俱,其名曰:大速行菩
> 萨、大速行住持菩萨、大奋迅菩萨、大奋迅王菩萨、大精进奋迅菩
> 萨、大勇奋迅菩萨、现大勇势奋迅菩萨、大力奋迅菩萨、大众自在
> 菩萨、大香象菩萨、大月菩萨、善月菩萨、月功德菩萨、宝月菩萨、
> 月光普照菩萨、法无垢月菩萨……大势至菩萨、观世自在菩萨、
> 弥勒菩萨、文殊师利法王子菩萨等,七十二百千万众而为
> 上首。[3]

经中所提及的众多菩萨,有许多是我们所未曾见过的,但大势至菩萨、弥勒菩萨、文殊菩萨以及与他们排列在一起的"观世自在菩萨",都给我们带来了亲切感。不过同样在正光年间译出的《佛说佛名经》,却让我们感到了几分困惑。其中"观世音"出现六次,其中如"舍利弗,汝应当归命无量寿佛国安乐世界,观世音菩萨、得大势菩萨以为上首,及无量无边菩萨,如是等至心归命"[4]。与此同时,"观世自在"也在其中出现了四次。其间

---

〔1〕 菩提流支:《胜思惟梵天所问经》,《大正藏》第十四卷经部二,第80—81页。

〔2〕 辛岛静志:《〈法华经〉的文献学研究——观音的语义解释》,《中华文史论丛》2009年第3期。

〔3〕 菩提流支:《大萨遮尼乾了所说经》,《人正藏》第九卷法华部、华严部上,第317页。

〔4〕 菩提流支:《佛说佛名经》,《大正藏》第十四卷经集部一,第163页。

的差异在于,"观世音菩萨"总是与"大势至菩萨"同时出现,而"观世自在佛"出现时,陪伴他的分别是"得大势至佛"、"世自在佛"、"无量命佛"、"满足意佛"等。这样看来,这里的"观世自在"与"观世音"并无关联。这一时期菩提流支在他所译的《谤佛经》中,又创造了一个"观世自在如来"的译名:

> 尔时世尊告不畏行菩萨摩诃萨言:"善男子,十菩萨本曾谤佛。"不畏行菩萨言:"世尊,云何谤佛?"佛言:"不畏行,此十菩萨乃往过去第三十劫,有佛号曰观世自在如来应正遍知,出焰世界。不畏行,今此会中十善男子,于彼观世自在如来入涅槃后,皆作大姓大富长者,造五百寺,于一一寺置千比丘。时有法师,名曰辩积,得陀罗尼,坐法座上为众说法。五千诸佛皆与辩才,八万亿天守护供养。辩积法师一说法时,七万众生悉皆不退阿耨多罗三藐三菩提,一万众生得须陀洹果。善男子,彼时有王,名曰月得,自共五百婇女相随,俱往供养辩积法师。"[1]

这里的"观世自在如来"也与"观世音菩萨"没有关系。如此说来,在相当长时期内,菩提流支并没有将"观世自在"作为"观世音"译名的固定替代者。

二 瞿昙般若流支

值得注意的是,"观世自在"这一译名的使用者,主要为菩提流支及其周围的翻译团队,即当时活动在洛阳与邺都的这一批北魏译经家。随着团队的解体及核心人物的风流云散,他们所创造的新译也为历史的灰尘所掩埋。在菩提流支之后,经常为人们所提及的是佛陀扇多。他的传记也附录在《续高僧传》卷一的《菩提流支传》之后:

---

〔1〕 菩提流支:《谤佛经》,《大正藏》第十七卷经集部四,第876页。

又有北天竺僧佛陀扇多，魏言觉定，从正光六年至元象二
年，于洛阳白马寺及邺都金华寺，译出《金刚三昧》等经十部。[1]

这样简单的描述虽然为人们了解佛陀扇多的生平提供了一些线索，但仅
仅是线索而已，此后的传记如《历代三宝纪》、《开元释教录》几乎没有提供
更多的信息。他所译出的作品除《金刚三昧陀罗尼经》外，还有《如来师子
吼经》等，按照《历代三宝纪》卷九的记录，两部作品都是在正光六年即佛
陀扇多开始在洛阳白马寺从事译经的时候首先翻译出来的。后者有云：

尔时胜积菩萨、电焰菩萨、光常菩萨、净眼菩萨、无畏菩萨、
观世自在菩萨、得大势菩萨、文殊师利菩萨、辩积菩萨、盖一切障
菩萨、作光明菩萨及普贤菩萨，如是等八万四千亿百千菩萨白佛
言：世尊，我等于未来世，当广宣说此法门句。世尊，有诸众生闻
此经者，是人亦名得涅槃者。世尊，若有能信此修多罗，彼诸众
生，非是始种微少善根。世尊，若闻此经一经于耳，何况具足读
诵受持。彼诸众生所得功德，百千亿劫说不可尽。[2]

由于生活时代的接近，工作目标的一致，瞿昙般若流支的译作，经常被人
误为菩提流支的成果。费长房曾希望有人能够详加辨析，一一厘定："时
菩提流支虽复前后亦同出经，而众录目相传抄写，去上'菩提'及'般若'
字，唯云'流支'译，不知是何'流支'。迄今群录，交涉相参，谬涉相入，难
得详定。后贤博采，幸愿讨之。"[3]有人曾经提出，两人译经的差别，按照
《开元释教录》的记载，最明显的是翻译地点的不同：菩提流支在洛阳，而
瞿昙般若流支似乎是到邺都后才开始译经。《开元释教录》的相关记
载是：

婆罗门瞿昙般若流支，魏云智希，中印度波罗奈城净志之

---

〔1〕　道宣：《续高僧传》卷一，《大正藏》第五十卷史传部二，第429页。
〔2〕　佛陀扇多，《如来师子吼经》，《大正藏》第五十七卷经集部四，第890页。
〔3〕　费长房：《历代三宝纪》卷九，《大正藏》第五十五卷目录部，第87页。

种。少学佛法，妙闲经旨，神理标异，领悟方言。以孝明帝熙平元年，游寓洛阳。后京师迁邺，亦与时徙。以孝靖帝元象元年戊午至武定元年癸亥，于邺城内在金华、昌定二寺及尚书令仪同高公第内，译《得无垢女》等经一十八部，沙门僧昉、昙林、居士李希义等笔受。[1]

但菩提流支晚年也抵达了邺都，小野玄妙认为这是两人作品经常为人混淆的重要原因。[2] 作为瞿昙般若流支代表作品的《得无垢女经》，于兴和三年(541)译出。此经两次提到了观世自在菩萨：

> 一时婆伽婆，住舍婆提城祇陀树林给孤独园，与大比丘众千二百五十人俱，皆是阿罗汉——诸漏已尽，无复烦恼，心得自在，善得心解脱，善得慧解脱，人中大龙，应作者作，所作已办，离诸重担，逮得己利，尽诸有结，善得正智心，解脱一切，心得自在，到第一彼岸——唯除一人尊者阿难，余者悉是大阿罗汉。诸大菩萨十千人，俱皆不退转，唯一生缚，其名曰：宝明菩萨、慧聚菩萨、胜藏菩萨、名称意菩萨、辩聚菩萨、观世自在菩萨、得大势菩萨、弥勒菩萨、得无忧菩萨、文殊师利童子菩萨、不迷行菩萨、不迷见菩萨、除恶菩萨、坏一切悲暗菩萨、功德宝华庄严菩萨、金缨光德菩萨、障一切罪菩萨、不坏思惟菩萨，如是等上首，十千菩萨俱。
>
> 尔时尊者舍利弗、尊者大目犍连、尊者摩诃迦叶、尊者须菩提、尊者富楼那弥多罗尼子、尊者离波多、尊者阿泥楼大、尊者阿难陀，此如是等八大声闻，文殊师利童子菩萨、除恶菩萨、宝幢菩萨、不迷见菩萨、障一切罪菩萨、观世自在菩萨、辩聚菩萨、不迷行菩萨，此八菩萨摩诃萨等，并大声闻，于晨朝时，着衣持钵，被

---

[1] 智昇：《开元释教录》卷九，《大正藏》第五十五卷目录部，第542页。

[2] [日]小野玄妙《佛教经典总论》第一部《经典传译史》第五章"旧译时代之后期"："又于菩提流支之译经目录中，有瞿昙般若流支之译经交杂其中，何以有此现象？乃因菩提流支晚年移至邺都，从事佛典翻译时，南天竺之瞿昙般若流支亦同时来到此地，而唯书'流支'译，因此不知是何流支，以致二人之译经目录交混相杂。"新文丰出版公司1983年版，第103页。

服袈裟，相与欲入舍婆提城，为乞食故。未到彼城，于路中间，共相谓言："我等心住如色三昧，入舍婆提大城乞食。如是若入舍婆提城，一切人民得闻圣谛。"〔1〕

此外，瞿昙般若流支还译有《不必定入定入印经》，据经文前所录之《不必定入定入印经翻译之记》，经文于兴和四年(542)九月译出。〔2〕经文开首即提及了"观世自在菩萨"：

如是我闻：一时婆伽婆，住王舍城耆阇崛山中，与大比丘众一千二百五十人俱，六十亿百千那由他菩萨，其名曰文殊师利童子、观世自在菩萨摩诃萨、得大势菩萨、药王菩萨、药上菩萨、常雷音王菩萨，如是等上首六十亿百千那由他菩萨。〔3〕

今人多以为瞿昙般若流支有一位老师名为毗目智仙，在当时也参加了译经活动。〔4〕但这一说法来自《开元释教录》，〔5〕此前尚未寻觅到有关毗目智仙的只言片语。〔6〕他名下的几部译经，往往是根据相关经记从菩提流支与瞿昙流支那里筛选出来的。如《圣善住意天子所问经翻译之记》：

〔1〕 瞿昙般若流支：《得无垢女经》，《大正藏》第十二卷宝积部下，第97—98页。
〔2〕《不必定入定入印经翻译之记》："出世智道，亦名为印。此经印义，或然不然。私情有指，未许官用。何者私情，今且当向发心修行，证会名人。所乘强劣，有定不定。圣说定人，说不定人。言义如是，决定名印。说如是故，名如是经。其门要密，通必有奇。魏尚书令仪同高公，深知佛法，出自中天，翻为此典。万未有一，采挟集人，在第更译。沙门昙林、瞿昙流支，兴和四年岁次降娄，月建在戌，朔次甲子，壬午之日，出此如左九千一百九十三字。"《大正藏》第十四卷经集部二，第699页。
〔3〕 瞿昙般若流支：《不必定入定入印经》，《大正藏》第十四卷经集部二，第699页。
〔4〕 如"北魏孝明帝熙平元年(516)，同其弟子瞿昙流支游至洛阳。毗目智山通晓三藏而擅长于毗昙学，常与弟子瞿昙流支合译。"吕建福：《密教考论》，宗教文化出版社2008年版，第456页。
〔5〕 "沙门毗目智仙，北印度乌苌国人，刹利王种释迦之苗裔。……智仙法师即斯王种，妙闲三藏，最善毗昙，与瞿昙流支同游魏境，而瞿昙流支尊事为师。以孝靖帝兴和元年辛酉，于邺城内在金华寺，共瞿昙流支译《宝髻论》等五部，沙门昙林笔受。"智昇：《开元释教录》卷六，《大正藏》第五十五卷目录部，第543页。
〔6〕 "于精通毗昙等之三藏法师中，以实力而言，毗目智仙实为瞿昙流支之先辈，且瞿昙流支亦师事之。《元录》为列其名之始。"〔日〕小野玄妙：《佛教经典总论》第一部《经典传译中》第五章"旧译时代之后期"，新文丰出版公司1983年版，第104页。

夫法留正像，唯圣是依季行，此世非贤岂伏。三藏法师毗目
智仙，出自乌苌刹利王种，幼履慈踪，长蹑悲迹，摄化群述，诫恶
导善，常为众生不请之友，执此法灯，照彼昏暗。魏皇都邺，崇福
以资。兴和二年岁次实沉，佛法加持，出此经典，名《善住意天子
所问》。建午闰月朔次丁丑，戊寅建功，乙巳毕功，助译弟子瞿昙
流支，对译沙门昙林之笔。庶俟存道敬法之贤，如实印记，示令
不惑耳。[1]

这样言之凿凿的叙述，让我们坚信《圣善住意天子所问经》即为毗目智仙
所译，虽然智昇遗漏了它。在这部经文中，"观世自在菩萨"也是在"弥勒
菩萨"与"得大势菩萨"之间出场：

如是我闻：一时婆伽婆，住王舍城耆阇崛山中，与大比丘众
六万二千人俱，皆是智者之所识知。一切悉是大阿罗汉。诸菩
萨摩诃萨四万二千人，其名曰：文殊师利菩萨、师子幢菩萨、弥勒
菩萨、观世自在菩萨、得大势菩萨、辩聚菩萨、持地菩萨……如是
等上首，菩萨摩诃萨四万二千人俱。[2]

那连提黎耶舍和毗目智仙一样是北印度乌苌国人，比后者晚近 40 年来到邺
都，为高洋所礼敬而译经甚多，北齐亡国后辗转入隋，继续译经，为"开皇
三大师"之首。[3] 开皇二年(582)七月，那连提黎耶舍入隋之后，译有《大
方等大集月藏经》，其中有云：

于此四天下所有菩萨摩诃萨，安住如是，甚深出世间法器清

---

〔1〕《圣善住意天子所问经翻译之记》，《大正藏》第十二卷宝积部，第113页。
〔2〕毗目智仙：《圣善住意天子所问经》卷上，《大正藏》第十二卷宝积部，第113页。
〔3〕"连提黎耶舍，隋言尊称，北天竺乌场国人。……天保七年届于京邺，文宣皇帝极见
殊礼偏异恒伦。耶舍时年四十，骨梗雄雅物议惮之，缘是文宣礼遇隆重，安置天平寺中，请为翻
经。……健德之季周武克齐，佛教与国一时平殄，耶舍外假俗服，内袭三衣，避地东西不遑宁息。
……有隋御寓，重隆三宝，开皇之始，梵经遥应，爰降玺书，请来弘译。二年七月，弟子道密等，侍
送入京，住大兴善寺，其年季冬草创翻译。"道宣：《续高僧传》卷二《隋西京大兴善寺北天竺沙门
那连耶舍传》，《大正藏》第五十卷史传部二，第432页。

净平等三昧,其名曰众自在菩萨、慈自在菩萨、文殊音菩萨、电自
在菩萨、日自在菩萨、月自在菩萨、地自在菩萨、想自在菩萨、观
世自在菩萨、水自在菩萨,如是等万八千菩萨摩诃萨居此四
天下。[1]

经文中,除文殊音菩萨外,其他菩萨一律接以"自在"之名,这种情形是颇
少见的。天宝八年,那连提黎耶舍曾译有《月灯三昧经》,其长篇偈颂有这
样几句:"又复安乐妙世界,观音菩萨大势至,那由菩萨众围绕,来问两足
释师子。过去无量亿佛所,供养无边诸如来,犹如大海中沙数,为行无上
胜菩提。"[2]偈颂中的"观音",无疑是因字数限制而所采用的略称,不过,
其究竟是"观世音"还是"观世音自在菩萨"的略称,却不太容易判定。那
连提黎耶舍在隋朝建立译场时,已有 92 岁的高龄。因此不久就有人上奏
朝廷,建议滞留突阙的阇那崛多还京执掌译场。

阇那崛多于开皇四年(584)入京,由于阇那崛多"言识异方字晓殊俗,
故得宣辩自运,不劳传度。理会义门,句圆词体,文意粗定,铨本便成,笔
受之徒不费其力,试比先达抑亦继之"[3],所主译经本占隋代汉译佛典半
数之多,为隋代成就最突出的译师。他所翻译的《观察诸法行经》,亦使用
了"观世自在"的新译:

> 彼谓慈氏菩萨摩诃萨、曼殊尸利童真、观世自在菩萨摩诃
> 萨、大势至菩萨摩诃萨、云音菩萨摩诃萨、善百千开华智菩萨摩
> 诃萨、无边攀缘出意菩萨摩诃萨、电庄严鸣音王菩萨摩诃萨、无
> 数俱致劫普生智菩萨摩诃萨、师子吼王菩萨摩诃萨、等不等观菩
> 萨摩诃萨、净密金无疑王菩萨摩诃萨、寂观菩萨摩诃萨、智王菩
> 萨摩诃萨、不空见菩萨摩诃萨。

---

〔1〕 那连提黎耶舍:《大方等大集月藏经》卷五,《大正藏》第十三卷大集部,第 340 页。
〔2〕 那连提黎耶舍:《月灯三昧经》,《大正藏》第十四卷经集部 2,第 566 页。
〔3〕 道宣:《续高僧传》卷二《阇那崛多传》,《大正藏》第五十卷史传部二,第 434 页。

总之,这一批译者,多翻译无著、世亲的瑜伽行派之作,经文亦直接来自天竺,道宣《续高僧传》在记述他们的译经活动时,尤其关注所译经籍的来源,如:

> 三藏法师流支房内,经论梵本可有万甲(夹),所翻新文、笔受稿本,满一间屋。[1]

> 缘是文宣礼遇(那连提黎耶舍)隆重,安置天平寺中,请为翻经。三藏殿内梵本千有余夹,敕送于寺,处以上房。[2]

> 于时文帝巡幸洛阳,于彼奉谒,天子大悦,赐问频仍。未还京阙,寻敕敷译,新至梵本,众部弥多,或经或书,且内且外,诸有翻传必以(阇那)崛多为主。[3]

上述记录无不说明这批译者所出之经,与转道西域者来源不同,这或许是他们习惯使用"观世自在"这一新译的原因。

---

〔1〕 道宣:《续高僧传》卷一《菩提流支传》,《大正藏》第五十卷史传部二,第 428 页。

〔2〕 道宣:《续高僧传》卷二《隋西京大兴善寺北天竺沙门那连耶舍传》,《大正藏》第五十卷史传部二,第 432 页。

〔3〕 道宣:《续高僧传传》卷二《隋西京大兴善寺北贤豆沙门阇那崛多传》,《大正藏》第五十卷史传部二,第 434 页。

第七章　观　音

一　《成具光明定意经》

　　就中土译名而言，"观音"一词最早应该出现在东汉的《成具光明定意经》中。这一说法在国人论述观音信仰的篇章中反复出现，[1]孙昌武等人还明确指出了最早出现的具体时间，即中平二年（185）。[2]那么，这样的说法是如何出现的，究竟可不可以采信呢？要采信这一说法，至少必须满足下面两个条件：一是《成具光明定意经》确定为支曜所出；二是《成具光明定意经》中的"观音"一词确实就是我们后来所熟知的观世音菩萨。

　　《成具光明定意经》的译者历来被认定是支曜，僧祐《出三藏记集》还提出支娄迦谶曾有异出本。[3]僧祐的说法有人支持，也有人反对。支持

---

　　〔1〕　如"莫高窟的观音经变于隋代开始出现，唐代以后常与西方净土变同绘一窟。观世音菩萨又译为观音、光世音、观自在、观世自在等，早在东汉末支曜所译《成具光明定意经》中就有'观音'的译名出现"。杨明芬：《唐代西方净土礼忏法研究——以敦煌莫高窟西方净土信仰为中心》，民族出版社 2007 年版，第 255 页。

　　〔2〕　"首次出现'观音'译语的汉译佛典，是汉灵帝中平二年（185）支曜所译的《成具光明定意经》。"孙昌武：《文坛佛影》，中华书局 2001 年版，第 62 页。"事实上，'观音'早于西元 185 年就出现于支曜所译的《佛说成具光明定意经》内。"郑僧一：《观音——半个亚洲的信仰》，慧炬出版社 1993 年版，第 25 页。

　　〔3〕　"《成具光明经》，支谶，支曜，右一经二人异出。"僧祐：《出三藏记集》卷二《新集条解异出经录》，中华书局 1995 年版，第 80 页。

者如任继愈,其《中国佛教史》云:

> 支曜,从其姓来看(当时外来僧多以国为姓)也许是大月氏人,所译《成具光明经》一卷,与支谶所译《光明三昧经》是同本异译,也是大乘禅经。[1]

又如汤用彤,其《汉魏两晋南北朝佛教史》先后有云:

> 同时有支曜者(姓支,或亦月支人)译有《成具光明三昧经》,与谶之出《光明三昧》谓为同本异译。此亦大乘禅经,魏晋颇流行者。[2]

> 然在东汉桓帝以前,史书阙载,佛教禅法未闻流行。及支谶译《般舟三昧》、《首楞严》二经,支曜出《成具光明定意经》。而汉晋间《般舟》有二译,《首楞严》有七译,《成具》有二译。(均见《祐录》二末)可见大乘禅法之渐盛也。[3]

汤氏直接采信了僧祐的说法,认定《成具光明定意经》曾有两译。反对者如吕澂,认为所谓支谶异出"是支曜译本的误记"[4],刘国钧则以为这是将支曜、支谶两者的人名混淆而出现的误会:

> 《成具光明定意经》一卷:案祐录所载支曜所出,只此一经。其《异出录》谓支谶亦曾出是经,检谶条,则系据别录增入,为安录所无。其本今佚,或别录误以曜为谶欤。[5]

由于支谶异出本如今已经不得亲见,很大程度上促使我们丧失了进一步讨论其异译本是否存在的兴致。不过,提及《成具光明定意经》就不能不

---

[1] 任继愈:《中国佛教史》第一卷,中国社会科学出版社1985年版,第151页。
[2] 汤用彤:《汉魏两晋南北朝佛教史》上册,北京大学出版社2011年版,第66页。
[3] 汤用彤:《汉魏两晋南北朝佛教史》上册,北京大学出版社2011年版,第55页。
[4] 吕澂:《中国佛学源流略讲》,中华书局1979年版,第288页。
[5] 刘国钧:《后汉译经录》,《金陵学报》1931年第一卷第二期。

令我们联想到支曜,因为后者与《成具光明定意经》的联系极为紧密,在某
种程度上甚至可以说他是因为此经的出现而为人所知。可以作为支曜传
记的内容,在《出三藏记集》中附录于《支谶传》后,相关部分只有一段话:

> 朔(竺朔佛)又以灵帝光和二年于洛阳译出《般舟三昧经》,
> 时谶为传言,河南洛阳孟福、张莲笔受。时又有支曜译出《成具
> 光明经》。[1]

在《高僧传》中,依然附录于支谶之后的支曜传记,在内容上几乎没有变
化,唯一值得注意的是他名下的译经数量增加了1部:

> 又有沙门支曜、康巨、康孟详等,并以汉灵、献之间,有慧学
> 之誉,驰于京洛。曜译《成具定意》、《小本起》等。[2]

在这里,我们所能判断的支曜名下的经书有两部,随着时间的推移,支曜
所译的经书也越来越多,费长房声称支曜的译经有7部,[3] 智昇则将支
曜译经的数量增加到10部之多。[4] 与此同时,智昇还将《成具光明定意
经》译出的时间确定在后汉灵帝中平二年。这些后出的译经遭到了一些
国外学者的强烈质疑,他们大多认为支曜的译作仅《成具光明定意经》可
以确信无疑,[5]《成具光明定意经》也是后汉最为可靠的29部[6]或31
部[7]译经之一。唯一对《成具光明定意经》抱有怀疑态度的是镰田茂雄,

---

〔1〕 僧祐:《出三藏记集》卷十三《支谶传》,中华书局1995年版,第511页。
〔2〕 慧皎撰,汤用彤校注,汤一介整理:《高僧传》卷一,中华书局1992年版,第11页。
〔3〕 "西域沙门支曜,灵帝世中平年,于洛阳译其七部。是《吴录》所载。"费长房:《历代三
宝纪》卷四,《大正藏》第四十九卷,第54页。
〔4〕 "沙门支曜,西域人。博达群典,妙解幽微。以灵帝中平二年乙丑,于洛阳译《成具光
明》等经十部。"智昇:《开元录释校录》卷一,《大正藏》第五十五卷目录部,第482页。
〔5〕 "支曜之译经目中,得认为确实者仍然仅《成具光明经》一部,其他若作为支曜译则不
确实。"[日]小野玄妙:《佛教经典总论》第一部第三章"古译时代",新文丰出版公司1983年版,第
27页。
〔6〕 [荷兰]许里和著:《最早的佛经译文中的东汉口语成分》,蒋绍愚等译,《语言学论丛》
第十四辑,商务印书馆1987年版。
〔7〕 [荷兰]许里和著:《关于初期汉译佛经的新思考》,顾满林译,《汉语史研究辑刊》第四
辑,巴蜀书社2001年版,第286—312页。

他使用了"相传"这一极有暗示性的语词,[1]却没有说明缘由。

如果我们能够确定《成具光明定意经》就是东汉支曜所译,那么是否意味着我们同时也可以断定这是观音菩萨最早的译名呢? 还是让我们回到"观音"这一词语出现的语境:

> 有明士名无秽王,次复名光景尊,次复名智如山弘,次复名大花净,次复名转根香,次复名月精曜,次复名光之英,次复名整不法,次复名善中善,次复名昆仑光,次复名日光精,次复名师子威,次复名意杂宝,次复名炎炽妙,次复名德普洽,次复名普调敏,次复名敬端行,次复名慈仁署,次复名慧作,次复名散结,次复名严仪具足,次复名高远行,次复名光德王,次复名护世,次复名导世,次复名大力,次复名正净,次复名天师,次复名善观,次复名观音,如是众名各各别异。[2]

在蓝吉富看来,这是一个无须讨论的问题。上述经文中出现的"观音"与《维摩诘经》等经文中出现的"观音"是同一位菩萨。[3]但也有不少学者并不那么自信,这里位于众多我们从来没有见过的菩萨之末的"观音",一定就是我们后来所熟识的那位菩萨吗? 如当代学者李义安即云:"由于该名称只是释迦牟尼某次讲席中的一员,只出现了一次,无法从经文内容判断其是否指代观音菩萨,另外,至今也没有该经梵文本发现,所以这里的'观音'是否就是我们正在探讨的观音菩萨还不敢肯定。"辛岛静志也提醒说:"这里列举的菩萨名都不常见,这里的'观音'究竟是否与 Avalokitas-vara 对应还是个疑问。"[4]这一审慎的态度是许多学者共有的,他们往往

---

〔1〕 "相传当时还有支谶译了《成具光明经》,康孟详与昙果合译了《中本起经》。"镰田茂雄著:《简明中国佛教史》,郑彭年译,上海译文出版社 1986 年版,第 12—13 页。

〔2〕 支曜:《佛说成具光明定意经》,《大正藏》第十四卷经集部二,第 451 页。

〔3〕 "关于观世音菩萨,《成具光明定意经》、《维摩诘经》、《放光般若经》、《光赞般若经》、《大宝积经》皆列有此菩萨之名号,然未列本缘等事迹。"蓝吉富:《中华佛教百科全书》第 9 册"观世音菩萨"条,中华佛教百科文献基金会 1994 年版,第 6058 页。

〔4〕 [日]辛岛静志:《〈法华经〉的文献学研究——观音的语义解释》,《中华文史论丛》2009 年第 3 期。

只承认"观音"这一词语在东汉已经存在。

二 《妙法莲华经》

同样令我们深感困惑的还有《妙法莲华经》。在其《观世音普门品第二十五》中，佛与无尽意菩萨讨论观世音时，后者曾有一段非常长的偈颂文字作为他的感悟，而"观音"一词在偈颂中多次出现：

> 世尊妙相具，我今重问彼，佛子何因缘，名为观世音？具足妙相尊，偈答无尽意："汝听观音行，善应诸方所，弘誓深如海，历劫不思议，侍多千亿佛，发大清净愿。我为汝略说，闻名及见身，心念不空过，能灭诸有苦。假使兴害意，推落大火坑，念彼观音力，火坑变成池。或漂流巨海，龙鱼诸鬼难，念彼观音力，波浪不能没。或在须弥峰，为人所推堕，念彼观音力，如日虚空住。或被恶人逐，堕落金刚山，念彼观音力，不能损一毛。或值怨贼绕，各执刀加害，念彼观音力，咸即起慈心。或遭王难苦，临刑欲寿终，念彼观音力，刀寻段段坏。或囚禁枷锁，手足被杻械，念彼观音力，释然得解脱。咒诅诸毒药，所欲害身者，念彼观音力，还著于本人。或遇恶罗刹、毒龙诸鬼等，念彼观音力，时悉不敢害。若恶兽围绕，利牙爪可怖，念彼观音力，疾走无边方。蚖蛇及蝮蝎，气毒烟火燃，念彼观音力，寻声自回去。云雷鼓掣电，降雹澍大雨，念彼观音力，应时得消散。众生被困厄，无量苦逼身，观音妙智力，能救世间苦。具足神通力，广修智方便，十方诸国土，无刹不现身。种种诸恶趣，地狱鬼畜生，生老病死苦，以渐悉令灭。真观清净观，广大智慧观，悲观及慈观，常愿常瞻仰。无垢清净光，慧日破诸暗，能伏灾风火，普明照世间。悲体戒雷震，慈意妙大云，澍甘露法雨，灭除烦恼焰。诤讼经官处，怖畏军阵中，念彼观音力，众怨悉退散。妙音观世音，梵音海潮音，胜彼世间音，是故须常念，念念勿生疑。观世音净圣，于苦恼死厄，能为作依怙。

具一切功德,慈眼视众生,福聚海无量,是故应顶礼。"〔1〕

辛岛静志引用了布施浩岳的说法,指出上述偈颂不是鸠摩罗什所翻译的,而是从阇那崛多于公元601年翻译的《添品妙法莲华经》中挑出后添进去的,而且这一时期《法华经》系列的这些译作,往往同时交替"观音"与"观世音"两个词,因此他对"观音"一词是否是Avalokitasvara的新译语感到困惑。〔2〕上述偈颂的"观音"显然是"观世音"的略写而不是新译,这是毋庸置疑的。在中土文人创作的韵文中,为了字数、韵律的需要,将三个字的名称简写成两个字乃至一个字,是颇为平常的。因此这一时期,佛籍中所出现的"观音"一词往往隐身在偈颂中。如《龙树菩萨为禅陀迦王说法要偈》中云:

> 王当仰学诸贤圣,如观音等度众生,
>
> 未来必当成正觉,国无生老三毒害。
>
> 大王若修上诸善,则美名称广流布,
>
> 然后以此教化人,普令一切成正觉。
>
> 烦恼驶河漂众生,为深怖畏炽然苦。
>
> 欲灭如是诸尘劳,应修真实解脱谛。
>
> 离诸世间假名法,则得清净不动处。〔3〕

又如《月灯三昧经》有偈语:

> 那由菩萨众围绕,为问释迦故来此,
>
> 又复安乐妙世界,观音菩萨大势至。
>
> 那由菩萨众围绕,来问两足释师子,

---

〔1〕 鸠摩罗什:《妙法莲华经·观世音菩萨普门品第二十五》,《佛教十三经》,中华书局2010年版,第451—452页。

〔2〕辛岛静志:《〈法华经〉的文献学研究——观音的语义解释》,《中华文史论丛》2009年第3期。

〔3〕求那跋摩:《龙树菩萨为禅陀迦王说法要偈》,《大正藏》第三十二卷论集部,第747页。

过去无量亿佛所,供养无边诸如来。[1]

前者据彦悰《众经目录》载,为刘宋时期的求那跋摩所译;[2]后者为北齐那连提黎耶舍所译。当然,佛籍正文中也有曾实用"观音"的译名的,如《佛说佛名经》:"稽首东方普贤大士,南方持世大士,西方观音大士,北方满月大士,上方虚空大士,下方坚德大士。"[3]这里的"西方观音大士"应该就是我们所讨论的观世音菩萨,结合上下文来看,或当是为求文字的整齐而略去了中间的"世"字。

佛籍之外,曾对鸠摩罗什大力支持的后秦姚兴,在为筏提摩多所译的《释摩诃衍论》写序时也有这样的略写:"其为教也,于观音中乞眼手之暇,而瞩搜过恒之教门。其为义也,于尸迦中借珠网之功,而曜罗尘数之义理。"[4]可见,这种略写并非偶然出现的现象,这也使我们有了更多理由去质疑"观音"的出现是为了避李世民之讳这一说法。[5]

可以作为略写佐证的,还有史传中出现的"观音"。沈约《宋书》卷七十六列传第三十六《王玄谟传》:"初,玄谟始将见杀,梦人告曰:'诵《观音经》千遍,则免。'既觉,诵之得千遍,明日将刑,诵之不辍,忽传呼停刑,遣代守碻磝。"[6]又崔鸿《十六国春秋》卷九十六《北凉录》三载:

> 沮渠安阳侯者,蒙逊从弟也,失其名氏,封为安阳县侯,故以
>
> 侯称。为人强志疏通,涉略书记。初昙无谶入河西,阐弘佛法,

---

〔1〕 那连提黎耶舍:《月灯三昧经》,《大正藏》第十四卷经集部二,第566页。

〔2〕 "《龙树劝发诸王要偈》一卷,一名为《禅陀迦王说要偈》,宋世求那跋摩译。"彦悰:《众经目录》卷二,《大正藏》第五十五卷目录部,第161页。

〔3〕 菩提流支:《佛说佛名经》卷十五,《大正藏》第十四卷经集部一,第244页。

〔4〕 姚兴:《释摩诃衍论序》,《大正藏》第三十二卷论集部,第592页。

〔5〕 "观世音,梵文Avalokitasvara的意译,也译'光世音',唐以后译为'观自在'、'观世自在'。唐朝因避太宗李世民的讳,略称为'观音'。"任继愈:《中国佛教史》第三卷第五章"佛教信仰在民间的流行",中国社会科学出版社1988年版,第568页。这种解释曾非常流行,如《汉语大词典》相关词条亦云:"唐避太宗李世民讳,省称观音。"《辞源》"观世音"条:"观世音,佛教菩萨名。唐避太宗(李世民)讳,但称观音。亦称观自在菩萨。"(《辞源》第4册,商务印书馆1990年版,第2861页)近来不少学者相继撰文提出质疑,如黄先炳《"观音"名号非避讳》(《辞书研究》2005年第4辑,第187页)等。

〔6〕 沈约:《宋书》卷七十六列传第三十六,中华书局1974年版,第1974页。

安阳侯乃锐意内典,奉持五戒,所读众经即能讽诵。常以为务学多闻,大士之盛业。少时常渡流沙,至于阗国,于瞿摩帝大寺遇天竺法师佛陀斯那,咨问道义。斯那本学大乘,天才秀发,诵半亿偈,明了禅法,故四方诸国号为人中师子。安阳从受《禅秘要治病经》,因其梵本,口诵通利,既而东归,于高昌得《观音》、《弥勒》二观经各一卷。及还河西,即译出《禅要》,转为汉文。及魏并吞西凉,乃南奔于宋,晦志卑身,不交世务,常游止塔寺,以居士自卑。初,出《观音》、《弥勒》二经,丹阳尹孟顗见而善之,深加接赏。后竹园寺慧濬尼,复请出《禅经》。安阳既通习积久,临笔无滞,旬有七日,出为五卷。顷之,又于钟山定林寺译出《佛母般泥洹经》一卷。安阳居绝妻挐,无欲营利,从容法侣,宣通正法,是以黑白咸敬而嘉焉,后以疾终。[1]

上述使用"观音"译名的事例,在六朝史传中并不多见。这两例中,"观音"一词出现时,都是"观音经"这一习称的组成部分。而"观音经"则是"观世音经"的略称。上述史传中两例后人均有改录,且均以"观世音"替代"观音"。唐人李延寿在《南史》中著录王玄谟事迹时说:

初,玄谟始将见杀,梦人告曰:"诵《观世音》千遍则免。"玄谟梦中曰:"何可竟也。"仍见授,既觉诵之,且得千遍。明日将刑,诵之不辍。忽传呼停刑,遣代守碻磝。[2]

而《出三藏记集》对安阳生平的记录,文字几乎与《十六国春秋》没有太大差异,能够在这里引起我们注意的差别,似乎就是将两处"观音"改为"观世音":

沮渠安阳侯者,其先天水临成县胡人,河西王蒙逊之从弟

---

[1] 崔鸿:《十六国春秋》卷九十六,兰晖堂明万历三十年(1609)刻本,第623页。
[2] 李延寿:《南史》卷十六列传第六,中华书局1975年版,第465页。

也。初，蒙逊灭吕氏，窃号凉州，称河西王焉。安阳为人强志疏通，敏朗有智鉴，涉猎书记，善于谈论。幼禀五戒，锐意内典，所读众经，即能讽诵。常以为务学多闻，大士之盛业也。少时常度流沙，到于阗国，于衢摩帝大寺遇天竺法师佛陀斯那，咨问道义。斯那本学大乘，天才秀出，诵半亿偈，明了禅法，故西方诸国号为人中师子。安阳从受《禅要秘密治病经》，因其胡本口诵通利，既而东归，于高昌郡求得《观世音》、《弥勒》二观经各一卷。及还河西，即译出《禅要》，转为汉文。居数年，魏虏托跋焘伐凉州，安阳宗国殄灭，遂南奔于宋，晦志卑身，不交世务，常游止塔寺，以居士自毕。初出《弥勒》、《观世音》二观经，丹阳尹孟顗见而善之，请与相见。一面之后，雅相崇爱，亟设供馔，厚相优赡。至孝建二年，竹园寺比丘尼慧浚，闻其讽诵禅经，请令传写。安阳通习积久，临笔无滞，旬有七日，出为五卷。其年仍于钟山定林上寺续出《佛母泥洹经》一卷。安阳居绝妻孥，无欲荣利，从容法侣，宣通经典，是以京邑白黑咸敬而嘉焉。以大明之末遘疾卒。[1]

在慧皎的《高僧传》中，相关记录则是"观世音经"与"观音经"混用[2]，这也说明了"观音"一词出现的偶然性与随意性，并不能将其作为新译来对待。

---

〔1〕 僧祐:《出三藏记集》卷十四《沮渠安阳侯传第九》，中华书局 1995 年版，第 551 页。
〔2〕 "少时，求法度流沙，至于阗，于瞿摩帝大寺遇天竺法师佛驮斯那，咨问道义。斯那本学大乘，天才秀发，诵半亿偈，明了禅法，故西方诸国号为人中师子。安阳从受《禅秘要治病经》，因其梵本，口诵通利。既而东归，向邑于高昌得《观世音》、《弥勒》二观经各一卷。……初出《弥勒》、《观音》二观经。"慧皎撰，汤用彤校注，汤一介整理:《高僧传》卷二，中华书局 1992 年版，第 80 页。

下编　中古中土观音经义考论

第八章 《普门品》与观世音

一 《普门品》的来源

观世音信仰的普及，与《法华经》输入中土有莫大的因缘，这已经是人们的共识。[1] 不过，这两者的联系究竟紧密到何种程度，依然存在着一些争议。如传统的观念认为正是随着《法华经》的译出以及所引出的讨论的热潮，观世音的地位才在人们心目中扶摇直上。[2] 最直接的说法则是《观音经》出自《法华经》，曾经是后者的一部分，嗣后才逐渐单列出来。如《出三藏记集》卷四记有载："《光世音经》一卷，出《正法华》，或云《光世音普门品》。"[3] 这种一度被普遍接受的看法，最近却遭到质疑，孙昌武先生认为《观世音普门品》应该是一部单独的经典：

---

〔1〕 如"《法华经》在中国的传播，衍生出宣扬《法华经》信仰的现世利益的灵验记以及基于《观音经》(相对于《法华经》第 25 章)的观音信仰等。"菅野博史：《中国对〈法华经〉思想的接受》，宗性、道坚主编《佛教与中国传统文化：杨曾文先生七秩贺寿文集》，中国社会科学出版社2009 年版，第 468 页。

〔2〕 "中国观世音信仰的兴起，是在《法华经》译出以后。"楼宇烈：《〈法华经〉与观世音信仰》，《世界宗教研究》1998 年第 2 期。游侠的观点，看似相反，实则相成。他认为正是由于观世音信仰的渐次流行，故从汉文译本中单分出来，成为便于人们受持诵读的单行本。游侠：《观世音菩萨普门品》，《中国佛教》(三)，东方出版中心 1989 年版，第 143 页。

〔3〕 僧祐：《出三藏记集》卷四，中华书局 1995 年版，第 128 页。

中土的观音信仰有个长期、复杂的演化过程。早期流行的是主要以《法华经·普门品》为典据的救苦观音。后来自六朝后期至唐代净土信仰盛行,净土观音随之流传开来。到唐代传入瑜伽密教,又输入了一批密教的变形观音,其中以千手千眼观音即大悲观音最为盛行。

《法华经》是早期大乘最重要的经典之一。其结集约在公元一世纪中期至二世纪中期,应与在家信徒的活动有关。它的中心内容有三个方面:一是发展了"般若空"观和"佛身"论,阐明"空"为"诸法实相"即法身,也就是永久的本佛;二是宣扬为实现佛道而修菩萨道,发展了菩萨思想;三是调和大、小乘佛教而赞扬大乘,主张"三乘归一"。其中宣扬观音的《观世音普门品》不论从思想内容看,还是从组织结构看,都不能与全经中心思想相吻合。其普门济度的信仰甚至是与大乘空观相矛盾的。由种种迹象看,这本来应是一部单独的经典,是在《法华经》集成以后附入其中的。活动在公元二世纪的马鸣的《大庄严论经》卷四里已有重视现世利益的观念,依此大体可确定《普门品》结成于同一时期。在中国历史上,《晋书》卷一一五《苻秦载记》记载晋孝武帝太元十一年(387),徐义为慕容永所俘,以诵《观世音经》得脱。时什译《法华》未出,已有《观世音经》的名目,表明当时也被当作单独的经典。[1]

孙昌武先生的理由有二:一是《观世音普门品》的思想内容、组织结构与《法华经》整部经典并不统一;二是见载于典籍的《观音经》出现的时间,要比鸠摩罗什翻译《妙法莲华经》的时间更早。前一个理由论证起来极为复杂,即使投入再多的精力最终也可能很难达到我们所预期的效果。后一个理由似乎可以做到简捷直致,但由于复杂的原本与模糊的译本纠缠不

---

〔1〕孙昌武:《中国文学中的维摩与观音》,天津教育出版社 2005 年版,第 64 页。日本学者后藤大用也推定《普门品》与《法华经》全然不同,甚至其成立年代也远早于《法华经》。[日]后藤大用:《观世音菩萨本事》,黄佳馨译,天华出版事业股份有限公司 1982 年版,第 234 页。

清，也给我们厘清这个问题设置了不少障碍。

就《法华经》的原本而言，20 世纪以来可谓硕果累累，在被发现的在梵文佛典中数量高居首位，按照发现的地域而言，目前已经有了三个系统：尼泊尔系统；克什米尔系统；中亚或西域系统。至于《法华经》的译本，则有"六译"或"八译"之说。"六译说"来自唐人智昇，他言之凿凿地告诉我们《法华经》"前后六译，三存三缺"。不过，置于首位的《法华三昧经》，据说出现于魏甘露元年(256)，为支彊良接在交州所译，[1]由于仅见于费长房之叙述而遭到了质疑，如梁启超即言："《房录》又载甘露七年有支彊梁接者，译《法华三昧经》于交州。是《法华》亦此时输入。然《祐录》不载，真否难断。"[2]同样遭受普遍质疑的还有所谓第二译，即西晋竺法护所译《萨芸芬陀利经》，因为竺法护随即翻译了第三译《正法华经》。通常情形下，我们很难想象同一位译者会用不同的译名来翻译一部经书，而且卷数的不同，也会使我们取消直译、意译所带来差异的猜测。[3] 第四译《方等法华经》，也因早已散佚而使我们无从置喙。故不少学者干脆大胆推测六译中所缺失的三个译本其实根本就没有出现过，只是误传而已。[4]"八译说"则增加了《佛以三车唤经》与《萨昙芬陀利经》两个节本。两者均为一卷，前者仅对其中的《譬喻品》进行了翻译，后者为《宝塔品》、《提婆达多品》少分之异译；前者散佚而后者存，故周叔迦又有"四存四阙"之说：

> 考《法华经》凡有八译，四存四阙。初吴支谦译《佛以三车唤经》一经，乃此经《譬喻经》异译。二吴支彊梁接译《法华三昧经》

---

[1] 费长房：《历代三宝纪》卷五，《大正藏》第四十九卷，第 56 页。

[2] 梁启超：《佛学研究十八篇·佛典之翻译》，湘潭大学出版社 2010 年版，第 145 页。

[3] 《萨芸芬陀利经》为六卷，《正法华经》则是十卷。"《开元释教录》卷十四载：《萨芸芬陀利经》六卷，为竺法护太始元年(265)所译。又《正法华经》十卷，为竺法护太康七年(268)所译。一人前后同译一部经，却冠以不同的名称，似乎很值得怀疑。《开元释教录》的编者智昇认为：'或可"萨芸芬陀利"是梵语，"正法华"是晋名。梵、晋俱存，录家误也。'这一推测是合理的。"朱封鳌、韦彦铎：《中华天台宗通史》，宗教文化出版社 2001 年版，第 11 页。

[4] "《开元释教录》载有三个缺本，即《法华三昧经》六卷、《萨芸芬陀利经》六卷和《方等法华经》五卷，但后人多以为是误传。"孙昌武：《中国文学中的维摩与观音》，天津教育出版社 2005 年版，第 65 页。

六卷，三西晋竺法护译《萨芸芬陀利经》六卷，上三并阙。四西晋
竺法护译《正法华经》十卷。五西晋失名译《萨昙芬陀利经》一
卷，乃此经《宝塔品》、《提婆达多品》少分之异译，疑即第三译之
残本。上二并存。六东晋支道根译《方等法华经》五卷，今阙。
七姚秦鸠摩罗什译《妙法莲华经》七卷。八隋阇那崛多译《添品
妙法莲华经》七卷，乃就秦译改定字句，添《药草喻品》之半，以
《陀罗尼品》次《神力品》后，《嘱累品》移在卷末而已。上二
并存。[1]

作为现存最早的译本，在讨论观音信仰时，《正法华经》经常被人们有意识
地遗忘，这是一件令人费解的事情。如上述引文中，孙昌武先生就是以鸠
摩罗什的译本为标志而非以竺法护的译本为《法华经》在中土传播的起
点。这种现象并非偶然的，楼宇烈也有类似的看法，他说："《法华经》中关
于观世音菩萨神力灵验的宣扬，很快就在社会上发生了广泛的影响。大
约在鸠摩罗什《妙法莲华经》译出后不久，其中的《观世音菩萨普门品》，即
单独别行，而称之为《观世音经》或《观音经》。"[2]他们均将鸠摩罗什的译
本作为《观世音经》的直接来源。[3] 为什么会出现这种现象呢？营野博
史的解释是：

> 《正法华经》因为译文难解，更根本的是当时佛教学中心是

---

[1] 周叔迦：《周叔迦佛学论著集·释典丛录》，中华书局1991年版，第988页。

[2] 楼宇烈：《中国佛教与人文精神》，宗教文化出版社2003年版，第68页。

[3] "《观世音经》，又名《观音经》、《观世音普门品经》、《法华经普门品》、《观音普门品》、《普门品经》，印度大乘佛教经典，原系后秦鸠摩罗什译《妙法莲华经》中《观世音菩萨普门品第二十五》，后别处单行本。"季羡林：《敦煌学大辞典·佛教典籍》，上海辞书出版社1988年版，第691页。值得注意的是，文中将《普门品经》等同于《普门品》，是一处明显的舛误。这样的偏差在任继愈编《中国佛教史》等书中也有出现。智昇《开元释教录》："《普门品经》一卷，初出亦云《普门经》，与《宝积文殊普门会》等同本，太康八年正月十一日出，见聂道真录及僧祐录。"《出三藏记集》卷二和卷四中所提到的《普门品经》，均是《大宝积经》第十会《文殊师利普门会》的异议。详见李利安《观音信仰的渊源与传播》第201页。龚隽《天台宗的观音论：以天台对〈观音菩萨普门品〉的诠释为中心》也有说明。宗性、道坚：《佛教与中国传统文化：杨曾文先生七秩贺寿文集》，中国社会科学出版社2009年版，第633页。

般若学,所以虽有东晋时代的竺道潜的讲经不能忘记,但总体上没有引起佛教界太多的注目。而到《妙法莲华经》译出,终于引起当时人们的广泛关注,成为许多人信仰和研究的对象。[1]

李利安似乎也是这样认为:

> 在竺法护首译《普门品》、光世音菩萨开始流行中国的基础上,后秦时代的鸠摩罗什于弘始八年(406)夏,"于长安大寺集四方义学沙门二千余人,更出斯经,与众详究。什自手执胡经口译秦语,曲从方言,而趣不乖本",这个《法华经》新译本名为《妙法莲华经》。于是,《普门品》又出现了一个新的译本,名《观世音菩萨普门品》。"于时听受领悟之僧八百余人,皆是诸方英秀,一时之杰也。"这么多全国一流大师听受该经,远远超过了西晋竺法护传译此经时的声势,于是,该经迅速传向全国,其中的《观世音菩萨普门品》立即从《法华经》中单出,独立流通,名为《观世音经》。……罗什译本很快获得人们的认同,并取代法护译本,从此"光世音"的译名被"观世音"所取代,而罗什的《普门品》也以《观世音经》的独立形式成为整个中国历史上最流行的几种佛经之一。[2]

我们应不应该相信这样的解释呢?虽然鸠摩罗什的《妙法莲华经》译出后影响极大,正是这些佛经译本的出现使佛典真正成为中土文化的一部分,[3]但这似乎并不足以说明竺法护的译本没有引起人们的关注。我们

---

〔1〕　菅野博史:《中国对〈法华经〉思想的接受》,宗性、道坚主编《佛教与中国传统文化:杨曾文先生七秩贺寿文集》,中国社会科学出版社 2009 年版,第 469 页。

〔2〕　李利安:《观音信仰的渊源与传播》,宗教文化出版社 2008 年版,第 221—222 页。

〔3〕　"鸠摩罗什的译文经过他的合作者的一再修饰和润色,中文的行文非常优美流畅,它们超出了前辈(因为鸠摩罗什的许多译文在他以前已有别人译过),也使后人的译文为之逊色。它们终于变成了中国文学遗产的一部分——例如,他所译的《妙法莲华经》、《维摩诘所说经》、《净土经》即是如此。"费正清主编:《剑桥中国史》第一卷《剑桥中国秦汉史》,鲁惟一编,杨品泉等译,中国社会科学出版社 1992 年版,第 920 页。

所能寻找到的事实刚好相反,竺法护于太康七年(286)八月十日译出《正法华经》后,[1]随即风靡一时,众多高僧纷纷前来讨教,此后出现了众多的研习者,正是这样的背景促使了鸠摩罗什的再译。

又如有关观世音信仰灵异事件的描述,最早见载于《光世音灵验记》一书,而"光世音"这一特定称呼的普及正在竺法护《正法华经》译出之后与鸠摩罗什《妙法莲华经》译出之前。周一良《魏晋南北朝史札记·观世音经》曾有所考证:

> 《晋书》卷一一五符丕载记,……符丕载记中此神奇传说,当是晋孝武帝太元十一年事。当是罗什《妙法莲华经》尚未译出,此当是西晋竺法护所译之《正法华》。《高僧传》一言法护自西域"大赍梵经,还归中夏。自敦煌至长安,沿路传译,写为晋文",一百六十五部中,有《正法华》。其中之光世音普门品云,"若人犯罪,若无有罪,若为恶人,县官所录,缚束其身,捆械在体,若枷锁之,闭在牢狱,拷治苦毒,一心自归,称光世音名号,疾得解脱,开狱门出,无能拘制",当即此种信仰所本。[2]

更重要的是,《观音经》曾经是《光世音经》、《光世音普门品》等佛籍的简称。[3]或许正是出于这样的考虑,在后来出版的七卷巨著《中国佛教文化史》中,孙昌武先生重新把《正法华经》作为观音信仰大力传播的起点:

> 竺法护译籍中影响最为广远也最为流行的当数《正法华经》十卷。这部经被称为"诸佛之秘藏,众经之实体",是早期大乘佛

---

[1] "太康七年八月十日,敦煌月支菩萨沙门法护,手执胡经,口宣出《正法华经》二十七品,授优婆塞聂承远、张仕明、张仲政共笔受。竺德成、竺文盛、严威伯、续文承、赵叔初、张文龙、陈长玄等,共欢助欢喜,九月二日讫。天竺沙门竺力、龟兹居士帛远信共参校,元年二月六日重覆。又元康元年,长安孙伯虎,以四十五日写素解。"出经后记:《正法华经记》,僧祐《出三藏记集》卷八,中华书局1995年版,第304页。

[2] 周一良:《魏晋南北朝史札记·观世音经》,中华书局1985年版,第114页。

[3] "《观音经》一卷,原称《光世音经》、《光世音普门品》、《普门品经》。很早就有多本别行。最早进入'经藏'的,据《出三藏记》卷四称:'《光世音经》一卷,出《正法华》,或云《光世音普门品》。"朱封鳌、韦彦铎:《中华天台宗通史》,宗教文化出版社2001年版,第22页。

教总结性经典。经录记载《法华经》共有七译，四存三缺。四存除《正法华经》外，还有姚秦鸠摩罗什译《妙法莲华经》、隋阇那崛多译《添品妙法莲华经》七卷、失译《萨昙分陀利经》一卷（勘同《宝塔品》少分合《提婆达多品》）……今存三种完整《法华经》译本内容基本相同，实际竺法护的初译已经奠定了这部经典的基础。……本经更树立起一批大乘菩萨的具体形象，最具有代表性和影响力当数观世音。他大慈大悲，救苦救难，每当众生陷于灾厄，呼其名号则闻声往救，其神通效用极其迅速而直截。菩萨的慈悲精神与中土传统的仁爱理想本来相通，而所体现的救济观念更为苦难所亟须，因而受到广泛热烈的欢迎。宣扬观世音菩萨的《普门品》又被称为《观音经》。在《正法华》译出后很快单行流通。观世音信仰迅速在中土普及开来。晋、宋以降，内、外文献记载许多观音灵验传说，正表明这种信仰如何的深入人心，在整个佛教传播里又起到如何巨大的作用。[1]

在这里，《普门品》所塑造的光世音菩萨成为《正法华经》所宣扬的菩萨思想最典型与最有影响力的代表，它的主旨也因此和谐地消融在整部《正法华经》中，并不显得突兀与另类，《正法华经》对观音信仰传播的巨大作用无论如何也不能低估了。当然，将《普门品》称为《法华经》的核心，正如将《法华经》称为佛经的核心，则或是部分信徒的立场。[2] 至于"普门"深刻意义的具体考察以及《普门品》如何实现这一意义，即这一译名在怎样的

---

〔1〕 孙昌武《中国佛教文化史》第一卷第六章"早期佛典传译——'古译'时代"，第250—252页。不过，1998年4月在台湾"现代佛教学会"主办的"中国佛教文学与艺术学术研讨会"上发言时，作者虽然将观音信仰的迅速流传与竺法护联系起来，即"自西晋太康七年（286）竺法护出《正法华》，观音信仰即迅速地流传开来，《普门品》则脱离《法华》而以《普门品经》、《观世音经》的名目作为单独流行"，但他依然认为《普门品》与整部《法华经》的主旨并不协调，他认为"其中的光世音普门品"本是在该经主体结集完成后被附入的，所宣教义又是多与全经相悖的"。见孙昌武：《六朝小说中的观音信仰》，《游学集录：孙昌武自选集》，第298—299页。

〔2〕 如"《观世音菩萨普门品》出自《法华经》。《法华经》是诸佛所珍藏的无上秘法。普门品是《法华经》中的精华。《法华经》是诸佛第一秘义深经，《观世音菩萨普门品》即是秘义中的秘义"。东北：《观世音普门品·序》，华夏出版社2009年版，第1页。

语境下与观世音的形象发生关联,嗣后再进行详细讨论。

二 《普门品》的意义

虽然从直观上我们感到观世音的有求有得、灵感灵验与"普门"一词理应存在着直接的联系,但用这一简单的联想去反思观世音信仰的形成无疑是极其幼稚的。因此,我们在这里所关注的首先是《法华经》或《普门品》对观世音信仰所做出的贡献,这与《普门品》的疏解者往往强调观世音对于《法华经》等要籍的贡献,刚好形成鲜明对照。那么,《普门品》究竟给观世音菩萨信仰带来了哪些重要变化,又对观世音菩萨信仰核心的确立提供了哪些要素呢?

首先,《普门品》的出现与广为传播,进一步明确了观世音菩萨的现世情景,强化了它的救难品格。宗教的特点在于指示出了一条解脱困境的途径,尤其是当人们与环境的冲突急剧恶化而生存面临巨大危机的时刻,途径的可靠与否已经无暇考虑。各种救世主义的泛滥在某种程度上都可以称之为适逢其会,但发展到一定的阶段则会分道扬镳,其活力与影响往往会大相径庭。这些此起彼伏的理论,甚至一度建立了庞大的体系,但是在令人眼花缭乱的理论体系背后,我们依然会发现,在它们的原始状态,在其最初的要因所建构的最单纯的应对模式下,各自的命运就已经注定。

与后来各种体系严密的佛学流派相比,观世音菩萨信仰一直蛰伏在草野之间。在本质上,经过不断融合,它俨然蜕变成中土的民间宗教。站在历史长河的岸边抬头远望,那些力图提升其佛理与意蕴的努力,只如在滚滚洪流中溅起的浪花,虽然可爱,却终不能持久。然而这种让我们充满敬意的行为,仍然在持续。比如对于"观世音"得名因缘的解释,有这样的说法:

> "观世音"三字,是菩萨名号。以此立名,必有其义。"观"自当读去声,非眼观之观,乃智观之观。"观"字,乃能观之智;"世音",即所观之境。能观之智则同,而所观之境当分。菩萨因中自利,修行功夫,及果上利他,度生大用。两种解释,先据本经从

果上利他立名,文云"若有无量百千万亿众生,受诸苦恼,闻是观世音名号,一心称名观世音菩萨,即时观其音声,皆得解脱",此则能观者智照。所观者,即世间苦恼众生,称念菩萨名号音声,菩萨则智照无遗,一观便知,寻声救苦,无求不应,故得是名。[1]

这样的诠释,深奥玄妙,但与《普门品》原经相比,却缺乏温暖与透明度,其方向与经义刚好相反。原经本义,唯恐远离现世情景,唯恐经义玄妙难解,使听者难入;而后来之诠释,似乎唯恐经义直白浅露,过于俚俗,过于接近生活,使听者易懂。对于佛学家而言,他们对于纯粹理论的兴趣,要远远大于具体的现世关怀,他们的天性是追求一个放之四海而皆准的抽象的模式。这样的模式对于人类而言或许是必要的,但对于个体而言却是灰色的,缺乏可操作性而不具备吸引力。以色列学者塔尔蒙曾经说过:

> 人们创造宗教,宗教存续在人们心中,是在人们生存之上的基准体系。分析这个体系里的复杂问题,只是分析人类行为的一部分。现在的世俗宗教,首先应该被视为一种客观存在来处理。当有这种客观存在时,现世宗教就被看作是一种智慧和历史模式,而这种模式是宗教与特定的人们乃至与环境长期相互作用的产物。这种相互作用特别引起我们兴趣的,是它主张两个方面发生自相矛盾的时候:即它一方面强调的是不受个人情感影响的非人格的模式;另一方面它又提出了独特的环境以及个体的人格统一的要求。[2]

这种自相矛盾的现象,在许多理论演进的历史进程中都有鲜明的体现。一方面,这些理论体系在成长的过程中,为了适应变化了的环境,容纳更为复杂的对象,面对更为广阔的天地,不断地消除诞生之时具体语境所赋予的痕迹与局限;另一方面,在转化过程中,由于内核不断遭到侵蚀,它最

---

〔1〕 圆瑛法师:《观世音菩萨普门品讲义》,上海市佛教协会 1995 年版,第 9 页。
〔2〕 J. F. 塔尔蒙:《极权主义民主的起源》,吉林人民出版社 2011 年版,第 15 页。

终面临着异质化的危险,为了维护自身的独特存在,它又不得不时常清除外来的因子而恢复本初状态。观世音菩萨信仰亦是如此。对于现实性的超越,包括玄理化,一直是佛学家努力的方向,然而从《普门品》的描述中,我们却不难看出现世性正是这一信仰的根基所在。它对于"观世音菩萨"得名因缘的解释是如此清晰明了,以至于任何疏解都难免有赘疣之嫌:

> 佛告无尽意菩萨:善男子! 若有无量百千万亿众生,受诸苦恼,闻是观世音菩萨,一心称名,观世音菩萨即时观其音声,皆得解脱。[1]

解脱是所有佛教徒的终极目标,无论是自证阿罗汉果,还是普度众生而成佛,不过解脱的结局固然令人向往,而修炼或涅槃的途径对于许多人而言却显得如此遥不可及,使他们难以鼓起勇气或者长期坚持。而对于《普门品》中的观世音菩萨而言,立下宏大誓愿,救渡一切众生脱离苦海是他与许多菩萨所共有的,而其特质则在于"即时性",在于"当下",而后者正是信徒所热切期待并祈祷信奉的。正是从这个意义上,"称名救难"的含义才得到了充分诠释,因为有"称名",才能观其音声,才能及时应答,才能"即得"解脱。"户户说观音"的现象之所以出现,原因固然有很多,而其解脱的"即时性"无疑是极为重要的诱因。

与解脱的即时性紧紧联系在一起的,是解脱的世俗化,即所解脱的"诸苦恼"直接来源于日常生活,是与人们生存息息相关的那些点点滴滴。这些点点滴滴的苦恼与窘迫,都能够得到观世音的关注与解救,这正是观世音菩萨广受欢迎的原因。[2] 在当时而言,对于人们现实生活影响最大

---

〔1〕 鸠摩罗什:《妙法莲华经·观世音菩萨普门品第二十五》,《佛教十三经》,中华书局2010年版,第449页。

〔2〕 任继愈《〈法华经〉与观音信仰》:"《法华经》之所以得到广泛流行,除了它在理论上有自己的阐发外,还把佛描绘成救世主,除了可以保证成佛外,还可以解救当时现实生活中遇到的苦难,满足现实中迫切的需求。《法华经》的后部,《嘱累品》以后的一些篇幅,塑造了一位观世音菩萨,这个偶像出现以后,它在群众的影响甚至超过了释迦牟尼。释迦牟尼似乎还不及观世音菩萨管得那样具体。"任继愈:《天人之际》,上海文艺出版社1999年版,第270页。

的因素有哪些呢？那就是火灾、水灾与牢狱之灾等，即《普门品》所说的"火难"、"水难"、"罗刹难"、"刀杖难"、"恶鬼难"、"枷锁难"、"怨贼难"等"七难"：

> 若有持是观世音菩萨名者，设入大火，火不能烧，由是菩萨威神力故。
>
> 若为大水所漂，称其名号，即得浅处。
>
> 若有百千万亿众生，为求金、银、琉璃、砗磲、玛瑙、珊瑚、琥珀、珍珠等宝，入于大海，假使黑风吹其船舫，漂坠罗刹鬼国，其中若有乃至一人称观世音菩萨名者，是诸人等皆得解脱罗刹之难。以是因缘，名观世音。
>
> 若复有人临当被害，称观世音菩萨名者，彼所执刀杖，寻段段坏，而得解脱。
>
> 若三千大千国土，满中夜叉、罗刹，欲来恼人，闻其称观世音菩萨名者，是诸恶鬼尚不能以恶眼视之，况复加害。
>
> 设复有人，若有罪、若无罪，杻械、枷锁检系其身，称观世音菩萨名者，皆悉断坏，即得解脱。
>
> 若三千大千国土，满中怨贼，有一商主，将诸商人，赍持重宝，经过险路，其中一人作是唱言：诸善男子，勿得恐怖，汝等应当一心称观世音菩萨名号，是菩萨能以无畏施于众生；汝等若称名者，于此怨贼，当得解脱，众商人闻，具发声言：南无观世音菩萨。称其名故，即得解脱。[1]

我们经常说到神话是一种幻想性很强的、不自觉的艺术加工和创造，而这种加工和创造之所以出现，则是因为其时人们抵御自然灾害的能力过于低下，所以寄万一之希望于不可捉摸之外力。对于中古时期的大众而言，虽然社会有了很大发展，但依然有一些灾难是他们无法抵御而又不得不

---

[1] 鸠摩罗什：《妙法莲华经·观世音菩萨普门品第二十五》，《佛教十三经》，中华书局2010年版，第449—450页。

经常面对的,所以借助于不可思议之外力来求得解脱与平安也就是顺理成章的事情了。这些不可承受之灾难,被囊括为上面的"七难"。对于这"七难",历来众说纷纭,如被认定为解说豁然明了的《观音义疏》,如今依然让我们茫然:

> 问:诸难众多,何意取七耶?
>
> 答:此有所表,人以六种成身,还以六种自害。如人共七难同住,复以七为难,今通用七难等来表六种也。火、水、风即表身内三种也;刀杖、枷锁表地种也;鬼、贼、王等表识种也;三千大千世界表空种也。云何空得为难?如人身有内空,四大围之识于中住,何异大千世界围地、水、火、风、王、鬼、贼等于中住耶?空为难者,空是来难之由。如身体坚实,外病不侵;身若虚疏,众疾逼恼。又如人家宅无垣墙,盗贼则进能来难故,空亦成难。识种是难者心识耶?计横起爱见,毁灭法身慧命。如王鬼贼劫夺财宝,断伤寿命,故识种是难。所以不多取者,正应表此。假令多举诸难,亦是表此。〔1〕

事实上,对于所谓"七难"我们不妨理解为日常生活中最常见而又最难于抵御的那些灾难。除了在日常生活中所面临的这些不测之灾,更普遍的烦恼还在于难以言说而又无所不在的情绪上的困扰。这就是《普门品》中所说的"解脱三毒":

> 若有众生多于淫欲,常念恭敬观世音菩萨,便得离欲;若多嗔恚,常念恭敬观世音菩萨,便得离嗔;若多愚痴,常念恭敬观世音菩萨,便得离痴。〔2〕

相对于具体琐碎的"七难","三毒"的抽象化程度无疑要高,这也使它们更

---

〔1〕 天台智者大师说,门人灌顶记:《观音义疏》卷上,《大正藏》第三十四卷经疏部二,第923页。

〔2〕 鸠摩罗什:《妙法莲华经·观世音菩萨普门品第二十五》,中华书局2010年版,第450页。

受佛学家的偏爱。因为"七难"中诸如"罗刹难"、"怨贼难"等带有"海上救护"原色的描述,给中土的宣讲者带来了诸多的困扰,毕竟它们与中土的日常生活相去甚远。不过,即使对于生活化程度极高的"水灾"、"火灾"之类,后来的诠释者也试图使它们与具体语境隔离开来。如对于火灾,智者大师的诠释为"三火":"一果报火,地狱已上初禅已还皆论机应;二恶业火,地狱已上非想已还皆论机应;三烦恼火,地狱已上等觉已还皆论机应。"[1]湛然引《仁王经》以为有"七火":"一鬼火,二龙火,三霹雳火,四山神火,五人火,六树火,七贼火。人火者,恶业发时身自出火;树火者,如久旱时诸木自出火。"[2]

对于火灾、水灾等诸多灾难的玄理化阐释,虽然看起来似乎提升了《普门品》的严肃性,却无助于它不可思议之威力的传道。因为这种信仰本身就是一种奇迹的信仰,与理性无涉,因而任何试图将之纳入理性范畴的努力注定都会扞格难入,徒劳无功。费尔巴哈曾经说过:

> 对祈祷威力的信仰——并且,只有当人们归给祈祷以一种威力,一种支配人以外的对象的威力时,祈祷才是一个宗教真理——是跟对奇迹的威力的信仰相一致的,而对奇迹的信仰,又是一般地跟信仰之本质相一致的。只有信者才祈祷,只有信者的祈祷才有力量。但是信仰不外意味着坚定不移地确信主观的东西——跟限制,也即跟本性与理性之规律相对抗的主观的东西——具有现实性,也即确信其具有无条件的有效性和真理性。所以信仰所特有的客体,就是奇迹;信仰就是奇迹信仰,奇迹与信仰是绝对不可分割的。[3]

信仰主义的基础,在于奇迹的产生。但奇迹之所以称为奇迹,则在于它不

---

[1] 智者大师说,门人灌顶记:《妙法莲华经文句》卷十下《释观世音菩萨普门品》,《大正藏》第三十四卷经疏部二,第146页。

[2] 湛然:《法华文句记》卷十下《释普门品》,《大正藏》第三十四卷经疏部二,第357页。

[3] 费尔巴哈著:《基督教的本质》,荣震华译,商务印书馆1984年版,第177页。

具备现实性。而对于宗教宣导者而言，他们的主要任务就是夯实信仰主义的基础，亦即使得奇迹具备无条件的有效性与真理性，至少看起来似乎具备现实性。这也是佛学家在解释"一心称名"时，为什么会将注意力放在"一心"两字上。因为《普门品》等诸多典籍许下了一个美好的诺言——称名即得解脱，解脱的门槛如此之低使它很容易获得青睐，但兑现的压力迫使他们悄悄地抬高门槛。故吉藏说："前明闻是观世音菩萨名，谓未受苦时曾闻菩萨名，或从经中闻，或从他人传闻也。一心称名下第二句，今日受苦时求救称名也。言一心者，为释疑故来。自有称名不得解脱，盖是不一心故也。"[1]"称名"是很容易实现的，而"一心"却是很难衡量的，所以奇迹并不总是能够出现。[2] 概念的置换使得信用得以维系，诱惑的大饼——解脱的即时性，就变成了解脱的可能性。

因此，在《普门品》中，经文每每叙述一种灾难，就强调"称名即得解脱"，不可思议之威力具有无限的可能性与有效性；而在诠释者看来，不可思议之威力是有一定实现条件的，因而也并不是即时与同步的。就信徒而言，他们所期待的是解脱的即刻与当下，所关注的是现世；[3] 就佛学家

---

〔1〕 吉藏：《法华义疏》卷十二，《大正藏》第三十四卷经疏部二，第625页。

〔2〕 吉藏把解脱的前提限定为"至心"。如"问：称菩萨名，何故有脱苦不脱苦耶？答：至心则脱，不至心故不脱。问：菩萨自应救之，何须至心？答：以至心故则罪灭，菩萨方得应之耳，故须至心。二者罪轻则脱苦，罪重则不脱苦。三者习因有厚薄，薄者脱苦，厚者不脱苦。四者业有定不定，定者不脱，不定者脱"。吉藏：《法华玄论》第十卷《论观音普门义》，《大正藏》第三十四卷经疏部二，第498页中。又"问：称名何故有脱苦不脱者？答：一意如上，有至心不至心，故有脱不脱。二者脱有利益，是则救之；脱无利益，故不救也。三者与观音结缘有厚薄，薄者善少故不脱；厚者善多，是故得脱。四者众生业有定不定，不定可救，定不可救"。吉藏：《法华义疏》卷第十二《观世音菩萨普门品第二十五》，《大正藏》第三十四卷经疏部二，第625页。

〔3〕 "尽管观世音菩萨也讲过，他将根据众生的愿望，把他们接引到他们向往往生的佛土；也有如上引《华严经》中说的，观世音菩萨救护众生现世的苦难，只是为了通过这种方便，而'令诸众生离怖畏已，复发发阿耨多罗三藐三菩提心，永不退转'。然而，解救现世生活中的苦难乃是最切实的恩惠，一般世人之所以如此热诚地信仰观世音，主要因为他是一位近在身旁、随时回应的现世生活中的大慈大悲救苦救难的活菩萨。"楼宇烈：《法华经与观世音信仰》，《世界宗教研究》1998年第2期。

而言,他们宣扬的是解脱的可能性与有效性,[1]所关注的是因缘与来世。在观世音菩萨"救苦"与"救难"这两种功能中,经文本身更偏重"救难",其时的诸多灵验记也是以"救难"为核心;而诠释者们则对于"救苦"情有独钟,往往试图通过对"救苦"意义的凸显来削弱其"救难解困"角色,这种削弱也就是弱化了解脱的即时性。总之,对于《普门品》任何学理化的疏解,其本质就是一种延宕,就是通过现世的超越来消解其"即时解脱"的诺言。[2]事实上,当我们充分认识到"佛教不是为一部分上层知识阶级,以及佛教徒中专门从事学术研究者所做的戏论,而为构成社会大多数的庶民所信仰,成为他们生活的支柱"[3]这一论断的意义时,我们才会对观世音菩萨的现世性有更深刻的认识,对于僧侣所传达的教义与庶民的信仰之间的隔膜才会有更深刻的体会。

其次,《普门品》的流传,进一步强化了观世音菩萨的普世情怀。大体而言,《普门品》主要由两番问答所组成。"初一问答释观音名,次一问答释观音德"。[4]具体而言,前一番问答揭示观世音得名因缘,即通过强调"即时解脱"突出观世音的现世功能;后一番问答,揭示观音信仰的方便法门,即通过强调摄化众生的 33 种应化身来渲染观世音的普世精神。

> 无尽意菩萨白佛言:"世尊!观世音菩萨,云何游此娑婆世界?云何而为众生说法?方便之力,其事云何?"

---

〔1〕 如有学者以为不能把解脱肤浅地理解为对现实困境的消除,而应是"觉悟出久远实成的本佛随时随处与我们同在,内心深处确确实实地领悟到,自己因本佛而找到自有自性,这样的状态才能算是得到真正的解脱",否则,观音菩萨会成为一种安逸、懒散的信仰对象。但对于俗众而言,他们所期待的却正是这种安逸、懒散的信仰对象。见庭野日敬:《〈法华经〉新释》,上海古籍出版社 2011 年版,第 426 页。

〔2〕 湛然对于机缘的强调又是一例:"问:何以同念有脱不脱? 答:同念是显机,得脱有冥显。由过现缘差,受益有等级。若其机感厚,定业亦能转。若过现缘浅,微苦亦无征。"湛然:《法华文句记》卷十下《释普门品》,《大正藏》第三十四卷经疏部二,第 357 页。

〔3〕 牧田谛亮著:《中国近世佛教史研究》,索文林译,华宇出版社 1986 年版,第 1—2 页。

〔4〕 吉藏:《法华义疏》卷第十二《观世音菩萨普门品第二十五》,《大正藏》第三十四卷经疏部二,第 625 页。

  佛告无尽意菩萨:"善男子! 若有国土众生,应以佛身得度者,观世音菩萨即现佛身而为说法;应以辟支佛身得度者,即现辟支佛身而为说法;应以声闻身得度者,即现声闻身而为说法;应以梵王身得度者,即现梵王身而为说法;应以帝释身得度者,即现帝释身而为说法;应以自在天身得度者,即现自在天身而为说法;应以大自在天身得度者,即现大自在天身而为说法;应以天大将军身得度者,即现天大将军身而为说法;应以毗沙门身得度者,即现毗沙门身而为说法;应以小王身得度者,即现小王身而为说法;应以长者身得度者,即现长者身而为说法;应以居士身得度者,即现居士身而为说法;应以宰官身得度者,即现宰官身而为说法;应以婆罗门身得度者,即现婆罗门身而为说法;应以比丘、比丘尼、优婆塞、优婆夷身得度者,即现比丘、比丘尼、优婆塞、优婆夷身而为说法;应以长者、居士、宰官、婆罗门妇女身得度者,即现妇女身而为说法;应以童男、童女身得度者,即现童男、童女身而为说法;应以天、龙、夜叉、乾闼婆、阿修罗、迦楼罗、紧那罗、摩睺罗伽、人非人等身得度者,即皆现之而为说法;应以执金刚身得度者,即现执金刚身而为说法。"[1]

通俗来讲,前一番问答告诉我们观世音的不可思议之威力是即时有效的,这一番问答则告诉我们观世音的神通是普遍有效的,对众生一视同仁。观世音菩萨能以 33 种应化身出现,亦即意味着这 33 种不同生活状态下的人们,均在观世音度化的范围之内。也就是说,这 33 种应化身,按照实际的生活状况,应该在不同的层面上,如我们通常把它们分布在 7 个层面上:

  1. 圣者三尊:佛身;辟支佛身;声闻身。

  2. 天界六尊:大梵王身;帝释身;自在天身;天大将军身;毗

─────────────

[1] 鸠摩罗什:《妙法莲华经·观世音菩萨普门品第二十五》,中华书局 2010 年版,第 450—451 页。

沙门身。

3. 道外五尊：小王身；长者身；居士身；宰官身；婆罗门身。

4. 道内四尊：比丘身；比丘尼身；优婆塞身；优婆夷身。

5. 妇童六身：长者妇女身；居士妇女身；宰官妇女身；婆罗门妇女身；童男身；童女身。

6. 天龙八部：天身；龙身；夜叉身；乾闼婆身；阿修罗身；迦楼罗身；紧那罗身；摩睺罗伽身。

7. 金刚一尊：执金刚身。

但在观世音菩萨那里，生活在这 7 个不同层面的人们均属于度化的对象，在这个意义上，他们并不存在着差别。佛言"今此三界，皆为我有，其中众生，悉是吾子。而今此处，多诸患难，唯我一人，能为救护"[1]，故观世音菩萨"大慈与一切众生乐，大悲拔一切众生苦"[2]。更重要的是，佛虽言众生平等，但他高居众生之上，如此高大与庄严，对于众生而言是遥不可及的；而观世音以 33 种应化身出现，实际上是拉近了与众生的距离，他似乎就在众生的身边，只要众生伸手就可以援助，高呼就可以获救。因此，"佛教诸神中，观世音在中国群众中，算是最能接近群众的一位神灵"[3]。

方立天曾将观世音菩萨的慈悲精神归纳为三个方面：现实性、随类性、通融性。[4] 实际上"随类性"与"融通性"是一个行为的两个阶段。正因为观世音菩萨对于众生一视同仁，不分贵贱贤愚，所以它才随类度化，

---

〔1〕 鸠摩罗什：《妙法莲华经·譬喻品第三》，《佛教十三经》，中华书局 2010 年版，第 389 页。

〔2〕 龙树菩萨造，鸠摩罗什译：《大智度论》卷二十七《释初品大慈大悲义》，《大正藏》第二十五卷，第 256 页。

〔3〕 文中还认为观音的亲民正是它以女性形象出现的重要原因："佛的形象多庄严、雄伟，为了在群众中树立他的高大形象，不得不表现得与众不同，如三十相、八十种好，均非凡人所可企及。佛书记载的种种瑞相自不用说，如佛身上'一一毛孔右旋'。凡人怎能办得到？《法华经》塑造的观世音形象，在中国广大地区被接受、受欢迎，这个神像没有佛那种高不可攀的气势，而是一位慈眉善目、美丽的妇女的形象，把佛与人世的距离拉近了。"任继愈：《法华经与观音信仰》，《天人之际》，上海文艺出版社 1998 年版，第 271 页。

〔4〕 方立天：《中国佛教慈悲理念的特质及其现代意义》，《方立天文集》第四卷，中国人民大学出版社 2006 年版，第 363 页。

随顺众生的类别、特性来不断变换自己的形象。正因为观世音将一切众生都纳入慈悲的范畴,它对于一切众生一视同仁,一切众生也在这一时刻具有了平等的可能性。英国学者渥德尔曾经极力褒扬这种教义的积极意义:"佛陀的主要目的是要用纯道德标准来替换世袭特权,确认在自然律面前一切众生平等,确认他们在他所发现的宇宙缘起条件范围之内具有享受他们自己命运的平等自由权利。"[1]这种把握自己命运的要求在起初或许并不是那么明确与直接,但无论如何,宣扬众生在佛性面前的平等所具有的重大意义是不能被低估的。

宣说众生皆有佛性与成佛的可能,是《法华经》的一面重要的旗帜。虽然宣讲者扛起这样的旗帜,有着诸多具体的历史背景,如为自己寻找生存空间,[2]或者为扩张提供理由,[3]不过确实为佛教带来了一种活泼泼的气象与精神。这种以救济一切众生为目的的运动,在《普门品》中有鲜明的体现,或许这正是观音信仰在中国汉传佛教与藏传佛教中超越诸佛信仰的重要原因之一,以及其命名为"普门"的理由。[4]

---

〔1〕 渥德尔著:《印度佛教史》,王世安译,商务印书馆 1987 年版,第 150 页。

〔2〕 "《法华经》出现时,维护《法华经》的教团,在当时还是一些势力较弱小的教团,他们受到来自小乘佛教徒的攻击、围攻,以至不能到寺院宣传他们的主张和大乘佛法,甚至连人身的安全也得不到保障。"高振农:《〈法华经〉在中国的流传概述》,《香港佛教》1999 年第 473 卷,第 8 页。

〔3〕 "《法华经》自视极高,理由就是因为它提倡众生可以成佛,而实际上不过反映了要以《法华经》为基础,统一各种佛教派别罢了。因此,'成佛'是《法华经》用以调和佛教派别斗争的主要口号,也是《法华经》标榜自己可以包摄并高于其他佛典和教义的地方。"任继愈:《中国佛教史》第二卷,中国社会科学出版社 1985 年版,第 414—415 页。

〔4〕 如"《普门品》'普'是周遍义,'门'是通达义。菩萨行弥法界,无所不周,曰普;福备众生,自在无碍,曰门。随机应化,恒沙妙用,无不从此普门示现。观世音菩萨是人,普门是法,合人与法,而立品题。以此品题有两番问答,依前番问答,论观世音是人;依后番问答,论普门法。故以人法立题。品者,类也。别义类聚,以观世音。若人若法,类为一品,适当《法华经》中之二十五品。圆瑛法师:《观世音菩萨普门品讲义》,上海市佛教协会 1995 年版,第 13 页。又如"言普门者,普,常遍也;门,能通也。凡有众生,自有家舍。有家舍,即有门户。有门户,即观音,所谓处处祈求处处现,苦海常作渡人舟"。谛闲法师:《观世音菩萨普门品讲义》,上海佛教协会 1995 年版,第 11 页。

第九章 《入法界品》与观世音

一 《入法界品》

在观世音信仰形成的过程中,《华严经》的贡献之大,即使与《法华经》相比也毫不逊色。镰田茂雄曾经说过,《法华经》是说法的经,而《华严经》是说佛的经。[1] 这一简洁而阔略的结论从观世音菩萨的角度来进行印证,看起来似乎也并无太多的舛误,虽然说哪怕在观世音最受关注的《入法界品》中,它也只是 53 位配角之一,《华严经》的主角从来是文殊菩萨,这是毋庸置疑的事实,但对于观世音菩萨而言,《入法界品》是如此重要,以至于成为它不可或缺的组成部分。无心插柳柳成荫的现象,在漫长的中国历史进程上并不罕见,而在《华严经》影响急剧扩大的同时,观世音信仰的基础也更为厚实。本来应该没有纠葛和交接的两个层面的信仰,就这样莫名其妙地纠缠在一起。这一奇特的现象确实让人不可思议,也不能不引发我们的好奇心。

《华严经》的汉译本存有 40、60 与 80 卷三种系统,是我们已经知道的事实,三种华严系统之间错综复杂的关系也一直是学者颇感兴趣的重要

---

〔1〕「日」镰田茂雄著:《〈华严经〉的构成和思想》,黄玉雄节译,《五台山研究》1991 年第 1、2 期。

话题。大致而言,我们赞同后两种系统的传入使华严宗的影响达到极致的说法,[1]但这一判断并不适用于寄身于《入法界品》的观世音信仰,哪怕四十华严就是《入法界品》的扩充,毕竟本土化的观世音信仰与本土的华严宗的发展方向并不一致。在华严经的义理持续注入而渐次展开的同时,[2]观世音信仰从其间汲取营养的动作却几乎是一次性就完成了。

同样打上了传说烙印的龙树菩萨,与《华严经》有不解之缘。或者说,在许多信徒眼里,《华严经》就是龙树菩萨从龙宫重新带回人间并传入中土的。如鸠摩罗什《龙树菩萨传》有龙树取经于龙宫之事迹:"(龙树)独在静处水精房中,大龙菩萨见其如是,惜而悯之,即接之入海,于宫殿中,开七宝藏,发七宝华函,以诸方等深奥经典无上妙法授之。龙树受读,九十日中通解甚多。……龙树既得诸经一箱,深入无生,二忍具足,龙还送出。"[3]嗣后诸人多以为龙树所读之经以《华严经》为主,如菩提流支《净名玄论》卷二:"龙树从海宫持出(《华严》)。"[4]真谛《法华传记》卷一:"大海龙王……即授下本《华严》并诸经一箱。"[5]法藏《华严经传记·部类第一》:"龙树菩萨往龙宫,见此《华严大不思议解脱经》有三本,上本有十三千大千世界微尘数偈四天下微尘数品,中本有四十九万八千八百偈一千二百品,下本有十万偈四十八品。其上、中二本及《普眼》等,并非凡力所持,隐而不传,下本见流天竺。"[6]

---

〔1〕 也有相反的观点,如:"若就晋译《华严经》与唐译《华严经》比较而言,唐译本因加入了《十定品》等新的内容,篇幅扩大,品目完备,而且文义也更为清晰流畅,所以流行较广;但就宗教影响而言,特别是作为华严宗据以立宗的经典而言,则晋译本更具优势。"潘桂明:《中国佛教思想史稿》第三卷《隋唐五代卷》上,江苏人民出版社 2009 年版,第 353 页。

〔2〕 "由于三种《华严》及其支流别品的翻译是一个历史性地展开过程,因此完整而圆满的华严义理不是一次性地给予中国人的,而是一种历史性、连续性的'注入'方式,中国人在意义的接受、理解和创造性阐释中逐步同化《华严经》,而其精神成长便在华严光芒的渐次显明中历史性地发生着,当三种《华严》完全开显,中国人的心灵中已然生成了自己的《华严》,文献学的历史发生方式决定了中国人的精神成长历程。"桑大鹏:《三种〈华严〉及其经典阐释研究》,华中师范大学出版社 2007 年版,第 2 页。

〔3〕 鸠摩罗什:《龙树菩萨传》,《大正藏》第五十卷史传部二,第 184 页。

〔4〕 菩提流支:《净名玄论》卷二,《大正藏》第三十八卷经疏部六,第 863 页。

〔5〕 真谛:《法华传记》卷一,《大正藏》第五十一卷史传部三,第 50 页。

〔6〕 法藏:《华严经传记》卷一部类第一,《大正藏》第五十一卷史传部三,第 153 页。

当然,传说只是传说,虽然传说也自有它的依据与来源。[1] 事实上《华严经》同诸多佛经一样有一个漫长的集结过程,如吕澂即认为:

> 这一宗(华严宗)所依据的《华严经》体裁是特别的,它并不像《般若》《宝积》等大乘经典集合好多思想相近的典籍构成丛书的形式,它是由七处八会(这就晋译本的结构说)一种种积累起来,再加贯串,变为整然的结构。唐人也传说《华严经》原有极其复杂的底本,所谓上本数量难计,中国译出的只是下本十万颂的节略三万六千颂(依唐译本和西藏译本计算实有四万颂)。但从文献史上考察,此说全不可信。不用说印度现存《华严》一类的原本只见《十地经》《入法界品》《普贤行愿品》等零部,即在从前大乘各家论著里,由龙树的《大智度论》直到寂天的《集菩萨学论》所引用的《华严》一类经典也不出于这几种,足见印度原来就没有《华严经》的完本。再从中国的译经史上看,在晋代觉贤译出六十卷《华严》以前,也只有些独立的小品翻译,等到于阗一再输入大部原本,才译成整体结构的《华严经》,这说明了《华严经》可能是在西域地方从各小品集为大部的。隋代阇那崛多和唐代玄奘都传说于阗邻界的丛山中遮拘迦国收藏着各种大乘经本,《华严》即在其内(见《历代三宝纪》卷十二、《西域记》卷十二),而译本经文《诸菩萨住处品》也说到中国的清凉山(山西五台山)和那罗延窟(山东牢山)。由这些线索可以证明《华严经》的编纂地点不会离中国太远,或者就在西域的遮拘迦国也未可知。[2]

---

[1] "龙树在这里得到旧塔,国王又加以重建,在小塔外加一层大塔,古代大抵如此,这是可以信赖的。在这与婆楼那龙王的塔庙中,得到大乘经与塔,传说为龙树所发现。但在传说中,龙树被龙王接入大海中,从龙宫中取得塔了。总之,这一传说,是有事实依据的,不过经过传说的神化而已。"印顺:《佛教史地考论·龙树龙宫取经考》,中华书局 2011 年版,第 147 页。

[2] 吕澂:《中国佛学源流略讲》,中华书局 1979 年版,第 364 页。

《华严经》何时集结成书,以及集结的地点[1]与其构成的来源,这些问题都在我们讨论的话题之外。我们所感兴趣的是《华严经》是由众多小品集结而成的结论,而在构建《华严经》的诸多小品中有《入法界品》的存在,是我们关注的重心之所在。事实上,关于《入法界品》在《华严经》集结成书之前已经出现的观念,早已被人们普遍接受。如日本学者就曾断言道:"《大方广佛华严经》在成立以前,即有部分单位的存在,此已甚为明确,其各个单位的成立乃至构成大华严经的经过,尚不能谓为已经充分明确。就这一方面,最为古老的汉文译经中的《兜沙经》、《佛说菩萨本业经》或梵文本的《十地经》、《入法界品》等已然引起学者们的注意。"[2]因此,就《入法界品》而言,更多的争论是关于它出现的时间,吕澂以公元 130 年为上限,[3]魏道儒以公元 250 年为上限,[4]高峰了洲以公元 150 年为下限,[5]印顺则以为其在公元 150 至 200 年间集结。[6]

---

〔1〕 或以为集结于南印度,见渥德尔:《印度佛教史》,商务印书馆 2000 年版,第 392 页;或以为集结于于阗,见任继愈:《中国佛教史》第三卷,中国社会科学出版社 1998 年版,第 196 页,魏道儒:《中国华严宗通史》,江苏古籍出版社 2001 年版,第 39—43 页;或以为产生于南印度而集结于西域,见吕澂:《中国佛学源流略讲》,中华书局 1979 年版,第 364—367 页。

〔2〕 关世谦译:《佛学研究指南》,东大图书股份有限公司 1986 年版,第 76 页。

〔3〕 "在印度,华严一类经典是当公元第二世纪中顷先流行于南方的。这只要看经文的重要部分《入法界品》以福城做根据地,并提到当地的大塔,便可了然。福城即东南印滨海的驮那羯磔迦城,大塔又就是阿摩罗跋提塔,各有实地实物可考。而从现存大塔的栏柱铭题上看,塔建于公元 130 年以后,提到它的《入法界品》当然更要迟出了。"吕澂:《中国佛学源流略讲》,中华书局 1979 年版,第 367 页。

〔4〕 "第三阶段,《入法界品》应形成于文殊和普贤两类经典的主体部分完成之后,其产生不早于公元 250 年,大约编成于和田地区。"魏道儒:《中国华严宗通史》,江苏古籍出版社 2001 年版,第 45 页。

〔5〕 "当知龙树大士的年代是西纪一五○—二五○年间,这与中国的译经年代相对照,即可知《名号品》、《光明觉品》、《净行品》、《十住品》、《十地品》、《十定品》、《十忍品》、《性起品》、《离世间品》、《入法界品》等,约略都是此等时代所成立。其中《名号品》、《十地品》、《入法界品》也许是龙树以前,或西纪一五○年前后所成立?而在二○○年前后再成立其余各品。支谦译《菩萨本业经》,或《大方广如来性起经》是由数品的结合而形成,且约二五○—三五○年间,才渐次组成为现存的《华严经》。"高峰了洲:《华严思想史》第一章,弥勒出版社 1983 年版,第 5—6 页。

〔6〕 "《华严经》是不同部类的综集,集出的时间,应大分为三期:一、初编,如《兜沙经》、《菩萨本业经》等所表示的,在西元 150 年时,一定已经集成;二、《入法界品》与《世界成就品》等,《大智度论》已加以引用,推定为龙树以前,西元 150—200 年集成。"印顺:《初期大乘佛教之起源与开展》,正闻出版社 2003 年版,第 1020—1021 页。

不过，无论《入法界品》的出现的上限或下限是在何时，它对于观世音菩萨传播的影响都不会产生根本性的改变，因为它与观世音菩萨发生密切的因缘显然是在进入中土之后。在其集结之初，观世音菩萨确实应该出现在《入法界品》之中了，但这不能说明太多的问题，它只是 53 位"善知识"之一。随着观世音菩萨的影响在中土的迅速扩大，与《法华经》在中土地位的攀升，观世音菩萨在 53 位"善知识"中也就格外醒目了。因此，从观世音信仰的研究立场出发，我们要对《华严经》中的《入法界品》给予格外的关注，一如《法华经》中的《普门品》。当然，《入法界品》之于《华严经》，要远远超过《普门品》之于《法华经》。《入法界品》不仅在思想上被认为是《华严经》的精髓，如杨维中所言：

> 《入法界品》尽管是《华严经》的一部分，但无论从其在全经
> 中占据的分量来看，还是从其对于印度佛教、中国佛教以及整个
> 东亚佛教的影响来看，《入法界品》无疑可以说是《华严经》的精
> 髓所在，它不仅相当完整地体现了《华严经》的几乎全部思想，更
> 为重要的是提供了如何深入法界和随顺法界的典型例证和具体
> 方法。从前者而言，前文所论及的《华严经》的佛学思想都完全
> 适用于《入法界品》。从后者而言，《入法界品》又是整个《华严
> 经》的点睛之笔，深入法界、随顺法界这一《华严经》的核心旨趣
> 在此得到了更为明确的升华。[1]

在艺术形式上，它也被看成是一切大乘经中最突出的。[2]或许这一切的荣耀与观世音菩萨没有直接的关联，但它强烈的艺术性对于观世音菩萨

---

〔1〕 杨维中：《〈华严经·入法界品〉的思想内容及其对中国佛教的影响》，《经典诠释与中国佛学》，宗教文化出版社 2006 年版，第 129 页。

〔2〕 "《大方广佛华严经普贤行愿品》是一本文学佳作，是一切大乘经中最值得读的，差不多可以说是唯一一本照实际计划组织得很均衡的艺术作品。循序渐进引导读者向前，而严肃的散文风格使人印象深刻地与包孕着整个宇宙及其不可思议本性的景色保持一致。精致的描写，丰富的比喻，和形象化的语言，标志着这是一部艺术作品。"渥德尔著，《印度佛教史》，王世安译，商务印书馆 1987 年版，第 392 页。

影响的增大是我们可以想见的情形。从它对古代小说结构形式的影响，我们可窥一斑。陈寅恪说："盖中国小说虽称富于鸿篇巨制，然一察其内在结构，往往为数种感应冥报传记杂糅而成。"[1]将数种短篇集腋成裘，使其蔚为大观，《入法界品》即使不能断定为肇始者，也是其中的佼佼者。所以当胡适读到《入法界品》时，他一口断言其为《西游记》、《封神演义》的脱胎处。[2]胡适多次以批评的口吻提及《华严经》，这种藐视不应该为我们所接受，不过就是他所不屑的《华严经》却在中土产生了极其深远的影响，"最容易学"与"最容易模仿"自然只是原因之一。从这个角度出发，《入法界品》对于观世音菩萨的贡献就是经疏家们所难以想象的了。

二　观音道场

　　这些贡献具体体现在哪些方面呢？最引人注目的，首先在于提供了观世音菩萨的道场。我们知道，固定道场的出现对于观世音信仰而言，虽然不能断然肯定为一个全新时代的来临，但确实给信徒带来了一种归属感，如有学者所言："南北朝以后，随着我国佛教的全面发展与兴盛，观音菩萨进一步深入人心，最终在唐朝时出现了她的独立道场——普陀山。观音道场的形成标志着观音信仰进入了一个全新时期，成为此后观音信仰的中心和根基。唐代以后，中国佛教向世俗化发展，观音菩萨以普度众生的无边法力和伟大情怀受到了人们的普遍信奉，在明清时期甚至出现了'家家阿弥陀，户户观世音'的信仰盛况。"[3]

　　"家家阿弥陀，户户观世音"现象的出现，确实有多方面的原因，而观

---

〔1〕　陈寅恪：《忏悔灭罪金光明经冥报传跋》，《金明馆丛稿二编》，生活·读书·新知三联书店 2009 年版，第 292 页。

〔2〕　"《华严经》末篇《入法界品》占全书四分之一以上，写善财童子求法事，过了一城又一城，见了一大师又一大师，遂敷演成一部长篇小说。其中没有什么结构，只是闹了'瞎嚼蛆'而已。……这种无边无尽的幻想，这种'瞎嚼蛆'的滥调，便是'封神传''三十六路伐西歧'、《西游记》'八十一难'的教师了。"胡适：《白话文学史》（上卷），新月书店 1939 年版，第 199—200 页。

〔3〕　黄春和：《观音菩萨在中国佛教中的地位和影响》，首都博物馆编：《首都博物馆丛刊》第 21 卷，北京燕山出版社 2007 年版，第 17 页。

音道场定在中土无疑是主要推动力,它是观世音菩萨本土化的重要表现与结果。在此之前,我们可能见到过太多与观音感应显迹有关的纪念性地名,如观音山、观音谷、观音洞、观音台、观音村、观音桥、观音堂、观音阁等,但其意义却远远无法与道场相提并论,因为它们只是暂时的、即兴的,因而也是零散的。而道场的本土化,使这散乱的情形得到了彻底的改变,相关感应与显迹也有了一个明确的核心。当然,这种道场本土化的过程是漫长的,甚至持续了好几个世纪。[1] 改造的时间是如此漫长,以至于我们很难确定一个明确的时间点作为改造完成的标志。习见的说法是将唐大中年间不肯去观音庙的开基视为嚆矢,以《高丽图经》为代表的一些典籍可以提供证据。镰田茂雄由此判定道:"观音的住所是补陀洛迦,在中国唐末五代,日本僧人慧锷将得自五台山的观音像安置于舟山群岛的潮音洞,创建观音院。从此以后这里就叫作补陀洛山,成为观音圣地了。"[2]但这里显然缺乏过渡,创建观音院与梅岑山被认可为普陀山并成为观音圣地这两件事,不会在同一时间完成。不过大致在宋代,将浙江舟山之普陀视为南海观音道场的看法,已经较为普遍了,他们认为这种过渡已经可以省略了。如《佛祖统纪》引《草庵录》云:

> 日本国沙门慧锷礼五台山得观音像,道四明,将归国。舟过补陀山,附着石上,不得进。众疑惧,祷之曰:"若尊像于海东机缘未熟,请留此山。"舟即浮动。锷哀慕不能去,乃结庐海上以奉之。鄞人闻之,请其像归安开元寺。其后,有异僧持嘉木至寺,仿其制刻之,扃户施功,弥月成像,忽失僧所在,乃迎至补陀山。山在大海中,去鄞城东南水道六百里,即《华严》所谓南海岸孤绝处,有山名补怛落迦,观音菩萨住其中也。即《大悲经》所谓补陀

---

〔1〕 "十二世纪以后,因为印度佛法的消亡和随后而来的南印度观音道场的消失,特别是中印佛教交流的中断,中国人最终以浙江梅岑山取代了南印度的布旦洛迦山,这一大胆的改造持续了几个世纪才得以完成,它使观音的道场从南印度海边转移到中国东海的舟山群岛上,从而对中国佛教产生巨大影响。"李利安:《观音信仰的渊源与传播》,宗教文化出版社 2008 年版,第404 页。

〔2〕 ［日］镰田茂雄:《简明中国佛教史》,华宇出版社 1988 年版,第 144 页。

落迦山观世音宫殿，是为对释迦佛说大悲心印之所。其山有潮音洞，海潮吞吐，昼夜砰訇。洞前石桥，瞻礼者至此恳祷，或见大士宴坐，或见善财俯仰将迎，或但见碧玉净瓶，或唯见频伽飞舞。去洞六七里有大兰若，是为海东诸国朝觐，商贾往来，致敬投诚，莫不获济。[1]

为什么舟山的这座曾经以道教闻名的小岛，就这样不知不觉地成为佛教的神圣之地，并得到人们的普遍认可，包括士人与信徒，甚至连原来"梅岑"这样一个充满神仙气息的名字也为"普陀"这个极具象征色彩的新名字所取代？如于君方所描述的那样："佛教'接受'这座岛屿——如果真的可以使用这个词——过程显然是平和的，没有任何证据显示佛教曾与先前存在的道教进行宗教权威斗争。因此，困难的不是如何战胜或取代之前的信仰，而是如何使提出的新主张名正言顺。对于指出普陀山即经典所提及的普陀洛迦一事，十一、十二世纪有些受过教育的人已经视之为理所当然，包括僧侣和文人，因此，这种认定就变得正当合法了。"[2]这种合法性是如何得到各方面的认可的呢？当事实已经出现，我们再回头反思寻绎，却会发现其间有太多的因素纠葛在一起，并非所谓"巧合"与"偶然"所能解释。

印度佛法的消亡与中印佛教交流的中断，是道场本土化的前提条件，因为无论中土的要求多么迫切，作为圣地的道场总还是矗立在原来的南印度，不会因为这样的召唤而改换门庭。而一旦旧"圣地"消亡并与信徒阻隔，新的圣地的建立就是顺理成章的事情了。东海的梅岑岛就这样进入了人们的视野。孙昌武在分析其间的因缘时，这样写道：

在观音被"中国化"的过程中具有典型意义的是它的道场移至中土——东海上的岛屿普陀山。《华严经·入法界品》善财童

---

〔1〕 志磐撰，释道法校注：《佛祖统纪校注》卷四十三，上海古籍出版社 2012 年版，第996—997 页。

〔2〕 于君方：《观音——菩萨中国化的演变》，商务印书馆 2012 年版，第 372 页。

子五十三参,参访观世音是在光明山,音译为补陀罗或普陀洛迦,经中说其地在"南方""海上"。据考当是指南印沿海某地。正因为观音住在海滨,早期观音信仰特别突出其救济海难的功能。中国东海上的舟山群岛相传为汉梅福、晋葛洪隐居之地,本是带有宗教神秘感的地方。隋唐时期,大陆与日本、三韩交通,这里是航路经由之地。航行中僧俗祈念观音救护本是习俗,正是在这样的背景下,舟山群岛中的一个小岛被设想为观音道场普陀洛迦,俗称普陀山,并流传出许多普陀观音的灵验传说。[1]

孙昌武指出,观音居住在海边,是海上守护者;普陀山是海上交通要道,来往的僧俗都需要一个救济与守护者。在这种情形下,提供一个道场,让观音驻留于此不是最恰当与简便的事情吗? 关于隋唐之际的普陀山在海上交通方面的重要性,今人颇多论述。至于《华严经》所言观世音居住在南海之滨,则已经是人们的共识。如上述《佛祖统纪》所引《草庵录》相关叙述在解释普陀山何以成为观音道场时,就把暗合《华严经》的描述作为依据:"山在大海中,去鄞城东南水道六百里,即《华严》所谓南海岸孤绝处,有山名补怛落迦,观音菩萨住其中也。"

把普陀山观音道场的形成归功于《华严经》,至今几乎没有异议。不过,这究竟属不属实呢? 其实,《华严经》中的《入法界品》最初只是告诉我们观世音道场在南方,在南方一座名叫"孤绝山"的地方。最早进入中土的《入法界品》的异译本《佛说罗摩伽经》,对于善财童子参访观世音菩萨的事件是这样叙述的:

> 善男子,于此南方,有孤绝山,名金刚轮庄严高显。彼有菩萨名观世音,住其山顶。汝诣彼问,云何菩萨学菩萨行,修菩萨道。时善财童子,头面敬礼高贵德王菩萨足已,绕百千匝,眷仰瞻察,辞退南行。

---

[1] 孙昌武:《文坛佛影》,中华书局 2001 年版,第 81 页。

　　尔时善财童子,正念思惟彼长者教,随顺菩萨解脱之藏;正
念菩萨诸忆念力,承佛威神佛本愿力。以三昧正受,于念念中,
间无空缺。常念栴檀宝塔无量诸佛,悲泣雨泪,寻路而行。次第
分别一切诸佛及诸佛法,于一心中,庄严诸佛神通念定慧力,为
欲长养菩提善根,思惟正念一切诸佛不思议业。渐渐游行,到彼
孤山,步步登陟。念观世音,正念不舍。遥见经行在岩西阿,处
处皆有流泉花树,林池清渌,金花香草,柔软鲜洁,皆从菩萨功德
所生。至其山顶,见观世音坐于金刚八楞之座,座出光明,严饰
无比,与无量菩萨,眷属围绕,而为说法。时观世音,身真金色,
手执大悲白宝莲华,说大慈悲经,劝发摄取一切众生,入于普门
示现法门。[1]

为慧皎《高僧传》所遗忘的西秦译师圣坚,在法坚的《众经目录》中保留了
两部译籍的所有权,其中一部就是《罗摩伽经》。以这部译经为蓝本,经过
与《入法界品》的仔细对勘比较,当代学者魏道儒认为后者当出自于"东方
界"人士之手,[2]依据之一是在两部译经中,善财童子有"西行"与"南行"
的路线差别。"西行"还是"南行"的问题,我们暂且不论,我们感兴趣的观
世音菩萨的道场,在《罗摩伽经》中变成了"孤绝山"——它是否在海滨也
不为我们所知,佛经只是告诉道场在岩石的西边,那里有清泉、林池、香草
与花树——而在佛经中,另一次提到这一地名的是鸠摩罗什所译的《佛说
弥勒大成佛经》,且是后人的夹注:

　　如是我闻:一时佛住摩伽陀国波沙山(孤绝山也)过去诸佛
常降魔处,夏安居中与舍利弗,经行山顶,而说偈言。[3]

---

〔1〕　圣坚:《佛说罗摩伽经》卷上,《大正藏》第十卷华严部下,第859页。
〔2〕　"与其说《入法界品》产生于南印度或最早流行于南印度,不如说它出自印度之外的
'东方界'人士之手。'东方界'人士为了概括华严经学,借用印度圣地编造求法故事,既涉及北
印度和中印度一些地区,也涉及南印度的一些地区。"魏道儒:《中国华严宗通史》,江苏古籍出版
社1988年版,第46页。
〔3〕　鸠摩罗什:《佛说弥勒大成佛经》,《大正藏》第十四卷经集部一,第428页。

夹注的依据是什么，我们同样不得而知。在"弥勒六部经"中，后出的唐人义净于 703 年所译的《佛说弥勒下生成佛经》中，说法的地点为王舍城鹫峰山，日本人松本文三郎提出的地点的改动正说明后出者参考其他本子进行了改动，[1]即这一改动更符合人们的期待。而在东晋天竺三藏佛驮跋陀罗所译之《大方广佛华严经》中，"孤绝山"却是"光明山"：

> 善男子！于此南方，有山名曰光明，彼有菩萨名观世音，汝诣彼问云何菩萨学菩萨行、修菩萨道。时善财童子头面敬礼彼长者足，绕无数匝，卷仰观察，辞退南行。
>
> 尔时，善财童子正念思惟彼长者教，随顺菩萨解脱之藏，正念菩萨诸忆念力，次第分别一切诸佛及诸佛法，一心正念诸佛法流，忆念受持彼诸佛法及佛庄严，长养菩提，思惟正念一切诸佛不思议业。渐渐游行，至光明山，登彼山上，周遍推求，见观世音菩萨住山西阿，处处皆有流泉、浴池，林木郁茂，地草柔软，结跏趺坐金刚宝座，无量菩萨恭敬围绕，而为演说大慈悲经，普摄众生。[2]

自从善财童子参访观世音于光明山之后，光明山几乎成为观世音菩萨住所。但就在佛驮跋陀罗所译的《大方广佛华严经》中，第三十二品为《诸菩萨住处品》，即介绍各菩萨之住处，其中提到光明山时说道：

> 西南方有菩萨住处，名树提光明山，过去诸菩萨常于中住；
> 彼现有菩萨，名贤首，有三千菩萨眷属，常为说法。[3]

按照字面来理解，这里的"光明山"应该是贤首菩萨的道场，与《入法界品》中的说法无疑产生了冲突。令我们欣慰的是，当冲突爆发时，几乎

---

〔1〕 松本文三部著：《弥勒净土论》，张元林译，宗教文化出版社 2001 年版，第 56 页。
〔2〕 佛驮跋陀罗：《大方广佛华严经》卷五十一《入法界品第三十四之八》，《大正藏》第九卷华严部上，第 717 页。
〔3〕 佛驮跋陀罗：《大方广佛华严经》卷二十九《菩萨住处品第二十七》，《大正藏》第九卷华严部上，第 590 页。

所有经疏家都站在了观世音菩萨一边,他们一致认为将光明山与贤首菩萨联系在一起,实属误会。如法藏《华严经探玄记》说:

> 树提光明山应是下文观音住处光明山相连。梵名树提,此
> 云照曜。[1]

或许是认为这里的诠释还不够清楚,《华严经疏》进一步辩解说:

> 光明山,昔云应是与补怛洛迦山相连,以晋译观音住山为光
> 明。今文非观音住处,而云光明,故言连也。[2]

这样看来,光明山是观世音菩萨的住所这一观念,已经牢不可破。光明山何以被称为"光明山",何以不被冠以其他称号诸如"孤绝山"之类呢?这一称呼究竟是如何同观世音菩萨紧紧联系一起的呢?在《华严经探玄记》中,法藏详细地阐述了他的理由:

> 光明山者,彼山树花常有光明,表大悲光明普门示现。此山
> 在南印度南边,天竺本名逋多罗山,此无正翻,以义译之名小树
> 蔓庄严山。[3]

我们梳理一下这些佛学家的思路,大致可以这样理解:天竺有一座山名叫逋多罗,汉译过来就是小花树山;小花树山开满鲜花,这些灿烂的鲜花昭示了佛门的大悲与普世;大慈大悲正是观世音菩萨的重要法门,因而小花树山也就是观世音菩萨的道场。原汁原味的"逋多罗"比"光明山"更具有魅力,于是"逋多罗"、"补陀落"、"补陁落伽"就这样进入中土而迅速传播开来。这种解释几乎成为定论,简洁的说法如《续一切经音义》卷第三:

---

[1] 法藏:《华严经探玄记》卷十五《菩萨住处品第二十七》,《大正藏》第三十五卷经疏部三,第391页。

[2] 澄观:《大方广佛华严经疏》卷四十六《菩萨住处品第三十二初》,《大正藏》第三十五卷经疏部三,第860页。

[3] 法藏:《华严经探玄记》卷十九《尽第六知识》,《大正藏》第三十五卷经疏部三,第471页。

> 补陁落迦,亦云补怛洛迦,旧云宝陁罗,皆梵语楚夏也。此
> 云小花树山,谓此山中多有此花树,其花甚香,即南海此岸孤绝
> 山,观自在菩萨所居官也。〔1〕

这里还是将孤绝山与小花树山捆绑在一起,而见诸《行林抄》第二十七的
《补陀落山文》,无疑更富有于想象力,它提出"日照山"作为光明山与小花
树山之间的过渡:

> 述秘云:补陀落山者,或言补陀落,三藏诸师前后翻名不同。
> 或翻小白花山,白花树行列妙香普熏故;或翻日照山,此山秀高,
> 日光照故;《花严》称光明山,花树常有光明照曜枝条花果故。
> 《罗摩伽经》名金刚轮庄严高显,即指此宝山。若依天竺正文,名
> 甫多罗山。此无正翻以义翻,名小树蔓庄严山,少树杂杂而峰
> 列,蔓草茂茂而谷滋。故以无正翻故,诸师异译不违理。山孤绝
> 上广下狭,如妙高层级。泷水回山,三十匝带五云而远落,白浪
> 洒砌七万里,彩三台而遥耸,随见有隐显,动静如有心。草木丛
> 竹,色烂金银而高位;薜萝青苔,露贯碧玉而悬落;舍利迦陵群飞
> 而驯圣众,孔雀鹦鹉并游交天人,狮子与虎豼交而含慈,猛兽毒
> 虫相视而无害:皆闻法音同含慈悲。又每洞有仙室,列真之所
> 都,群圣之所宅。善财于西埵,受大悲行解脱法门,总持于中台,
> 闻圆满陀罗尼章句。虽远刹有感自通,虽居一岛无应自隔往来,
> 圣众连连以不绝还诣,神仙类类常在亦回利生山也。〔2〕

无论是小花树山、孤绝山、日照山还是甫多罗山、小树蔓庄严山,都在这里
得到了圆满的解释。而自从三藏实叉难陀所译《大方广佛华严经》问世之
后,"普陀洛迦"即挤走了其他的种种义翻,俨然以正翻的面目出现了:

---

〔1〕 希麟:《续一切经音义》卷第三,《大正藏》第五十四卷外教部,第943页。
〔2〕 静然:《行林抄》第二十七《补陀落山文》,《大正藏》第七十六卷《续诸宗部》七,第200页。

善男子！于此南方有山，名补怛洛迦；彼有菩萨，名观自在。汝诣彼问：菩萨云何学菩萨行、修菩萨道？即说颂言："海上有山多圣贤，众宝所成极清净，华果树林皆遍满，泉流池沼悉具足。勇猛丈夫观自在，为利众生住此山；汝应往问诸功德，彼当示汝大方便。"时，善财童子顶礼其足，绕无量匝已，殷勤瞻仰，辞退而去。

尔时，善财童子一心思惟彼居士教，入彼菩萨解脱之藏，得彼菩萨能随念力，忆彼诸佛出现次第，念彼诸佛相续次第，持彼诸佛名号次第，观彼诸佛所说妙法，知彼诸佛具足庄严，见彼诸佛成正等觉，了彼诸佛不思议业。渐次游行，至于彼山，处处求觅此大菩萨。见其西面岩谷之中，泉流萦映，树林蓊郁，香草柔软，右旋布地。观自在菩萨于金刚宝石上结跏趺坐，无量菩萨皆坐宝石恭敬围绕，而为宣说大慈悲法，令其摄受一切众生。[1]

在这段文字中，最值得关注的是那段颂言。一方面它通过对观世音菩萨居住地花果遍地的描述，保留了对其小花树山或光明山译名来源的解释，另一方面它明确地告诉我们这座山在海边，从而首次将普陀洛迦与海联想在一起。在此之前，《入法界品》虽然告诉我们观世音菩萨居住在南方，但并没有醒目地字眼突出它就在海滨。这是我们想起了玄奘在《大唐西域记》中的描述：

秣剌耶山东有布呾洛迦山，山径危险，岩谷敧倾。山顶有池。其水澄镜，流出大河，周流绕山二十匝，入南海。池侧有石天宫，观自在菩萨往来游舍。其有愿见菩萨者，不顾身命，厉水登山，忘其艰险，能达之者，盖亦寡矣。而山下居人，祈心请见，或作自在天形，或为涂灰外道，慰喻其人，果遂其愿。[2]

---

〔1〕 实叉难陀：《大方广佛华严经》卷十六，《大正藏》第十卷华严部下，第 732 页。

〔2〕 玄奘述，辩机撰：《大唐西域记校注》卷十，《大正藏》第五十一卷史传部三，第 932 页。

"孤绝"的滋味可以感受出来,但花树却是眼前所没有的,不过这已经没有关系了。实叉难陀比玄奘晚半个世纪出生,他在翻译《入法界品》的这段文字时是否受到了玄奘《大唐西域记》中有关记述的暗示,我们不得而知,事实是此后观世音的道场不仅确定在普陀洛迦,而且就在南海。

三 观音胁侍

如果说文殊菩萨是《入法界品》53 颗珍珠中最闪亮的一颗,那么善财童子就是串起这 53 颗珍珠的丝线;如果说《入法界品》的荣耀是属于文殊菩萨,那么最有资格分享的无疑是善财童子。但在后来所建立的观世音信仰体系中,善财童子却成为观世音菩萨的胁侍,这使得观世音菩萨在 53 位善知识中也显得与众不同,《入法界品》对于观世音信仰的重要性就又一次充分体现出来了。

身为观世音胁侍的善财童子,其原型出自《入法界品》,这是毋庸置疑的。翻开《入法界品》,我们愕然发现善财童子与观世音菩萨的渊源并不是很密切。在善财童子所参访的 53 位善知识中,观世音菩萨居于第 27 位,不前不后;善财童子在这里所受到的点拨,比起文殊菩萨之外的那些善知识,也不多不少,毫无特殊之处。故事按照正常的顺序发展下去,善财童子如果成为胁侍,也应该是文殊菩萨的胁侍,他为何会成为观世音菩萨的胁侍呢?虽然《入法界品》本身无法告诉我们完整的答案,但我们寻找答案还是要从《入法界品》开始。

"善财童子"这一义翻应该是正翻,不会出现争议,虽然有时候学者也会随手写成"善才童子",在佛经中我们可以经常见到这种译法。当年鲁迅在介绍明代神魔小说《西游记传》时,讲到火云洞一战观世音收复红孩儿,顺手提及该书将牛魔王之子红孩儿与善才童子弄混淆了:

> 复请观世音至,化刀为莲台,诱而执之,既降复叛,则环以五金箍,洒以甘露,乃始两手相合,归落伽山云。《西游记》杂剧中《鬼母皈依》一出,即用揭钵盂救幼子故事者,其中有云:"告世

尊,肯发慈悲力。我着唐三藏西游便回,火孩儿妖怪放生了他。到前面,须得二圣郎救了你。"(卷三)而于此乃改为牛魔王子,且与参善知识之善才童子相混矣。[1]

后来有学者指出,鲁迅此处所言"善才"应作"善财","善才"为唐时对琵琶师的称呼。[2] 其实,"善才童子"与"善才"是两个不同的概念,当"善才"用来称呼弹琵琶的艺人时,也可以写作"善财",如吴伟业《王郎曲》:"同伴李生柘枝鼓,结束新翻善财舞。"当我们称呼《入法界品》中那位访道者以及后来成为观音菩萨胁侍者时,我们一般称之为"善财童子"或"善才童子",不会省略"童子"两字。严格来讲,这里的"童子"并不是代表年龄阶段,如我们所经常见到的观世音菩萨旁边那个梳着两个朝天髻的小朋友,而是修行中的一个阶级。这一阶级,起初确实与年龄有关,最终却与大小无涉。在明清时期,未中式以前的考生,无论年龄大小都会被称为童生;但在佛教中,童子却代表着一种清净状态——纯真如儿童,修行严谨,恪守持律。所以我们尊崇的一些菩萨如文殊菩萨、月光菩萨等,也被称为文殊师利童子、月光童子。而善财童子之所以被文殊菩萨点化,也在于他的修行达到了一个阶级,不仅在福成五百童子如"善行童子、善戒童子、善威仪童子、善精进童子、善心童子、善慧童子、善觉童子、善眼童子、善臂童子、善光胜童子"中最为杰出,也在诸优婆塞、优婆夷及五百童女中最居善根,即"文殊大士出善住阁,行化南方,于福城东古佛塔所,会进多众,发菩提心,唯有善财童子"[3]。善财童子在参访 53 位善知识时,往往首先介绍他所达到的修行阶位。那么,在见到文殊菩萨之前,他已经达到什么样

---

〔1〕 鲁迅:《中国小说史略》,人民文学出版社 1973 年版,第 133 页。

〔2〕 "'善才'应作'善财'。按'善财'为佛弟子名。据《华严经·入法界品》所说:善财为福城某长者子,历参五十三善知识,最后见弥勒菩萨而得度。观音亦为所参五十三善知识之一,故观音左侧多设善财童子之像。'善才'则为唐时对琵琶师的称呼。白居易《琵琶行序》说:'常学琵琶于穆、曹二善才。'"丁锡根:《〈中国小说史略〉笺补拾零》,复旦大学中国语言文学研究所鲁迅研究室《纪念鲁迅诞生一百周年论文集》,复旦大学出版社 1981 年版,第 146 页。

〔3〕 静居:《皇帝降诞日于麟德殿讲大方广佛华严经玄义》,《大正藏》第三十六卷经疏部四,第 1066 页。

的阶位呢？大致而言，有三种看法，或以为是地前菩萨，或以为是地上菩萨，或以为顿修五位行法。如澄观所言："此菩提心为当何位？善财童子为圣为凡？有古多释：一云即地上菩萨，言发心者，证法心也；一云是地前实报凡夫，但有宿善信根现熟。"[1]但无论何者，其善根已不可轻忽。至于在文殊师利菩萨的启迪下，遍访53位善知识后所获得的果位，就更令人惊叹了。在参访的最后阶段，弥勒佛对善财童子的求法历程给予了高度肯定，并明确地说："我于彼中，寿终下生，成正觉时，汝及文殊师利俱得见我。"[2]即认为善财童子与文殊师利菩萨同样具备了见佛的资格。

鲁迅称善财童子为"参善知识之善才童子"，本无舛误，因为文殊菩萨赞许此童子就在于他"求善知识，亲近善知识"，而童子之遍访53位善知识，也正是为了从这一方面获得解脱。不过，善财童子之所以得名，看起来还是与多财多宝有关。《入法界品》说：

> 尔时，文殊师利知觉城大众集已，随其所应，以大慈力，令彼清凉；大悲现前，将为说法；甚深智慧，分别其心，以大辩力而为说法。观察善财童子，以何因缘，名曰善财：此童子者，初受胎时，于其宅内，有七大宝藏；其藏普出七宝楼阁，自然周备，金、银、琉璃、玻璃、真珠、砗磲、玛瑙，从此七宝，生七种芽。时，此童子处胎十月，出生端正，肢体具足；其七种宝芽，高二寻，广七寻。又其家内，自然具有五百宝器，盛满众宝：金器盛银；银器盛金；金刚器盛众香；众香器盛宝衣；玉石器盛上味馔；摩尼器盛杂宝；种种宝器盛酥油蜜，及以醍醐资生之具。琉璃器盛众宝；玻璃器盛砗磲；砗磲器盛玻璃；玛瑙器盛赤珠；赤珠器盛玛瑙；火珠器盛净水珠；净水珠器盛火珠；如是等五百宝器，自然行列。又雨众宝，满诸库藏。以此事故，婆罗门中，善明相师，字曰善财。[3]

---

〔1〕 澄观：《华严经疏》卷五五，《大正藏》第三十五卷经疏部三，第920页。
〔2〕 佛驮跋陀罗：《大方广佛华严经》卷六十，《大正藏》第九卷华严部上，第783页。
〔3〕 佛驮跋陀罗：《大方广佛华严经》卷四十五，《大正藏》第九卷华严部上，第688页。

当善财童子刚刚入胎时，他的家中就涌现了七大宝藏，宝藏里有七宝楼阁，楼阁里遍是金银琉璃、珍珠玛瑙等；等他出生时，又伴生了五百宝器，宝器盛满了美味饮食、奇宝异香等。这就是善财童子的得名因缘。不过，佛家之七宝，不在于珍奇，而在于它容纳了佛家的光明与智慧。因此，《入法界品》中介绍善财童子得名因缘后，紧接着说：

> 此童子者，已曾供养过去诸佛，深种善根，常乐清净；近善知识，身、口、意净；修菩萨道，求一切智；修诸佛法，心净如空，具菩萨行。[1]

这里将宝器与"善知识"、"善根"等相提并论，实际上在许多人看来，善财之含义在于善为因而财为果，如法藏即云"由此福报，财宝相起，立'善财'名，即'善'为因，'财'为果。又得此顺道之财，故曰'善财'。又生时宝先为'财'，后叹其行德为'善'，如善现空生等"[2]。也就是说，所伴生的财宝是其善根的表现形式，因为有了善根，不断积德，所以财作为福报的形式出现了。也正因为善财童子深种善根，清净而无过失，所以文殊菩萨特别加以开喻演说，而善财童子受到启发，随即生发阿耨多罗三藐三菩提心，南行求法之路由此开启，并给求法者提供了一个榜样。[3] 当然，这里的青年僧很容易让我们联想起后来求法的玄奘，而很难与作为观世音菩萨胁侍的善财童子的印象产生叠合，[4]不过其源头还确确实实是在这里。

---

〔1〕 佛驮跋陀罗：《大方广佛华严经》卷四十五，《大正藏》第九卷华严部上，第 688 页。

〔2〕 法藏：《华严经探玄记》卷十八，《大正藏》第三十五卷经疏部三，第 453 页。

〔3〕 "《十地品》和《入法界品》虽然同是讲菩萨的修学阶段，而对于修行者来说，《入法界品》要比《十地品》显得更为重要，其作用和意义也就更大。也正是由于如此，所以在《入法界品》中所说的善财童子'五十三参'，成为广大佛教徒历来效法的榜样。直至今日，广大佛教徒仍把青年僧人的闻经学教称作'参学'、'参访'。"高振农释译：《华严经》，佛光出版社 1992 年版，第 371 页。

〔4〕 "善财童子之参学，影响了中国华严宗的成立；玄奘大师之游学形成了中国之法相宗。华严宗在佛学史之综合上，超越上，都是世界哲学史上之最；而唯识学，在分析上，至少在各宗派上，也是比较更有体系的。善财童子从人间到处参学，再向天上向诸神参学，最后又下降人间而见到弥勒、文殊与普贤菩萨而成道；而玄奘大师历经戈壁、雪山、深谷而至西天，再返回中国，而不留连西天，决意返国贡献此学。两者之悲愿也是相同的。"李志夫：《关于玄奘大师与善财童子的几点探讨》，谭中编《谭云山与中印文化交流》，香港中文大学出版社 1998 年版，第 249 页。

四 大慈大悲

相对而言,在《普门品》中,我们看到的是"救苦救难"的观世音菩萨;在《罗摩伽经》中,我们看到的则是"大慈大悲"的观世音菩萨。当善财童子历经艰辛来到独孤山上,他一眼见到的情形"是时观世音,身真金色,手执大悲白宝莲华,说大慈悲经,劝发摄取一切众生,入于普门示现法门"[1],即观世音菩萨正在宣说大慈悲经。而当善财童子介绍完自己的修行阶级与体会后,轮到观世音菩萨自我介绍时,它自己反复强调的依然是它所具有的大悲法门:

> 善男子,汝今已能发阿耨多罗三藐三菩提心。善男子,我已成就毗罗摩伽三昧大悲法门。善男子,此毗罗摩伽三昧大悲法门是菩萨行,一切菩萨功德智慧悉入其中,三昧力故,不移此座,普现一切清净色身,以普现法门清净光明之行,于十方世界,教化成熟六趣众生,常于一切诸佛所,随所应化,普现其前。[2]

善财童子发阿耨多罗三藐三菩提心而追求菩萨道,观世音菩萨明确地告诉他大悲法门就是菩萨行。那么,这种大悲法门有什么特质呢?首先是具有普世情怀。与《普门品》一致的是,观世音菩萨全力践行的是普度众生,即将一切清净色身、十方世界中的六趣众生、一切诸佛所都纳入其间,没有遗漏,没有偏颇,无论天道、人道、阿修罗道还是畜生道、饿鬼道、地狱道均囊括在内;所不同的是,由于《华严经》是智慧法门,所以观世音菩萨开口便强调一切功德智慧也被纳入其中,这无疑进一步突出了慈悲在佛法中的根本地位。

其次,《罗摩伽经》中所渲染的慈悲是众生缘慈悲与法缘慈悲,显示出强烈的淑世情怀。《大智度论》曾根据大乘佛教空宗思想将慈悲分为三个

---

〔1〕 圣坚:《佛说罗摩伽经》卷上,《大正藏》第十卷华严部下,第859页。
〔2〕 圣坚:《佛说罗摩伽经》卷上,《大正藏》第十卷华严部下,第860页。

层次："慈悲心有三种：众生缘、法缘、无缘。凡夫人，众生缘；声闻、辟支佛及菩萨，初众生缘，后法缘；诸佛善修行毕竟空，故名为无缘。"《罗摩伽经》中观世音菩萨主要以众生为慈悲对象，突出摄取众生，虽然其间也包括声闻缘觉：

> ……随诸众生，应以诸佛菩萨声闻缘觉形色威仪，而得度者，皆为现身，坐金刚座，手执白花，为说毗罗摩伽菩萨本行大悲法门圣解脱法；若有众生，应以六趣形色威仪，而得度者，现六趣身坐金刚座，手执白花，为说毗罗摩伽大悲法门圣解脱法：令彼众生皆得悦乐，以妙色身，变现自在，示同类身，普度一切，随其威仪，乃至同心，摄取众生。〔1〕

在一般意义上，这种"慈悲"或许不能称之为"大慈大悲"，因为在境界上没有达到真正的解脱，如《仁王护国般若经疏》所揭示的那样："大悲有三：一众生缘悲，外道亦有；二法缘悲，二乘亦有；三无缘悲，唯佛独有。"〔2〕这样的慈悲，是"外道"和"二乘"都可以达到的，因而不是佛所独有的。

不过，这是从佛教修持者的认知和思想境界的高下来立论的，〔3〕而观世音菩萨主要是践行者，从动机与效果来看，这里的"慈悲"依然属于大慈悲。对于"大慈悲"与一般意义上"慈悲"的区别，《大智度论》曾有详细的讨论：

> 大慈与一切众生乐，大悲拔一切众生苦；大慈以喜乐因缘与众生，大悲以离苦因缘与众生。譬如，有人诸子系在牢狱，当受大辟。其父慈恻，以若干方便，令得免苦，是大悲；得离苦已，以五所欲给与诸子，是大慈。如是等种种差别。问曰："大慈大悲

---

〔1〕 圣坚：《佛说罗摩伽经》卷上，《大正藏》第十卷华严部下，第860页。

〔2〕 智者大师说，灌顶记：《仁王护国般若经疏》卷四，《大正藏》第三十三卷经疏部一，第271页。

〔3〕 方立天：《中国佛教慈悲理念的特质及其现代意义》，文史哲编辑部：《道玄佛：历史、思想与信仰》，商务印书馆2012年版，第308页。

如是,何等是小慈小悲? 因此小而名为大?"答曰:"四无量心中,慈悲名为小,此中十八不共法次第说大慈悲名为大。复次,诸佛心中慈悲,名为大,余人心中,名为小。"问曰:"若尔者,何以言菩萨行大慈大悲?"答曰:"菩萨大慈者,于佛为小,于二乘为大。此是假名为大,佛大慈大悲,真实最大。复次,小慈但心念与众生乐,实无乐事;小悲名观众生种种身苦、心苦,怜悯而已,不能令脱。大慈者,令众生得乐,亦与乐事;大悲怜悯众生苦,亦能令脱苦。"〔1〕

由此可见,"大慈大悲"至少具备两个条件。首先,在动机上,慈悲的对象不存在差别;其次,在效果上,必须满足人们的期待。"大悲怜悯众生苦,亦能令脱苦",亦即经中所言"佛大慈大悲,真实最大"。因此,在许多佛学家那里,虽然毕竟空之无缘觉依然属于最后的层次,"真实"之践行却被提高到醒目位置,如隋僧慧远法师对于"慈悲"三个层次的诠释:

悲有三种。一众生缘悲,缘苦众生欲为济拔。依如地经,观诸众生十二因缘生死流转而起悲心;依地持论,缘诸众生百一十苦而修悲心。二法缘悲,观诸众生俱是五阴因缘法数无我无人而起悲心。观无我人,云何起悲,释有两义:一念众生妄为我人之所系缚,受生死苦,深可哀悯故起悲心;二为众生说如斯法,是则真实拔众生苦,故名为悲。三无缘悲,观诸众生五阴法数毕竟空寂,而起悲心。观法空寂,云何起悲,还有两义:一念众生妄为有法之所缠缚,受生死苦,故起悲心;二念为众生说如斯法,是则真实拔众生苦,故名为悲。〔2〕

真实拔众生苦,是观世音菩萨最核心的特质。而无论是动机还是效果,观

---

〔1〕 龙树菩萨造,鸠摩罗什译:《大智度论》卷二十七《释初品大慈大悲义》,《大正藏》第二十五卷释经论部上,第256页。
〔2〕 慧远:《大乘义章》卷十四,《大正藏》第四十四卷论疏部五,第743页。

世音菩萨之慈悲显然都满足了上述条件。

第三,《罗摩伽经》强调了慈悲的导引作用而非终极目的。不仅是《罗摩伽经》,许多佛经都将慈悲法门置于至高地位,如《长阿含经·大本经》"以慈悲心故,为说四真谛"、《法集要颂经·有为品》"如是佛世尊,一切智中师,慈悲为有情,广说真实语"等。其中,对于慈悲原则的地位论述得最为详尽的,莫过于《大智度论》:

> 慈悲是佛道之根本。所以者何? 菩萨见众生生老病死苦、身苦、心苦、今世后世苦等诸苦所恼,生大慈悲,救如是苦,然后发心求阿耨多罗三藐三菩提。亦以大慈悲力故,于无量阿僧祇世生死中,心不厌没。以大慈悲力故,久应得涅槃而不取证。以是故,一切诸佛法中慈悲为大。[1]

慈悲为佛法中的根本原则,这一理念在许多经籍都有所展现,故释道世总结说:"菩萨兴行救济为先,诸佛出世大悲为本"[2]。在《罗摩伽经》涉及观世音菩萨的这部分文字中,对于"慈悲法门"的描述几乎占据了三分之一的篇幅。之所以如此,正如下述经中所言,因为"慈悲法门"是大桥梁、大洲渚、大炬烛、大导师,对三千大千世界中的众生起着重要的指引作用:

> 善男子,我常行此大悲法门毗罗摩伽菩萨圆满智慧光明三昧。我于往昔,发清净誓,满足愿故,以此净愿果力,住此法门,是故此三昧门,名为大悲具菩萨行毗罗摩伽三昧法门。教化一切众生,为诸众生而作屋宅归依覆护依止之处,为诸众生作大桥梁,作大洲渚,为诸众生作大炬烛,作大导师,乃至究竟处。[3]

从文中我们可以看出,在《罗摩伽经》中,观世音菩萨之所以认为它所施行

---

〔1〕 龙树菩萨造,鸠摩罗什译:《大智度论》卷二十七《释初品大慈大悲义》,《大正藏》第二十五卷释经论部上,第256页。

〔2〕 道世:《法苑珠林》卷六十四,《大正藏》第五十三卷事汇部上,第774页。

〔3〕 圣坚:《佛说罗摩伽经》卷上,《大正藏》第十卷华严部下,第860页。

的是大悲法门,是因为两点,一是它所发之清净愿,一是此法门意在为众生作庇护。不过,它一方面将大悲法门比喻为众生之屋宅,另一方面却又反复强调它的过渡作用,并以蜡烛、桥梁、洲渚与导师等进行譬喻形容,以与"究竟处"区别开来。正因为大悲法门是手段而非目的,在与善财童子谈话的最后时刻,它总结了大悲法门与最高最终解脱的关系:

> 善男子,我唯知此大悲清净毗罗摩伽菩萨光明法门。诸大菩萨,一切皆具普贤菩萨清净大愿,成满究竟普贤之行,不断一切诸善根流,不灭一切诸三昧流,常修阿毗跋致行,未曾断绝,善知世界成坏之相,灭诸众生不善根牙,生出一切诸善根流,灭诸众生生死心流,出生众生善根心流。〔1〕

修持这一大悲法门,可以永葆善根,超越轮回,达到圆满境界。

最后,也是最重要的,《罗摩伽经》所宣讲的慈悲法门具有一定的"自力"色彩。能够将众生从苦海中解脱出来,这是《普门品》和《入法界品》所一致强调的。不过我们仔细体会,两经也存在细微的差异:在《普门品》中,观世音菩萨的法门是救难,即将正处于危急关头的众生从灾难中解救出来,强调的是及时性;《入法界品》或《罗摩伽经》中,观世音菩萨的法门除救难外,对人们精神层面的焦虑更为关注,如《罗摩伽经》云:

> 为化众生故,发弘誓愿,见闻我者,皆得欢喜。欲令一切五道众生,远离险难恶道恐怖、热恼恐怖、愚痴恐怖、系缚恐怖、杀害恐怖、贫穷恐怖、不活恐怖、诤讼恐怖、大众恐怖、死恐怖、堕四恶道恐怖、诸趣恐怖、不同意恐怖、爱不爱恐怖、一切恶恐怖、逼迫身恐怖、逼迫心恐怖、愁忧恐怖、懈怠恐怖、邪淫贪色恐怖、生老病死忧悲苦恼、所求不得、爱别离苦、怨憎会苦。为脱一切众生苦畏海故,发大誓愿,住此净慧光明法门。〔2〕

---

〔1〕　圣坚:《佛说罗摩伽经》卷上,《大正藏》第十卷华严部下,第 860 页。
〔2〕　圣坚:《佛说罗摩伽经》卷上,《大正藏》第十卷华严部下,第 860 页。

后来《入法界品》将之简化,去掉"苦恼"等模糊因素,只强调"恐怖":

> 善男子! 我行大悲法门光明行时,发弘誓愿,名曰:摄取一
> 切众生,欲令一切离险道恐怖、热恼恐怖、愚痴恐怖、系缚恐怖、
> 杀害恐怖、贫穷恐怖、不活恐怖、诤讼恐怖、大众恐怖、死恐怖、恶
> 道恐怖、诸趣恐怖、不同意恐怖、爱不爱恐怖、一切恶恐怖、逼迫
> 身恐怖、逼迫心恐怖、愁忧恐怖。[1]

大多数"恐怖",之所以称之为"恐怖",即是指对可能降临而尚未降临的灾
难的一种忧虑。因此,这并非救难项目的扩充,而是救济性质的改变。观
世音菩萨此间所解脱的对象,不再以陷于危机之中即将沦陷的灾民为主,
更多的是精神上惶恐不安无所依归的大众。也就是说,观世音菩萨的形
象完成了从救难到救苦的转换。随着救助角色的转换,救济的法门也在
悄然发生变化。在《普门品》中,完成救助的是"他力",即完全依靠观世音
菩萨的不可思议之力而使灾民得以解脱;在《罗摩经》中,苦难更多的是需
要预防,这种预防主要是在观世音菩萨的导引下自我修持,因此,救助的
方便法门在"他力"的基调下展示出越来越浓厚的"自力"色彩。这些修持
的方便法门,《罗摩伽经》总结为"以六和敬善顺众生,以四摄法摄取众
生"。所谓"六和敬",《息诤因缘经》有详细诠释:

> 有六种和敬法,汝等谛听。如理作意,如善记念,今为汝说。
> 何等为六? 所谓于其身业,行慈和事,常于佛所净修梵行,于诸
> 正法尊重礼敬,如理修行,于苾刍众和合共住,此名身业和敬法;
> 复于语业,出慈和语,无诸违诤,此名语业和敬法;复于意业,起
> 慈和意,无所违背,此名意业和敬法;又复若得法利及世利,养悉
> 同所受,或时持钵次第行乞,随有所得饮食等物白众令知,与众
> 同受勿私隐用,若众同知者即同梵行,此名利和敬法;又复于戒
> 不破不断,戒力坚固,离垢清净已,知时知处,普遍平等,应受施

---

〔1〕 佛驮跋陀罗:《大方广佛华严经》卷五十一,《大正藏》第九卷华严部上,第718页。

主饮食供养,如是净戒同,所修同所了知同修梵行,此名戒和敬
法;又复若见圣智趣证出离之道,乃至尽苦边际,于如是相如实
见已,同一所作同所了知同修梵行,此名见和敬法:如是等名为
六和敬法。[1]

大致讲来,"六和敬"即身业和敬、语业和敬、意业和敬、利和敬、戒和敬与
见和敬,即在身体、语言、心意、利益、戒律和见解等六个方面都保持平衡。
所谓"四摄",本是惠施、爱语、利人、同事,《罗摩伽经》进一步阐释说:

> 或以布施摄诸悭贪,或以持戒摄诸毁禁,或以忍辱摄诸恚
> 恼,或以精进摄诸懈怠,或以禅定摄诸乱心,或以智慧摄诸
> 愚痴。[2]

在这里,诸摄均成为个人意志和心性修炼的法门,属于心理和精神层面的
训练。而无论是"六和敬"还是"四摄",都可以简单地视为"自力",都可以
通过自我修养来达到而使自己解脱,与不可思议之他力联系更为薄弱。
不过,值得注意的是,在佛驮跋陀罗所译的《入法界品》中,这些"他力"的
色彩都被弱化了,经文中始终强调的是观世音不可思议之法门,强调的是
他所能带给众生的那些解脱法门:

> 我已成就大悲法门光明之行,教化成熟一切众生。常于一
> 切诸佛所住,随所应化,普现其前。或以惠施摄取众生,乃至同
> 事摄取众生,显现妙身不思议色摄取众生。放大光网,除灭众生
> 诸烦恼热,出微妙音而化度之,威仪说法,神力自在,方便觉悟;
> 显变化身,现同类身,乃至同止摄取众生。[3]

曾经出现在《罗摩伽经》中的"自力"倾向,为什么在《入法界品》中被弱化

---

[1] 施护:《息诤因缘经》,《大正藏》第一卷阿含部上,第906页。
[2] 圣坚:《佛说罗摩伽经》卷上,《大正藏》第十卷华严部下,第860页。
[3] 佛驮跋陀罗:《大方广佛华严经》卷五十一,《大正藏》第九卷华严部上,第718页。

甚至消失了呢？这或许与观世音菩萨信仰所面对的信众有关。对于士大夫阶层而言，"自力"并不难理解；而对于下层民众而言，"他力"无疑更具有诱惑力。而从根本上来说，"他力"与现实的联系更紧密，而"自力"最终则会远离现实。镰田茂雄在分析《华严经》为什么迟迟得不到关注时，有这样一种说法：

> 在此以前，《法华经》由竺法护译成《正法华经》，由鸠摩罗什译为《妙法莲华经》。对这两本经典的研究很早就开始了，但对佛驮跋陀罗译出的《六十华严经》却未曾加以研究。追究其因，大概是由于他写的是过于空想性的内容，中国人的思维很难以接受。中国人也有空想。试看《庄子》等书。有称为鸮的鸟、称为大鹏的鸟等等，都是巨大的动物。但中国人的空想始终是脚踏实地的，是扩大了现实的空想，而印度人的空想是与现实毫无联系的空想。这是其根本的区别所在。中国人把现实的东西作为典型，而将其形象扩大化。[1]

认定印度人的空想与现实毫无联系，这样的说法自然不能得到我们的赞同。即使空想，与现实没有任何联系也是难以想象的。我们之所以找不到它与现实的关联度，是因为我们对空想背后的现实性没有充分了解。因此，当我们把那些看起来没有任何现实关联度的外来空想，用我们的方式与现实联系起来的时候，正证明了空想终究是无法脱离现实而存在与传播的。观世音信仰因其突出的现实性而迅速传播，也因其现实性需要而压制了那些企图远离现实的抽象因子。从几种《华严经》包括单品中的观世音形象，可以略窥一斑。不过，《入法界品》的善财童子与一般意义上观音胁侍的关系，并不能这样理解，因为它们本不在一个层面上。

---

〔1〕〔日〕镰田茂雄著：《〈华严经〉的构成和思想》，黄玉雄节译，《五台山研究》1991年第1期，第7页。

第十章　观世音授记经

一　昙无谶与《悲华经》

在中国佛教史上，昙无谶的名字似乎总是和《涅槃经》联系在一起。汤用彤之《汉魏两晋南北朝佛教史》反复强调《涅槃经》在昙无谶所译经籍中占有举足轻重的地位："（昙无）谶所译均属大乘，而《涅槃经》阐佛性说，开中国佛理之一派，至为重要。……《涅槃经》凉土出经之最要者。"[1]郭朋之《中国佛教简史》则以为昙无谶之所以能在历史上留下浓墨重彩的一笔，就是因为他首次翻译了大本《涅槃经》。[2]日本学者所著的中国佛教史，也大多持这一看法，[3]镰田茂雄将《涅槃经》与《华严经》相提并论："佛驮跋陀罗翻译《华严经》，昙无谶翻译《涅槃经》，由于这些经典的教化，促成中国佛教界走上转捩的途径，尤其是《涅槃经》所说的'一切众生，悉有佛性'的佛性说，所带来的冲击更大。"[4]

---

〔1〕　汤用彤：《汉魏两晋南北朝佛教史》（上册），北京大学出版社 2011 年版，第 220 页。

〔2〕　"昙无谶（385—433），由于首次翻译四十卷的大本《涅槃》而成为佛教史上的一位知名之士。"郭朋：《中国佛教简史》，社会科学文献出版社 2012 年版，第 115 页。

〔3〕　"昙无谶译出的经典中，予后世影响最大的就是《涅槃经》。"镰田茂雄：《中国佛教通史》第三卷，佛光出版社 1986 年版，第 53 页。

〔4〕　［日］镰田茂雄：《中国佛教通史》第三卷，佛光出版社 1986 年版，第 57 页。

　　藤堂恭俊更将昙无谶的不朽与《涅槃经》捆绑在一起："(昙无)谶以四十九岁之英年以身殉教,深深令人惋惜、哀悼,但其生前的功绩传延至次一朝代,在中国佛教界树立永恒的典范,则其人其事也就足以永垂不朽了。"〔1〕在藤堂恭俊看来,昙无谶之遇害,就在于他为寻求《涅槃经》的后半部而远游西方,所以算得上是"以身殉教"——这一结论或许并不能令严苛的国人满意,不仅因为这与事实颇有出入,还因为在众多的佛教徒中,昙无谶的持身与行径实在是令人咋舌。

　　不过,藤堂恭俊的推崇抑或粉饰,让我们可以明了他对于《涅槃经》的重视。相对而言,镰田茂雄的态度更为直率,他径直指出了昙无谶品行方面的缺陷,同时也毫无保留地赞扬了他的才华:"昙无谶也有其两面的性格,一方面是操纵咒术,传说他以男女交接之术教授与人,由于这一方面的性格,为昙无谶招致了灾祸;但另一方面,自己深通戒律,翻译经典,展示其非凡的才能,确是事实。"〔2〕他对昙无谶的许多说法包括名字都持审慎的态度,〔3〕但对有关《涅槃经》的一切深信不疑。

　　如果我们了解到至少在《出三藏记集》中,昙无谶就已经和《涅槃经》紧紧联系在一起了,那么对后来出现的那些看法就不会感到惊讶了。简单讲来,《出三藏记集》是以《涅槃经》为线索概述了昙无谶的一生:昙无谶由小乘而专业大乘,是由于见到了《涅槃经》;〔4〕昙无谶逃亡,随身所携带者,亦是《涅槃经》;昙无谶之所以转奔姑藏而不是滞留于龟兹,是因为龟兹国不信《涅槃经》;昙无谶在姑藏的重要事迹,是译出了《涅槃经》;其所以遇害,是因为他外出寻找他本《涅槃经》等。当然,在《涅槃经》之外,昙

---

　　〔1〕 [日]藤堂恭俊等:《中国佛教史》(上册),华宇出版社 1986 年版,第 81 页。

　　〔2〕 [日]镰田茂雄:《中国佛教通史》第三卷,佛光出版社 1986 年版,第 38 页。

　　〔3〕 "在古文献上记载有昙无谶和昙无识两种,即在《高僧传》著者慧皎的时代,亦作两种称呼……此即显示,在慧皎的时代,对其称呼即未定型。"镰田茂雄:《中国佛教通史》第三卷,佛光出版社 1986 年版,第 26—27 页。

　　〔4〕 "(昙无谶)十岁,与同学数人读咒,聪敏出群,诵经日得万余言。初学小乘,兼览五明诸论,讲说精辩,莫能酬抗。后遇白头禅师,共谶论议,习业既异,交诤十旬。谶虽攻难锋起,而禅师终不肯屈。谶服其精理,乃谓禅师曰:颇有经典可得见不? 禅师即授以树皮《涅槃经》本。谶寻读惊悟,方自惭恨,以为坎井之识,久迷大方。于是集众悔过,遂专业大乘。"僧祐:《出三藏记集》卷十四《昙无谶传第三》,中华书局 1995 年版,第 538 页。

无谶还译出了不少佛经,《出三藏记集》告诉我们有《大集》、《大云》、《大虚空藏》、《海龙王》、《金光明》、《悲华》、《优婆塞戒》、《菩萨地持》及《菩萨戒经》、《菩萨戒本》等近 20 部,但它仅仅罗列了 12 部,《历代三宝纪》提供了24 部的具体名录,《开元释教录》承认有 19 部,今人或以为《开元释教录》的说法较为确切。[1] 在这 19 部佛经中,即包括与观世音有关的《悲华经》。

"悲华"意思是"慈悲的白莲花",《悲华经》主要通过宣扬释迦牟尼在秽土成佛,普度众生,表现释迦牟尼的大慈大悲。[2]《悲华经》全文共十卷六品,分别是《转法轮品》、《陀罗尼品》、《大施品》、《诸菩萨本授记品》、《檀波罗蜜品》、《入定三昧门品》,其核心为《大施品》与《诸菩萨授记品》,两品共计六卷余,观世音菩萨的相关情况主要也出现在这两卷当中。

《悲华经》的《转法轮品》介绍了莲花世界,《陀罗尼品》介绍了栴檀世界,《大施品》介绍了删提岚世界。《转法轮品》中的莲花世界是净土世界,故这一品主要是描述性的,是要让信徒充满向往:

> 东南方去此一亿百千佛土,有佛世界名曰莲华,以种种庄严而挍饰之,散诸名华,香气遍熏,宝树庄严,种种宝山绀琉璃地,无量菩萨充满其国,善法妙音周遍而闻。其地柔软譬如天衣,行时足下蹈入四寸,举足还复自然而生种种莲华。其七宝树高七由旬,其枝自然悬天袈裟。其佛世界常闻诸天伎乐音声。彼诸众鸟声中,常出根、力、觉意妙法之音,诸树枝叶相振作声,过诸天人五乐之音。……尔时莲华尊佛坐此华上,即于昨夜成阿耨多罗三藐三菩提,其菩提华座周匝复有种种莲华。有诸菩萨各坐其上,见莲华尊佛种种变化。[3]

---

〔1〕 "关于昙无谶的译籍总目,以智昇的 19 部较为准确。"赖永海:《中国佛教通史》第一卷,江苏人民出版社 2010 年版,第 507 页。

〔2〕 季羡林:《敦煌学大辞典》,上海辞书出版社 1998 年版,第 671 页。

〔3〕 昙无谶:《悲华经》卷一《转法轮品第一》,《大正藏》第三卷本缘部上,第 167 页。

栴檀世界是莲花世界未出时之世界,故《陀罗尼品》罗列了诸多章句与开示了众多解脱法门,如四念处解脱法门、四种圣解脱法门、四无畏解脱法门、守护三乘法门、四正勤法门、四无阂解脱法门等一切陀罗尼法门,目的是使信徒能于诸佛所或行布施,或修梵行清净持戒,或勤精进或修忍辱,或入三昧或修习慧,以最终进入清净世界。删提岚世界是秽土世界,故《大施品》以陈述为主,叙述于五浊恶世之中,如何成阿耨多罗三藐三菩提。在这些陈述中,我们不仅知晓了诸多菩萨何以不取清净世界而远离五浊恶世,还得知了它们往昔身世和未来在西方成佛的历程:

> 此佛世界名删提岚,是时大劫名曰善持,于彼劫中,有转轮圣王名无诤念,主四天下。有一大臣名曰宝海,是梵志种,善知占相,时生一子,有三十二相璎珞其身,八十种好,次第庄严,以百福德成就一相,常光一寻,其身圆足如尼拘卢树,谛观一相无有餍足。当其生时,有百千诸天来共供养,因为作字号曰宝藏。其后长大,剃除须发,法服出家,成阿耨多罗三藐三菩提,还号宝藏如来、应供、正遍知、明行足、善逝、世间解、无上士、调御丈夫、天人师、佛、世尊。即转法轮令百千无量亿那由他诸众生等,得生人天或得解脱,如是利益诸天人已,与百千亿那由他声闻大众,恭敬围绕。次第游行城邑聚落,渐到一城,名安周罗,即是圣王所治之处。去城不远,有一园林名曰阎浮,尔时如来与百千无量亿那由他声闻大众止顿此林。[1]

在删提岚世界中,有一国王名叫无诤念,下有大臣宝海,宝海之子出家后,成阿耨多罗三藐三菩提,即为宝藏如来,止住于国都安周罗附近的园林阎浮。无诤念国王听闻后,前去礼拜,要求供奉,并号召他的全体臣民都去礼佛。其国太子不眴、次子尼摩、三子王众等四十八人,也虔诚供养宝藏如来如其父。不过,无论是国王无诤念还是他的四十八子,供养礼拜都是

---

〔1〕 昙无谶:《悲华经》卷二《大施品第三之一》,《大正藏》第三卷本缘部上,第174—175页。

为了一己之私利,都是为了求得个人之解脱:"因其所施各各发心,或愿忉利天王,或求梵王,或求魔王,或求转轮圣王,或愿大富,或求声闻。是诸王子,其中乃至尚无一人求于缘觉,况求大乘。时转轮王因布施故,而复还求转轮王位。"[1]

周游阎浮的大臣宝海,矢志普度众生,所谓"度未度者,解未解者,未离生老病死忧悲苦恼悉令得离,未灭度者令得灭度",因此获得大神通,不仅梦见自己未来美好的前景,还在梦中见到了国王及诸王子未来的命运:

> 自见其身满千由旬,净无垢秽譬如明镜。见其腹内有六十亿那由他百千菩萨,在莲华上结跏趺坐三昧正受。复见日鬘围绕其身,于诸华中出诸伎乐逾于天乐。善男子!尔时梵志又见其王血污其身,四方驰走,面首似猪,啖种种虫,既啖虫已,坐伊兰树下,有无量众生来食其身,唯有骨锁,舍骨锁已,数数受身亦复如是。于是复见诸王子等,或作猪面,或作象面,或水牛面,或师子面,或狐狼豹面,或猕猴面,以血污身,亦各皆啖无量众生,坐伊兰树下,复有无量众生来食其身,乃至骨锁,离骨锁已,数数受身亦复如是。[2]

宝海首先劝告国王无诤念发阿耨多罗三藐三菩提心,行菩萨道,入不可思议法门,教化众生作佛事。国王无诤念既见诸佛世界中之种种庄严,于是发大誓愿,一心端坐,愿离五浊恶而求清净庄严世界。然后宝海又劝告太子不眴及其他王子:"汝今亦当发于阿耨多罗三藐三菩提心,如汝所行三福处者,所谓布施调伏善摄身口,及余所行清净善业,尽应和合回向阿耨多罗三藐三菩提。"太子及其他王子听从了宝海的劝告。

《诸菩萨本授记品》是全经的核心,详细描述了宝藏如来为宝海、无诤念、太子不眴等人授记的经过。在国王无诤念授记为安乐世界的无量寿佛后,大臣宝海对太子不眴说:"善男子,持此宝物,并及先所于三月中供

---

〔1〕　昙无谶:《悲华经》卷一《转法轮品第一》,《大正藏》第三卷本缘部上,第176页。
〔2〕　昙无谶:《悲华经》卷一《转法轮品第一》,《大正藏》第三卷本缘部上,第176—177页。

养如来及比丘僧种种珍宝,如是福德和合集聚,回向阿耨多罗三藐三菩提。"还劝说道:"善男子,以此所施不应求于忉利天王大梵天王。何以故?今者所有福报之物,皆是无常无决定相,犹如疾风,是故应当以是布施所得果报,令心自在,速成阿耨多罗三藐三菩提,度脱无量无边众生,令入涅槃。"太子不眴因此发下宏大誓愿:

> 我今观于地狱众生多诸苦恼,人天之中或有垢心,以垢心故数数堕于三恶道中。复作是念:是诸众生以坐亲近恶知识故,退失正法堕大暗处,尽诸善根摄取种种诸邪见等,以覆其心行于邪道。世尊,今我以大音声告诸众生:我之所有一切善根,尽回向阿耨多罗三藐三菩提;愿我行菩萨道时,若有众生受诸苦恼恐怖等事,退失正法堕大暗处,忧愁孤穷,无有救护,无依无舍,若能念我称我名字,若其为我天耳所闻、天眼所见,是众生等若不得免斯苦恼者,我终不成阿耨多罗三藐三菩提。
>
> 复白佛言:世尊,我今复当为众生故,发上胜愿。世尊,我今若能逮得己利者,愿令转轮圣王,过第一恒沙等阿僧祇劫已,始入第二恒沙等阿僧祇劫。是时世界名曰安乐,大王成佛号无量寿,世界庄严众生清净作正法王。是佛世尊于无量劫,作佛事已,所作已办入无余涅槃,乃至正法住时。我于其中修菩萨道,即于是时能作佛事。是佛正法于初夜灭,即其后夜成阿耨多罗三藐三菩提。
>
> 复白佛言:惟愿世尊为我授记,今我一心请于十方如恒河沙等现在诸佛,惟愿各各为我授记。[1]

在这里,我们发现太子不眴的誓愿,实际上是充当救难者,即所有忧愁孤苦者,只要向他求告,只要称念他的名字,只要为他之天眼所见,只要为他之天耳所闻,就能得到他的庇护。众生之所以堕入三恶道,在于为种种邪

---

〔1〕昙无谶:《悲华经》卷三《诸菩萨本授记品第四之一》,《大正藏》第三卷本缘部上,第185—186页。

见所蒙蔽；太子不昫之所发下誓愿，是为了将众生从恶道中解救出来。太子不昫个人的梦想，则是希望进入第二恒沙等阿僧祇劫的安乐世界。听完太子不昫的誓愿，宝藏如来便为其授记道：

> 善男子，汝观天人及三恶道一切众生，生大悲心，欲断众生诸苦恼故，欲断众生诸烦恼故，欲令众生住安乐故。善男子，今当字汝为观世音。善男子，汝行菩萨道时，已有百千无量亿那由他众生得离苦恼；汝为菩萨时，已能大作佛事。善男子，无量寿佛般涅槃已，第二恒河沙等阿僧祇劫后分，初夜分中正法灭尽，夜后分中彼土转名一切珍宝所成就世界，所有种种庄严无量无边，安乐世界所不及也。善男子，汝于后夜种种庄严，在菩提树下坐金刚座，于一念中间成阿耨多罗三藐三菩提，号遍出一切光明功德山王如来、应供、正遍知、明行足、善逝、世间解、无上士、调御丈夫、天人师、佛、世尊。其佛寿命九十六亿那由他百千劫，般涅槃已，正法住世六十三亿劫。[1]

宝藏如来首先肯定了太子不昫具有大悲之心，即希望众生能从诸苦恼、诸烦恼中解脱出来，永葆安乐，所以给它命名为观世音；其次，肯定了以往的功德，即为菩萨时，能作佛事，使无数众生得以远离苦恼；最后，肯定太子不昫将成就阿耨多罗三藐三菩提，在菩提树下坐金刚座，在后夜成就无上佛道。

对于观世音信仰而言，《悲华经》的意义何在呢？其间最重要的意义，显然是解释了观世音菩萨的来历与介绍了他的前世修行。一个身世豁然清晰的菩萨，自然比毫无来历的菩萨更令信徒感到亲切。更重要的是，他还给信徒增强了信心。观世音等菩萨之所以进入安乐世界，不是因为他们具有与生俱来的超能力，而是因为他们虔诚供佛、精进修行，其中甚至还经历了一些曲折，而且还是在五浊世界中修行，这都表明了尘世凡人都

---

〔1〕昙无谶：《悲华经》卷三《诸菩萨本授记品第四之一》，《大正藏》第三卷本缘部上，第186页。

具备成佛的可能性,与昙无谶在《涅槃经》所宣扬的佛性观是一致的。

作为授记类的经典,其价值并不在于提供新的思路或理论,往往意在查缺补漏,整合诸典,弥缝诸说,从而具有鲜明的杂糅特色。就观世音信仰而言,《悲华经》的意义也在于此。它通过观世音来龙去脉的介绍,把已经出现的各种相关说法,竭尽所能地融合统一起来。这使得我们能够在《悲华经》中寻觅到各类经典中所塑造的观世音形象。这里的观世音首先是净土观音。《悲华经》不仅用大量篇幅描述了净土世界,还明确指出无诤念为无量寿佛,太子不眴为观世音,两者是父子关系,亦即暗示观世音为无量寿佛的继承者。同时,这里的观世音还具有鲜明的救难色彩。在太子不眴授记的过程中,《悲华经》强调它之所以被命名为观世音,是因为它要救济一切称名祷告者,是因为它的大慈大悲。最后,这里的观世音还具备一定的般若观音色彩。观世音菩萨的誓愿是希望众生远离诸苦恼与诸烦恼,亦即精神上的困扰,而非现实困境与苦难。与此相适应,它颇为关注智慧的修行与精神世界的解脱。值得注意的是,《悲华经》的异译本,佚名所译的《大乘悲分陀利经》,[1]却似乎更为强调观世音菩萨的救苦救难功能。对于太子不眴的宏愿,其《三王子授记品》翻译为:

> 我已观恶趣,于中众生受苦痛切;又观天上,于中众生心垢浊故数堕恶趣;我已观一切众生,离善知识住贫穷法,处于冥中尽诸善根,为邪见覆障,困于邪道。唯世尊,我当以高声告彼众生,以诸善根回向阿耨多罗三藐三菩提。我行菩萨行时,若有众生苦痛逼切,有诸恐畏贫穷于法,处在暗中无所依怙,无灯无救,无归无趣,令使念我、称我名字,我以天耳闻其音声、天眼见之,若不脱彼众生困厄,我终不成阿耨多罗三藐三菩提。[2]

---

〔1〕 或以为是道龚所译,但仅仅是猜测。如"《出三藏记集》卷二记有'龚上出《悲华经》十卷'一辞,'龚上'似可作'道龚和上'解。然大藏经现存《悲华经》乃昙无谶所译,只是《悲华经》尚有异本《大乘悲分陀利经》八卷,译者佚名,或为道龚所译亦未可知。"王铁钧:《中国佛典翻译史稿》,中央编译出版社 2006 年版,第 172 页。

〔2〕 佚名:《大乘悲分陀利经》卷三《三王子授记品第七》,《大正藏》第三卷本缘部上,第251 页。

在这里,观世音菩萨所关注的是众生之苦痛,是众生之贫穷,是众生之困厄,因此,其角色也明确定位为实际的救难者与保护神,这与《悲华经》强调心灵之抚慰有较大的差别。

二 昙无竭与《观世音授记经》

昙无竭与后来我们所熟知的唐玄奘,在许多方面都有相似之处,如他的不畏艰险与矢志不渝、追求佛法的执着与虔诚等。《高僧传》所记载的他的求法历程,无不让我们联想到玄奘历经磨难的取经之行:

> (昙无竭)幼为沙弥,便修苦行,持戒诵经,为师僧所重。尝闻法显等躬践佛国,乃慨然有忘身之誓。遂以宋永初元年,召集同志沙门僧猛、昙朗之徒二十五人,共赍幡盖供养之具,发迹北土,远适西方。[1]

昙无竭为什么要远适西方去取经呢?文中只交代了两点:一是他自幼熟读佛经,二是他受到了法显事迹的鼓舞。法显为何求法于西方?《高僧传》告诉我们,是因为法显"常慨经律舛阙,誓志寻求",所以西渡流沙。法显或昙无竭常被称为西天取经之第一人,其实在他们之前,更有法护之西行。《高僧传》载,晋武帝之时,京都大邑虽遍布寺庙,但佛经却颇为稀缺,于是法护慨然发愤,游历诸国,大赍梵经,还归中土。可见昙无竭之西行,不仅是为法显等人舍身求法之行为所感动,也有求取佛教真经之意,也就是梁启超所言"动机出于学问"[2]。不过,与法护、法显乃至后来的西行者道泰、智猛等人不同的是,昙无竭的收获似乎并不显著,他仅仅求得梵文《观世音授记经》一部。而给人留下深刻印象的,是他的探险的历

---

[1] 慧皎撰,汤用彤校注,汤一玄整理:《高僧传》卷三,中华书局1992年版,第93页。
[2] "我国人之西行求法,非如基督教徒之礼耶路撒冷、回教徒之礼麦加,纯出于迷行的参拜也,其动机出于学问。盖不满于西域间接的佛学,不满于一家口说的佛学,譬如导河必于昆仑,观水必穷溟澥,非自进以探索兹学之发源地而不止也。"梁启超:《佛学研究十八篇》,湘潭大学出版社2010年版,第119页。

程——在玄奘之前，我们很少见到有如此浓墨重彩来描绘艰难的、令人心悸与生畏的西行旅途：

> 初至河南国，仍出海西郡，进入流沙，到高昌郡。经历龟兹、沙勒诸国，登葱岭，度雪山，障气千重，层冰万里，下有大江，流急若箭。于东西两山之胁，系索为桥。十人一过，到彼岸已，举烟为帜，后人见烟，知前已度，方得更进。若久不见烟，则知暴风吹索，人堕江中。行经三日，复过大雪山，悬崖壁立，无安足处，石壁皆有故杙孔，处处相对，人各执四杙，先拔下杙，手攀上杙，辗转相攀，经日方过，及到平地相待，料检同侣，失十二人。[1]

事实上，在《高僧传》记载昙无竭生平的四百余字中，大半文字是在描述经历的苦难。在这样的文字中，我们确实感受到了西行求法者的伟大之所在。昙无竭由青海湖至高昌国，然后历经龟兹、沙勒，翻葱岭，爬雪山，其艰险难以一一详述，而尤为令人难忘的是过索桥与攀绝壁，后者使昙无竭的取经队伍损失了近一半的成员。到达罽宾国后，昙无竭苦学梵书梵语，求得《观世音授记经》梵文一部，此后他的旅程虽然同样充满不可预知的危险，虽然同样不断有同伴死去，但昙无竭总是有惊无险，只因为他有了观世音菩萨的守护：

> 无竭虽屡经危棘，而系念所赍《观世音经》未尝暂废。将至舍卫国，野中逢山象一群，无竭称名归命，即有师子从林中出，象惊惶奔走。后渡恒河，复值野牛一群鸣吼而来，将欲害人，无竭归命如初，寻有大鹫飞来，野牛惊散，遂得免之。其诚心所感，在险克济，皆此类也。后于南天竺，随舶泛海达广州。[2]

在这里，《高僧传》列举了两件具体事例，即从山象群与野牛群前逃生，来

---

〔1〕 慧皎撰，汤用彤校注，汤一玄整理：《高僧传》卷三，中华书局1992年版，第93页。
〔2〕 慧皎撰，汤用彤校注，汤一玄整理：《高僧传》卷三，中华书局1992年版，第94页。

证明赍得《观世音经》的他是如何受到庇护。为了强调《观世音经》的灵验
与神奇,《历代三宝纪》甚至突出他是 25 人取经队伍中的唯一幸存者:

> 武帝世,永初元年,黄龙国沙门昙无竭,宋言法勇,召集同志
> 释僧猛等二十五人,共游西域二十余年。自外并化,唯竭只还,
> 于阗宾国写得前件梵本经(《观世音授记经》)来。元嘉末年,达
> 于江左,即于杨都自宣译出。[1]

而据昙无竭《历国游记》改写的《高僧传》,只陈述了二十五人中的二十人
曾经在西行过程中身亡,揣摩其语气,当是有五人同归中土。不过,作为
唯一幸存者自然更有说服力。有了观世音菩萨的庇护,昙无竭的归程也
就一帆风顺,所以无论是《高僧传》还是《历代三宝纪》都是一笔带过。

虽然《高僧传》在讲述昙无竭安然无恙的时候,把昙无竭赍得《观世音
授记经》作为一个重要的因素,但我们知道昙无竭的取经身份和称念观世
音其实是更为重要的保障。西天取经者在危急关头称念观世音以及他们
最终受到观世音菩萨的庇护,似乎已经形成了一种传统。如昙无竭之前
的取经者法显,在回国途中就是称念观世音而逃脱一劫:

> 既而附商人舶,循海而还。舶有二百许人,值暴风水入,众
> 皆惶惧,即取杂物弃之。显恐弃其经像,唯一心念观世音,及归
> 命汉土众僧,舶任风而去,得无伤坏。经十余日,达耶婆提国,停
> 五月,复随他商,东适广州。[2]

昙无竭之后的著名取经者玄奘,每每在危急关头,也是称念观世音,并得
到了观世音菩萨的照顾与指点:

> 时行百余里,失道,觅野马泉不得。下水欲饮,袋重,失手覆
> 之,千里行资一朝斯罄。又路盘回,不知所趣,乃欲东归还第四

---

〔1〕 费长房:《历代三宝纪》卷一〇,《大正藏》第四十九卷史传部一,第 92 页。
〔2〕 慧皎撰,汤用彤校注,汤一玄整理:《高僧传》卷三,中华书局 1992 年版,第 89 页。

烽。行十余里,自念我先发愿,若不至天竺终不东归一步,今何故来?宁可就西而死,岂归东而生?于是旋辔,专念观音,西北而进。是时四顾茫然,人鸟俱绝。夜则妖魑举火,烂若繁星,昼则惊风拥沙,散如时雨。虽遇如是,心无所惧。但苦水尽,渴不能前。是时四夜五日无一滴沾喉,口腹干燋,几将殒绝,不复能进,遂卧沙中默念观音,虽困不舍。启菩萨曰:"玄奘此行不求财利,无冀名誉,但为无上正法来耳。仰惟菩萨慈念群生,以救苦为务。此为苦矣,宁不知耶?"如是告时,心心无辍。至第五夜半,忽有凉风触身,冷快如沐寒水。遂得目明,马亦能起。体既苏息,得少睡眠。即于睡中梦一大神长数丈,执戟麾曰:"何不强行,而更卧也!"法师惊寤进发,行可十里,马忽异路制之不回,经数里,忽见青草数亩,下马恣食。去草十步欲回转,又到一池,水甘澄镜澈,下而就饮,身命重全,人马俱得苏息。计此应非旧水草,固是菩萨慈悲为生,其志诚通神,皆此类也。即就草池一日停息,后日盛水取草进发,更经两日,方出流沙到伊吾矣。此等危难,百千不能备叙。[1]

更有力的证据,还在于玄奘在不同场合对观世音菩萨的不同态度。在他亲自撰写的具有实录性质且以冷静的观察为主的《大唐西域记》中,他绝口不提观世音,只称之为观自在菩萨;而在他所口授的自传即《大慈恩寺三藏法师传》中,共计提到五次"观音",同时六次使用了"观自在"这一称呼,而每当他乞灵于菩萨或描述菩萨的神迹时,他都使用了"观音"这样的称呼。可见玄奘有意识地将信徒与佛学家的身份区别开来,或者说,他既是一个理智冷静的佛学家,同时还是一个虔诚狂热的佛教徒。这种双重身份在昙无竭的身上也有鲜明的体现。一方面,他以自身的经历证明观世音菩萨是一个伟大的庇护神与即时的救难者;另一方面,他所翻译的《观世音菩萨授记经》中,观世音菩萨却没有扮演救苦救难者的角色,而是

---

[1] 慧立、彦悰著,孙毓棠、谢方点校:《大慈恩寺三藏法师传》,中华书局1983年版,第17页。

般若智慧的典范。

《观世音菩萨授记经》讲述了过去、现在与未来三个世界中观世音的修行与成就，将这三个世界贯穿起来的是如幻三昧，是阿耨多罗三藐三菩提。在经文中，婆娑世界的华德藏菩萨，首先向释迦牟尼佛请教如何才能成就阿耨多罗三藐三菩提，释迦牟尼佛指出就是要成就一法而获得如幻三昧：

> 佛告华德藏菩萨摩诃萨：成就一法，得如幻三昧。得是三昧，以善方便，能化其身，随众形类，所成善根，而为说法，令得阿耨多罗三藐三菩提。何等一法？谓无依止。不依三界，亦不依内，又不依外，于无所依，得正观察；正观察已，便得正尽，而于觉知，无所损减，以无减心，悉度正慧。谓一切法，从缘而起，虚假而有。一切诸法，因缘而生。若无因缘，无有生法。虽一切法，从因缘生，而无所生。如是通达无生法者，得入菩萨真实之道，亦名得入大慈悲心。怜悯度脱一切众生，善能深解如是义已，则知一切诸法如幻，但以忆想语言造化法耳。然此忆想语言造化诸法，究竟悉空。善能通达诸法空已，是名逮得如幻三昧。得三昧已，以善方便，能化其身，随众形类而成善根，而为说法，令得阿耨多罗三藐三菩提。[1]

在华德藏菩萨看来，成就阿耨多罗三藐三菩提的基础，是"能化其身，随众形类"，因此，他向释迦牟尼佛请教化身的方便法门。释迦牟尼佛认为，打破局限，即突破三界的限制，突破内外的限制，从这种角度去观察、感知与体验，则能成就一法，突破自身的局限；认识到一法就是一切诸法，一切诸法都为因缘而生，因此一切诸法本质为空，亦即自身与他身都是因缘的结果，则能获得如幻三昧，可以随时幻化为众生的形类。

　　这样的境界，有谁能够达到呢？释迦牟尼佛说，在当时参加聚会的诸

---

[1]　昙无竭：《观世音菩萨授记经》，《大正藏》第十二卷宝积部、涅槃部，第353页。

人中,有弥勒菩萨、文殊师利菩萨等 60 位菩萨领悟了如幻三昧;而在西方安乐世界,则有观世音与大势至两位菩萨领悟了如幻三昧。释迦牟尼还告诉华德藏,"从彼正士,七日七夜听受是法,便逮得如幻三昧",即到安乐世界,听受观世音等菩萨七日七夜传法,就能领悟如幻三昧,并用他的神通展示了安乐世界的胜景。而安乐世界的观世音与大势至菩萨,感受了释迦牟尼佛的大光普照,便希望到婆娑世界来礼拜供养释迦牟尼佛:

> 时观世音及得大势菩萨摩诃萨,诣彼佛所,头面礼足,恭敬合掌,于一面住,白佛言:"世尊,释迦牟尼放此光明,何因何缘?"尔时,彼佛告观世音:"如来应供等正觉,放斯光明,非无因缘。何以故?今日释迦牟尼如来应供正遍知,将欲演说菩萨珍宝处三昧经,故先现瑞。"尔时观世音及得大势菩萨摩诃萨,白佛言:"世尊,我等欲诣娑婆世界,礼拜供养释迦牟尼佛,听其说法。"佛言:"善男子,宜知是时。"时二菩萨即相谓言:"我等今日,定闻彼佛所说妙法。"
>
> 时二菩萨受佛教已,告彼四十亿菩萨眷属:"善男子,当共往诣娑婆世界,礼拜供养释迦牟尼佛,听受正法。何以故?释迦牟尼如来应供等正觉,能为难事,舍净妙国,以本愿力,兴大悲心,于薄德少福,增贪恚痴,浊恶世中,成阿耨多罗三藐三菩提,而为说法。"说是语时,菩萨声闻同声叹言:"彼土众生,得闻释迦牟尼如来应供正遍知名号,快得善利,何况得见发欢喜心。世尊,我等当共诣彼世界,礼拜供养释迦牟尼佛。"佛言:"善男子,宜知是时。"尔时,观世音及得大势菩萨摩诃萨,与四十亿菩萨,前后围绕,于彼世界,以神通力各为眷属,化作四十亿庄严宝台。[1]

释迦牟尼佛舍弃净妙国,在缺乏德福、充满贪婪痴念的秽土世界中,以本愿之力,发大悲之心,为苦海众生说法,使观世音、大势至及四十亿菩萨十

---

[1] 昙无竭:《观世音菩萨授记经》,《大正藏》第十二卷宝积部、涅槃部,第 354 页。

分感动,于是他们带着眷属,各以神通之力化作庄严宝台,来到娑婆世界,光明遍照娑婆世界。

华德藏菩萨见识了观世音与大势至菩萨的神通,十分敬佩,因此向释迦牟尼佛请教观世音与大势至菩萨如何成就神通不可思议之力,如何修行乃至净诸善根而得如幻三昧。释迦牟尼佛于是详细介绍了观世音与大势至菩萨的成佛历程,即在过去世界的修行。这个过去世界,是个怎样的世界呢?

> 我于尔时,为百千王。时初大王劫欲尽时,有世界名无量德聚安乐示现。其国有佛,号金光师子游戏如来、应供、正遍知、明行足、善逝、世间解、无上士、调御丈夫、天人师、佛、世尊,是佛刹土。[1]

释迦牟尼佛说,在这个大劫即将结束的世界,金光师子游戏如来佛正在给众生说法,一如释迦牟尼佛当下所作所为。在金光师子游戏如来说法的过程中,有一个听众是威德王:

> 彼金光师子游戏如来,亦为众生说三乘法;我于恒沙等劫,说此佛国功德庄严、菩萨声闻快乐之事,犹不能尽。尔时,金光师子游戏如来法中有王,名曰威德王,千世界正法治化,号为法王。其威德王多诸子息,具二十八大人之相。是诸王子,皆悉住于无上之道。王有七万六千园观,其王诸子游戏其中。[2]

由于威德王纯一化生,净梵修行,坚持奉事如来,毫不动摇,时间长达八万四千亿年,于是金光师子游戏如来便为他演说无量法印。那么,什么是无量法印呢?

> 何等为无量法印,华德藏菩萨?凡所修行,应当发于无量誓

---

[1] 昙无竭:《观世音菩萨授记经》,《大正藏》第十二卷宝积部、涅槃部,第355页。
[2] 昙无竭:《观世音菩萨授记经》,《大正藏》第十二卷宝积部、涅槃部,第355页。

愿,何以故? 菩萨摩诃萨,布施无量,持戒无量,忍辱无量,精进无量,禅定无量,智慧无量,所行六度摄生死无量,慈悯众生无量,庄严净土无量,音声无量,辩才无量……乃至一念善相应回向无量。云何回向无量? 如回向一切众生,令一切众生得无生证,以佛涅槃而般涅槃,是名回向无量。无边空无量,无相无量,无愿无量,无行如是,无欲实际,法性无生,无著解脱,涅槃无量。善男子,我但略说诸法无量,何以故? 以一切法无有限量。[1]

可见,无量法印是威德王成佛的关键。正因为无量法印如此重要,所以宋代的施护,于太平兴国五年(980)又一次翻译这一佛经时,干脆将此经命名为《佛说如幻三摩地无量印法门经》。金光师子游戏如来的解说,使威德王领悟了如幻三昧,进入了禅定,而观世音菩萨与大势至菩萨也由此出现:

彼威德王,于其园观,入于三昧。其王左右有二莲花,从地踊出,杂色庄严,其香芬馥如天栴檀。有二童子,化生其中,跏趺而坐,一名宝意,二名宝上。[2]

在威德王入于三昧后,从他的身边涌出两朵绽放的莲花,每朵莲花中各化出一个童子,结跏而坐。这两个名叫宝意与宝上的童子,就是我们所熟知的观世音与大势至菩萨。观世音菩萨是从莲花中化出的,其实不能算作其身世的另一种说法,因为莲花与佛陀的关系实在太密切了。佛陀甫一出世,就站在了莲花上;佛陀说法的姿势,是莲花坐姿;佛陀所描绘的西方净土,往往是莲花般的世界;佛陀的法门,亦如白莲花清净美妙。甚而莲花生长的每一阶段,都可以与修道的历程相吻合,如僧叡解释了为什么要用莲花来比喻《法华经》:"夫百卉药木之英,物实之本也,八万四千法藏者,道果之原也,故以喻也。诸华之中,莲花最胜:华尚未敷,名屈摩罗;敷

---

〔1〕 昙无竭:《观世音菩萨授记经》,《大正藏》第十二卷宝积部、涅槃部,第 355 页。
〔2〕 昙无竭:《观世音菩萨授记经》,《大正藏》第十二卷宝积部、涅槃部,第 356 页。

而降落，名迦摩罗；处中盛时，名芬陀利。未敷喻二道，将落喻泥洹，荣耀独足，以喻斯典。"[1]从莲花中化出的宝意与宝上两位童子，显然已经能自在证理。接下来威德王与他们的对答，解释了这一点：

> 时威德王从禅定起，见二童子坐莲华藏，以偈问曰："汝为天龙王，夜叉鸠槃荼，为人为非人，愿说其名号。"

> 时王右面童子，以偈答曰："一切诸法空，云何问名号。过去法已灭，当来法未生，现在法不住，仁者问谁名。空法亦非人，非龙非罗刹。人与非人等，一切不可得。"

> 左面童子而说偈言："名名者悉空，名名不可得。一切法无名，而欲问名字。欲求真实名，未曾所见闻。夫生法即灭，云何而问名。说名字语言，皆是假施设。我名为宝意，彼名为宝上。"[2]

这里关于名字的偈语，实际上回答经文最初所讨论的所谓"如幻三昧"的问题，亦即进一步证实忆想、语言、造化诸法究竟是空，只不过这里仅仅以"语言道断"为例。当威德王因二位童子从莲花中化出而询问它们究竟是人还是非人以及名号时，宝上回答说，区分人与非人根本不可能，因为诸法皆空，过去之法已经消亡，未来之法尚未出现，当前之法又流动不止。既然这样的区分都没有任何意义，更何况去谈论其名号呢？宝意也说，诸法即生即灭，所以无法命名。所谓名字语言，都是一种假设，真实之名是无法闻见的。两番对答都展示出般若智慧性空无住的思想，从而证明这里的观世音主要是般若观音，与《法华经》中的救难观音有所不同。当然，无论是般若观音，还是净土观音，抑或救难观音，其誓愿则是一致的。所以在《观世音授记经》中，我们不难发现宝上在成等正觉之前，也有度脱无量众生的菩提之心：

---

〔1〕　僧叡：《妙法莲华经后序》，《大正藏》卷九华严部上，第62页。
〔2〕　昙无竭：《观世音菩萨授记经》，《大正藏》第十二卷宝积部、涅槃部，第356页。

是二童子说是偈已,与威德王俱诣佛所,头面礼足,右绕七匝,合掌恭敬,于一面住。时二童子即共同声,以偈问佛:"云何为供养,无上两足尊。愿说其义趣,闻者当奉行。花香众伎乐,衣食药卧具。如是等供养,云何为最胜。"

尔时,彼佛即为童子而说偈言:"当发菩提心,广济诸群生。是则供正觉,三十二明相。设满恒沙刹,珍妙庄严具。奉献诸如来,及欢喜顶戴。不如以慈心,回向于菩提。是福为最胜,无量无有边。余供无过者,超逾不可计。如是菩提心,必成等正觉。"

时二童子复说偈言:"诸天龙鬼神,听我师子吼。今于如来前,弘誓发菩提。生死无量劫,本际不可知。为一众生故,尔数劫行道。况此诸劫中,度脱无量众。修行菩提道,而生疲惓心。我若从今始,起于贪欲心。是则为欺诳,十方一切佛。嗔恚愚痴垢,悭嫉亦复然。今我说实语,远离于虚妄。我若于今始,起于声闻心。不乐修菩提,是则欺世尊。亦不求缘觉,自济利己身。当于万亿劫,大悲度众生。如今日佛土,清净妙庄严。令我得道时,超逾亿百千。国无声闻众,亦无缘觉乘。纯有诸菩萨,其数无限量。众生净无垢,悉具上妙乐。出生于正觉,总持诸法藏。此誓若诚实,当动大千界。说如是偈已,应时普震动。百千众伎乐,演发和雅音。光耀微妙服,旋转而来降。诸天于空中,雨散众末香。其香普流熏,悦可众生心。"[1]

在他们的誓愿中,我们看到了不求自济利己、大慈大悲、广度众生的大乘思想,不过在偈言中,也有不少文字在陈述修行菩提道时自身如何解脱,如不起贪欲、嗔恚、愚痴、悭嫉之心,远离虚妄等。因此,当释迦牟尼佛告诉华德藏菩萨这两个童子就是观世音与大势至菩萨时,华德藏菩萨最为羡慕的是观世音与大势至所成就的"智慧",显然他认为这里的"智慧"是领悟如幻三昧的基础:

---

[1] 昙无竭:《观世音菩萨授记经》,《大正藏》第十二卷宝积部、涅槃部,第356页。

佛告华德藏:"于汝意云何？尔时威德王者岂异人乎？我身是也。时二童子,今观世音及得大势菩萨摩诃萨是也。善男子,是二菩萨于彼佛所,初发阿耨多罗三藐三菩提心。"

尔时华德藏白佛言:"甚奇,世尊。是善男子未曾发心,成就如是甚深智慧,了达名字悉不可得。世尊,是二正士于彼先佛已曾供养,作诸功德。""善男子,此恒河沙悉可知数,而此大士先供养佛,种诸善根不可称计,虽未发于菩提之心,而以不可思议而自庄严,于诸众生为最勇猛。"[1]

《观世音授记经》虽然具有强烈的般若色彩,但它与《悲华经》等授记类经典性质相同,都致力于调和各系统之间的冲突,所以它在重点关注观世音前世修行与智慧解脱之外,对于其未来成佛的描述与其他系统保持了高度一致,这也使观世音前世、现世与来世的经历都能够被清晰地勾勒出来:

尔时华德藏菩萨白佛言:"世尊,其无量德聚安乐示现国土,为在何方？"

佛言:"善男子,今此西方安乐世界。当于尔时,号无量德聚安乐示现。"

华德藏菩萨白佛言:"世尊,愿为解说,令无量众生得大利益。是观世音于何国土成等正觉,世界庄严光明名号,声闻菩萨寿命所有,乃至成佛？其事云何？若世尊说是菩萨先所行愿,其余菩萨闻是愿已,必当修行而得满足。"

佛言:"善哉。谛听,当为汝说。"

对曰:"唯然愿乐欲闻。"佛言:"善男子,阿弥陀佛寿命无量百千亿劫,当有终极。善男子,当来广远不可计劫,阿弥陀佛当般涅槃。般涅槃后,正法住世等佛寿命。在世灭后,所度众生悉皆同等。佛涅槃后,或有众生不见佛者,有诸菩萨得念佛三昧,

---

〔1〕 昙无竭:《观世音菩萨授记经》,《大正藏》第十二卷宝积部、涅槃部,第356页。

常见阿弥陀佛。复次,善男子。彼佛灭后,一切宝物、浴池、莲花、众宝行树,常演法音与佛无异。善男子,阿弥陀佛正法灭后,过中夜分,明相出时,观世音菩萨于七宝菩提树下,结跏趺坐成等正觉,号普光功德山王如来、应供、正遍知、明行足、善逝、世间解、无上士、调御丈夫、天人师、佛、世尊,其佛国土自然七宝,众妙合成庄严之事。诸佛世尊,于恒沙劫说不能尽。善男子,我于今者为汝说譬。彼金光师子游戏如来国土庄严之事,方于普光功德山王如来国土,百万千倍亿倍,亿兆载倍,乃至算数所不能及。其佛国土无有声闻缘觉之名,纯诸菩萨充满其国。"[1]

在阿弥陀佛正法灭后,在过中夜分、明相出时,观世音菩萨在七宝树下,结跏趺坐而成等正觉,亦即意味着观世音菩萨为阿弥陀佛的继承者。这样的描述,使得《观世音授记经》具有了一定的净土色彩,所以也被一些学者将之列入净土类佛籍,不过由于对来世缺乏具体的描述,以及忽视了观世音菩萨在净土与信众之间的桥梁作用,因而没有展示出净土信仰的核心。

《悲华经》与《观世音授记经》这样的授记类经籍,一方面致力于观世音前世修行经历与未来成就的描摹,希望观世音信仰能够形成一个严谨而细密的体系;另一方面,在描述观世音前世修行与未来成就的过程中,遗忘了观世音信仰最本质的特征,即对现实的强烈关注与救苦救难的精神,因而在观世音信仰体系中很难取得重要的位置,最终使目的很难实现。在《红楼梦》第五十回中,李纨曾出了一个谜语,谜面是"观音未有世家传",打一四书句,后来林黛玉揭开谜底:"虽善无征"。"观世音未有世家传",观世音的来历不可考证,成为中土一种颇为流行的观点。这种观点的出现,说明了《观世音授记经》等在中土所取得的认可度并不高。至于后来所出现的观世音身世的种种传说,如妙善公主之类,虽然是另一层面的事情,但人们对这一话题的兴趣也足以证明观世音信仰授记类方面的研究有待进一步加强。

---

〔1〕 昙无竭:《观世音菩萨授记经》,《大正藏》第十二卷宝积部、涅槃部,第356—357页。

第十一章 《般若心经》与观世音

一 般若观音与《般若心经》

一般认为,《般若心经》在观世音信仰体系中占据了关键性的位置,因为在许多学者看来,正是由于它的出现,这一信仰理论的空白才得以填补,因而《般若心经》产生深远影响,也被认为为观世音信仰奠定了理论基础。[1] 这一结论似乎没有任何疑虑,一方面无论《般若心经》在流传过程中究竟有多少次的翻译,是费尽周折调查出来的二十余次,[2] 还是现存的七次,我们所知晓的是其间的讲经者都是"观世音菩萨"或"观自在菩萨";另一方面,《般若心经》以最简洁的语言,囊括了般若经典的核心要素,甚至被认为传达出了大乘佛教的基本教义。简而言之,般若经典或者

---

〔1〕 "中国僧人每天都要背诵《心经》,《心经》影响之深远,可想而知。《心经》之所以影响深远,其重要原因之一就是为中国的观音信仰奠定理论基础。一般来说,经是佛说的,论是菩萨造的,但《心经》并非如此。按照佛教徒的说法,这部经是观世音菩萨得到佛的允许,为舍利弗讲的禅定心得。观世音菩萨可以代佛说法,把观世音菩萨提高到佛的地位。"韩廷杰:《〈心经〉不同版本论》,《纪念中国社会科学院建院三十周年学术论文集·世界宗教研究所卷》,方志出版社2007年版,第90页。

〔2〕 "据我调查核实,在从三国至今的漫长岁月,该经(《般若心经》)曾被译出21次之多,历代的注疏则在百家以上,这充分说明了人们对它的重视及它在佛教中的地位之重要。"方广锠:《敦煌遗书中的〈般若心经〉译注》,《法音》1990年第7期。

说大乘佛教的基本纲领,是由观世音菩萨所讲述的。

虽然这样的现象由来已久,但当我们严肃地来陈述这样一个事实时,我们却总感到有一丝异样盘踞在心头,毕竟将观世音菩萨与佛教的基本理论体系联系在一起不是一件容易的事情,哪怕我们清楚地知道观世音信仰也有庞大的体系存在,其中还存在着净土观音、救难观音与般若观音之分。"般若观音"之类的称呼的出现,也正是为了解决上述困惑才产生的。我们或许可以这样来安慰自己:因为净土观音与救难观音压倒性的存在,大大压缩了般若观音的生存空间,以至于我们很难找到后者的存在感。不过这样一来,般若观音或《般若心经》对于观世音信仰的贡献就会被大大低估。

如果我们承认确实有"般若观音"这样类型的存在的话,般若观音为什么不如净土观音与救难观音那样为人们普遍接受而达到妇孺皆知的程度? 一种猜测是我们已经先入为主,认定观世音菩萨就是救难的——往生型的观世音之所以得到普遍认可也正在于它是与此密切相关的:

> 般若型观音信仰虽然与魏晋玄学非常接近,可是并没有得到中国人的认同。这不但是因为体现般若观音信仰的经典译传有限,还因为中国人仅仅把观音限定于救难的范畴,而观音的救难在当时中国人的理解中是与般若智慧的观悟没有联系的。可见中国人不是以佛教菩萨的完整理论体系理解观音的,而是把观音当作单纯的救难神灵来看待的。[1]

如果继续追问下去,我们甚至还可以认为那是因为人们对般若观音缺乏兴趣:

> 中国人最感兴趣的依然是救难型的观音信仰,尽管完整的般若智慧型、净土往生型以及杂密类的观音信仰都已输入中国,

---

〔1〕 谢瑞、逸丹:《试论中国观音信仰的基本体系》,《寒山寺佛学》第五辑,甘肃人民出版社 2008 年版,第 188 页。

而且当时中国人对般若学已经有了很成熟的理解和浓厚的兴趣，可是，对于观音信仰体系中的般若智慧型并没有兴趣，人们把观音仅仅限定在救难的领域，从而把观音置于同整个大乘佛教核心理论体系相隔离的状态。[1]

如果不是《般若心经》的横空出世以及随之出现的追捧热潮，我们几乎就要赞同上述猜测了。现在看来，这样的猜测不免近于循环论证了，依然是在陈述结果而非追索缘由。另一种猜测则是由于观音信仰的影响过于巨大，般若经籍不敢轻易将之纳入其间，以至于错过了最佳融合时机：

般若经典产生和发展初期，由于要显示自己的"佛说"性，所以尚不敢将佛界公认的释迦牟尼佛说法的传统格式打破，于是，听受释迦牟尼说法或参与答辩敷衍的佛弟子中，尚未出现后世大乘佛教中负有盛名的各大菩萨，像观音这样即使已经赫赫有名的大菩萨，也不会轻易同般若发生什么联系。因为般若经典的结集者明白，要让一般人接受观音参与释迦牟尼的般若法席这种说法，不但是很不容易的事情，而且由此反倒会强化对他们所结集的般若经典的不信任感。[2]

虽然观音信仰与般若思想的融合确实比较缓慢，但我们还是无法完全相信上述猜测，即大乘佛教中负有盛名的大菩萨早期不会轻易参与般若法席。早期的般若经典如《金刚般若波罗蜜经》确实寻觅不到观世音菩萨的身影，但我们不应该忘记其间也没有特别说明有其他的菩萨听闻佛与须菩提的说法，常见的庞大的预闻阵容被"大比丘中二百五十人"一笔带过，无论是鸠摩罗什的《金刚般若波罗蜜经》，还是北魏菩提流支的《金刚般若波罗蜜经》、陈真谛的《金刚般若波罗蜜经》、义净的《佛说能断金刚般若波

---

〔1〕 谢瑞、逸丹：《试论中国观音信仰的基本体系》，《寒山寺佛学》第五辑，甘肃人民出版社 2008 年版，第 188 页。

〔2〕 李利安：《古代印度观音信仰与般若思想的合流》，《吴越佛教》第三卷，宗教文化出版社 2008 年版，第 248 页。

罗蜜经》等均是如此。嗣后情况发生了变化,一旦有菩萨参与般若法席,我们所熟悉的那些名字就历历在目,比如第一个翻译大乘经典的支娄迦谶所译的第一部般若经典《道行般若经》,其开篇为:

> 佛在罗阅祇耆阇崛山中,摩诃比丘僧不可计,诸弟子舍利弗、须菩提等;摩诃萨菩萨无央数,弥勒菩萨、文殊师利菩萨等。[1]

其第一卷、第二卷的对话主要在佛与舍利弗、须菩提三人之间展开,如同《金刚经》主要由佛与须菩提的对话组成,不过上述引文中,弥勒菩萨与文殊师利菩萨赫然在其间,分明意味着它们是般若法席的预闻者。随着预闻队伍的扩大,观世音菩萨也名列其间,如在《放光般若经》中,观世音是23位特别"嘉宾"之一,当时其译名为"现音声菩萨";在《光赞般若经》中,作为23位菩萨之一,它的译名是"光世音菩萨";在《摩诃般若波罗蜜》中,它是22位听闻说法的菩萨之一,译名为"观世音菩萨"。随着般若学的兴盛,在一些典籍中,观世音菩萨作为大乘佛教中负有盛名的代表很自然地成为般若的代表之一或深入般若的阶梯,如:

> 若有菩萨具足菩萨事,所谓十地、六波罗蜜、十力、四无所畏、四无碍智、十八不共法等无量清净佛法,为众生故,久住生死,不取阿耨多罗三藐三菩提而广度众生。如是菩萨,诸佛赞叹。何者是如文殊师利、毗摩罗诘、观世音、大势至、遍吉等诸菩萨之上首,出于三界,变化无央数身,入于生死,教化众生故。如是希有事,皆从甚深般若波罗蜜生。以是故说,欲得诸佛称叹其名当学般若波罗蜜。[2]

观世音菩萨作为诸菩萨之上首,其广度众生的誓愿,其无央数身的显相,

---

〔1〕 支娄迦谶:《道行般若经》卷一,《大正藏》第八卷般若部四,第425页。

〔2〕 鸠摩罗什:《大智度论》卷二十六,《大正藏》第二十五卷释经论部上,第255页。

都得自于般若之法。《般若心经》的出现,则使观世音菩萨在般若经典中的地位达到极致,许多经疏家便以观自在菩萨为般若法门的权威。饶有趣味的是,在一些并非以观自在菩萨为宣讲者或提问者的般若典籍中,它出场之位置如此醒目不能不令人惊奇,如唐天竺三藏菩提流志译《实相般若波罗蜜经》:

> 如是我闻:一时婆伽婆,以善成就一切如来金刚正智之所建立,种种殊特超于三界灌顶宝冠,摩诃瑜伽自在无碍,获深妙智,证平等法,所作功业皆已究竟,随众生心悉令满足,三世平等常无动坏,三业坚固犹如金刚普光明身。住欲界他化自在天王宫殿之中,其王宫殿种种严好,皆以大宝摩尼所成,缯盖幢幡众彩交映,珠璎宝铎风动成音,一切如来常所游践,咸共叹美吉祥第一。有菩萨摩诃萨八千万人,前后围绕供养恭敬。佛为说法,初中后善,其义深远,其语巧妙,纯一无杂清净圆满。其名曰:金刚手菩萨、观自在菩萨、虚空藏菩萨、文殊师利菩萨、转法轮菩萨、降伏一切魔菩萨。如是等菩萨摩诃萨而为上首。[1]

唐南天竺三藏金刚智依梵本于中天译的《金刚顶瑜伽理趣般若经》开篇:

> 如是我闻:一时薄伽梵妙善成就如来金刚住持平等性智、种种稀有殊胜功德,已能善护一切如来无上法王灌顶宝冠,过三界……如是等类无量功德,设经多劫赞不能尽。其名曰:金刚手菩萨摩诃萨、观自在菩萨摩诃萨、虚空库菩萨摩诃萨、金刚拳菩萨摩诃萨、文殊师利菩萨摩诃萨、发心即转法轮菩萨摩诃萨、虚空藏菩萨摩诃萨、降伏一切魔怨菩萨摩诃萨。如是上首,有八十亿大菩萨众前后围绕。宣说正法,初中后善,文义巧妙,纯一圆满清白梵行。[2]

---

[1] 菩提流志:《实相般若波罗蜜经》,《大正藏》第八卷般若部四,第776页。

[2] 金刚智:《金刚顶瑜伽理趣般若经》,《大正藏》第八卷般若部四,第778页。

又如《佛说遍照般若波罗蜜经》：

> 如是我闻：一时世尊，得一切如来金刚三昧智，得一切如来
> 种种具足最上宝冠，得一切如来大自在相应金刚智，受三界灌顶
> 一切如来智印，乃至圆满一切众生所欲之愿，种种变化，大明平
> 等智慧，此大毗卢遮那常住三世平等一切如来金刚身语意业，称
> 赞一切如来。尔时世尊住欲界他化自在天宫，而此宫殿以种种
> 妙色大摩尼宝，种种真珠璎珞，种种幢幡宝盖，悬挂种种宝铃，如
> 是具足一切庄严。有菩萨摩诃萨众，其名曰：金刚手菩萨、观自
> 在菩萨、虚空藏菩萨、金刚拳菩萨、发同心转法轮菩萨、诶诶曩
> 㰅惹菩萨、破一切魔王菩萨、文殊师利菩萨。如是等六十八俱胝
> 菩萨摩诃萨众，恭敬围绕而为说法。[1]

在这些以金刚手菩萨为受法者的般若典籍中，观自在菩萨都是紧随在金刚手菩萨之后，以第二位的身份出场。虽然我们不一定赞同观音为般若智慧最高代表的说法，[2]我们却不能忽视隋唐以来观音与般若经籍联系日益紧密的事实，从而否定人们对般若观音缺乏兴趣的成见。当然，人们对般若观音产生兴趣确实经过了一个较为漫长的阶段。倘若没有《般若心经》的出现以及所产生的深远影响，我们对"般若观音"这一称呼的提出都可能会缺乏勇气。即使如此，大多数经疏家对于"观自在"的兴趣要远远高于对于"观世音"的兴趣，他们往往从"观自在"的解读出发，将其与般若学紧密地结合在一起，而对于"观音"之译法颇不以为然。如窥基《般若波罗蜜多心经幽赞》：

> 彼观自在昔初发意，具诸烦恼于无明壳建立胜心，舍身命财

---

[1] 施护：《佛说遍照般若波罗蜜》，《大正藏》第八卷般若部四，第 781 页。
[2] "观音信仰与般若思想的合流并不是在般若经典刚刚形成时期就开始的，而是经历了很长的发展之后，观音才参与到般若的阵营中来，并不断加深这种合流，到《般若心经》产生之后，最终形成般若与观音密不可分的智慧解脱型观音信仰，在这种信仰中，观音甚至成为般若智慧的最高代表。"李利安：《古代印度观音信仰与般若思想的合流》，《吴越佛教》第三卷，宗教文化出版社 2008 年版，第 248 页。

求佛智慧,兴大勇猛已成等觉。我亦应尔励己增修,不应自轻而生退屈。观者察义,府救慧悲。自在者无滞义,拔济妙用。诸有殷净三业归依,必应所祈六通垂化,无暇危苦飞轮摧伏,作不请友为应病医,摄利难思名观自在。又观者照义,了空有慧。自在者纵任义,所得胜果。昔行六度,今得果圆。慧观为先,成十自在:一寿自在,能延促命;二心自在,生死无染;三财自在,能随乐现,由施所得;四业自在,唯作善事及劝他为;五生自在,随欲能往,由戒所得;六胜解自在,能随欲变,由忍所得;七愿自在,随观所乐成,由精进所得;八神力自在,起最胜通,由定所得;九智自在,随言音慧;十法自在,于契经等,由慧所得。位阶补处道成等觉,无幽不烛名观自在,但言观音词义俱失。[1]

又圆测《般若波罗蜜多心经赞》亦反复强调了"观世音"与"观自在"在层次上的差距:

观自在菩萨者,就初分中复分为二。初标能观人,次辨观智体。此即第一标能观人。若依旧本,名观世音,观诸世间,称菩萨名,音、声、语、业,以救诸难,因而立号名观世音。犹未能显观身、意业,而今本云观自在者,内证二空,外观三业,不依功用,任运自在,故曰观自在。[2]

如此说来,如果需要有个类似的称呼来表达观音信仰在这一领域的成果,他们或许会更赞同"般若观自在",而不是"般若观音",如在《般若心经》的诸多版本中,只有《摩诃般若波罗蜜大明咒经》称"观世音",其他译本往往称"观自在",其中另一种妥协方式称之为"观世音自在"。

─────────────

〔1〕 窥基:《般若波罗蜜多心经幽赞》卷上,《大正藏》第三十三卷经疏部一,第524页。
〔2〕 圆测:《般若波罗蜜多心经赞》,《大正藏》第三十三卷经疏部一,第543页。

二 《般若心经》与西行漫记

除《般若心经》之外,我们很少见到观世音菩萨为般若经籍的说法者或谈话者,虽然它在这些般若经籍中的位置可能非常醒目,但这些般若类经典意在宣扬般若智慧,而非观世音不可思议之神通,它们往往以观世音等菩萨为典范来印证般若修行之方便。值得我们注意的是,这些般若法门却非观世音菩萨所独有,或者说非观世音专属之法门,一如净土观音之导引与救难观音之大慈大悲,因而在绝大多数般若经典中,观世音菩萨都没有被单列出来,甚至很少被置于诸菩萨之首位。而提到般若法门,我们往往会如《大智度论》那样首先想到文殊师利菩萨。在一些以文殊师利菩萨为核心的般若类经籍中,我们会发现这样一些有趣的现象,即观世音菩萨似乎有意识地被遮蔽了。如伽婆罗译的《文殊师利所说般若波罗蜜经》:

> 一时佛在舍卫国祇树给孤独园,与大比丘众一万人俱;及诸菩萨摩诃萨十万人俱,皆悉住于不退转地,久已供养无量诸佛,于诸佛所深种善根,成就众生,净佛国土,得陀罗尼,获乐说辩才,成就智慧,具足功德,以自在神通游诸佛世界,放无量光明,说无尽妙法,教诸菩萨入一相门,得无所畏,善降众魔,教化度脱外道邪见。……其名曰:文殊师利法王子菩萨、弥勒菩萨、普光明菩萨、不舍勇猛精进菩萨、药王菩萨、宝掌菩萨、宝印菩萨、月光菩萨、日净菩萨、大力菩萨、无量力菩萨、得勤精进菩萨、力幢相菩萨、法相菩萨、自在王菩萨。如是等菩萨摩诃萨十万人俱,并余天、龙、鬼、神等一切大众,皆悉来集。[1]

又如曼陀罗仙译的《文殊师利所说摩诃般若波罗蜜经》:

---

〔1〕 伽婆罗:《文殊师利所说般若波罗蜜经》,《大正藏》第八卷般若部四,第752页。

一时佛在舍卫国祇树给孤独园,与大比丘僧满足千人;菩萨
摩诃萨十千人俱,以大庄严而自庄严,皆悉已住不退转地,其名
曰弥勒菩萨、文殊师利菩萨、无碍辩菩萨、不舍担菩萨,与如是等
大菩萨俱。文殊师利童真菩萨摩诃萨,明相现时,从其住处来诣
佛所,在外而立。[1]

般若思想确实是大乘佛教宗教理论的基础,《般若心经》开首即呼"观世音
菩萨",这对观世音菩萨影响的扩大无疑有着重大的推动作用,但由此将
《般若心经》所传达的佛教基本教义与观世音信仰及其理论基础联系起
来,仍是一个值得论证而非理所当然的结论。相比于净土观音与救难观
音所昭示出来的观音信仰特质,假如我们承认《般若心经》构建了般若观
音理论体系,那么当下的事实是这一体系并不清晰,我们很难直接将其与
观世音菩萨独一无二的精神联系在一起。如果我们要充分理解《般若心
经》在观世音信仰中的地位与影响,从最简便的角度出发我们可以把它们
视为一种双赢的局面。《般若心经》借助于观世音菩萨不可思议之神通迅
速播诸人口,观世音信仰通过《般若心经》提升了层次与意蕴,至于两者结
合是否催生出属于般若观音独有的智慧法门,则需要仔细检讨。我们所
见到的现象,是在《般若心经》传播过程中观世音信仰与《心经》所宣扬的
智慧法门并没有达到水乳交融的境地。如果以"西游故事"为例证——这
是《般若心经》不可忽视的一个传播渠道——我们甚至可以发现两者各行
其是的趋势。当人们瞩目于其中的观世音菩萨时,《心经》往往成为菩萨
的化身承担起了救难与守护的功能,而一旦正视它的精要与心髓,观世音
菩萨又不得不从中隐退。

　《般若心经》最早为人们所熟知是在玄奘的"西行漫记"之中,这本身
就是耐人寻味的事件。在玄奘之前,西行取经的庇护者一向是观世音菩
萨,这从昙无竭等人经历中可以得到证实,但从《三藏法师传》开始,《般若

―――――――――

〔1〕 曼陀罗仙:《文殊师利所说摩诃般若波罗蜜经》卷上,《大正藏》第八卷般若部四,第
726页。

心经》横空出世,分担了这一荣耀。我们所无法忘记的是这样一种情况,即假定如许多学者所认定的那样,在玄奘之前由鸠摩罗什所译的《般若心经》已经存在了两个世纪,我们却一直很难寻觅到它流通的痕迹。实际上,正是《三藏法师传》这几乎是孤证的记载,为鸠摩罗什"首译说"提供了有力的支撑。这样的事实或许可以促使我们产生如下猜测,即正因为与西游故事捆绑在一起的《般若心经》,分享了本属于观世音菩萨的守护者的荣耀,所以其讲述者便成为观世音菩萨。

关于《般若心经》的正式记载,首见于慧立、彦悰所撰《大慈恩寺三藏法师传》卷一,相关部分为:

> 从此已去,即莫贺延碛,长八百余里,古曰沙河,上无飞鸟,下无走兽,复无水草。是时顾影唯一,心但念观音菩萨及《般若心经》。初,法师在蜀,见一病人,身疮臭秽,衣服破污,悯将向寺施与衣服饮食之直。病者惭愧,乃授法师此经,因常诵习。至沙河间,逢诸恶鬼,奇状异类,绕人前后,虽念观音不得全去,即诵此经,发声皆散,在危获济,实所凭焉。[1]

西行取经者每每陷于困厄时,其求助的对象是观世音菩萨,所念之佛经为《观世音经》,前者如法显[2],后者如昙无竭[3]。因此,当《般若心经》要取代《观世音经》的位置,它必须与《观世音经》建立某种联系,这或许是观世音菩萨成为《般若心经》讲述者的重要原因,或者说观世音菩萨就这样猛然闯进了般若文献之中。曾经很多学者疑惑观世音菩萨何以成为《般

---

〔1〕 慧立、彦悰著,孙毓棠、谢方点校:《大慈恩寺三藏法师传》,中华书局1983年版,第16页。

〔2〕 "既而附商人舶,循海而还。舶有二百许人,值暴风水入,众皆惶懅,即取杂物弃之。显恐弃其经像,唯一心念观世音,及归命汉土众僧,舶任风而去,得无伤坏。经十余日,达耶婆提国,停五月,复随他商,东适广州。"慧皎撰,汤用彤校注,汤一玄整理:《高僧传》卷三,中华书局1992年版,第89页。

〔3〕 "无竭虽屡经危棘,而系念所赍《观世音经》未尝暂废。将至舍卫国,野中逢山象一群,无竭称名归命,即有师子从林中出,象惊惶奔走。后渡恒河,复值野牛一群鸣吼而来,将欲害人,无竭归命如初,寻有大鹫飞来,野牛惊散,遂得免之。其诚心所感,在险克济,皆此类也。后于南天竺,随舶泛海达广州。"慧皎撰,汤用彤校注,汤一玄整理:《高僧传》,中华书局1992年版,第94页。

若心经》的唯一叙述者,他们很奇怪这一现象为什么会出现:

> 而如果把这部佛经(《般若心经》)放在般若文献之中,则又
> 有一个非常反常的地方出现在我们的视野之中了,即此经的主
> 要(实际上也是唯一)的说法者是观自在菩萨,他就总体而言在
> 整个般若类文献之中并没有扮演什么角色。
>
> 与此相反,《心经》中完全没有须菩提(梵:Subhūti)这位最
> 早的般若类文献的主要谈话者(英:interlocutor)。换而言之,即
> 角色的选派(英:cast)不是我们所能预见的,即佛陀与须菩提二
> 人都完全缺位。而一位看起来是无关的闯入者(英:interloper)
> 观自在菩萨,则被授予了唯一的说话者的角色。〔1〕

我们的猜测是因为它在西行漫记中所替代的是《观世音经》。首先出现在
人们眼帘中的《般若心经》,必须发挥它称名救难的功能,因此它的说法者
就顺理成章地变成了观世音菩萨。而正因为《般若心经》很突兀地出现在
西行途中并取代了《观世音经》,所以在《三藏法师传》中有一段文字详细
说明了它的来源,即以为蜀中的病人将之授予玄奘法师。但一位没有任
何附带说明的病人,将后来闻名遐迩甚至是家喻户晓的佛经传授给玄奘,
这样的事件本身是值得怀疑的。这位病人是怎样一种身份呢?他何以拥
有这样一部神秘的经籍呢?他是否就是《般若心经》的最早译者呢?这不
能不令人深思。饶有趣味的是,在《太平广记》卷九十二"玄奘"条中,我们
发现了与《大慈恩寺三藏法师传》类似的记载,其中有些变化值得注意:

> 沙门玄奘俗姓陈,偃师县人也。幼聪慧,有操行。唐武德
> 初,往西域取经。行至罽宾国,道险,虎豹不可过。奘不知为计,
> 乃锁房门而坐。至夕开门,见一老僧,头面疮痍,身体脓血,床上
> 独坐,莫知由来。奘乃礼拜勤求,僧口授《多心经》一卷,令奘诵
> 之。遂得山川平易,道路开辟,虎豹藏行,魔鬼潜迹。遂至佛国,

---

〔1〕 纪赟:《〈心经〉疑伪问题再研究》,《福严佛学研究》2012年第7期,第115—182页。

取经六百余部而归。其《多心经》至今诵之。[1]

首先,在这里的记载中,玄奘获得《般若心经》的地点是在取经的途中,即进入西域并达到罽宾国之后,而非玄奘出发之前的蜀中,这不仅与昙无竭获得《观世音经》的经历相吻合,也预防了中土人士虚构或自行编纂这一经籍的可能性。其次,授予玄奘《般若心经》的是一位病僧,而非一位来路不明的病人,这就与人们的心理预期相吻合。最后,作为取经者的庇护神观世音菩萨完全退隐于幕后,《大慈恩寺三藏法师传》中以观世音为主、以《般若心经》为辅的救助模式,被以《般若心经》为唯一守护者的模式所替代。因此,从《法显传》、《昙无竭传》到《三藏法师传》直至《太平广记》的相关记载,我们可以清晰地发现西行取经庇护者的更替过程:观世音——《观世音经》——观世音与《般若心经》——《般若心经》。这种更替历程,同时也是从"他力"走向"自力"的过程。

将《般若心经》的传授者由"一位病人"改为"一位病僧",看起来更为合理,但还是无法从根本上解释《般若心经》的来源。大英博物馆藏敦煌遗书 S.2464 号题为《唐梵翻对字音般若波罗蜜多心经》,是现存《心经》音写的重要抄本之一,抄本前有序文曰"西京大兴善寺石壁上录出,慈恩和尚奉昭(诏)述序",其后是署名"不空奉诏译"的《莲花部等普赞叹三宝》,最后是正文,为"观自在菩萨与三藏法师亲授梵本,不润色"。题名为慈恩和尚的序文为:

> 梵本《般若多心经》者,大唐三藏之所译也。三藏志游天竺,路次益州,宿空惠寺道场内。遇一僧有疾,询问行止,因话所之,乃难叹法师曰:"为法忘体,甚为稀有。然则五天(千)迢递,十万余逞(程)。道涉流沙,波深弱水。胡风起处,动塞草以愁人;山鬼啼时,对荒兵之落叶。朝行雪巘,暮宿冰崖。树挂猿猱,境多魑魅。层峦叠于葱岭,萦似带雪之白云;群木簇于鹫峰,耸[若]

参天之碧峤。逴途多难,去也如何。我有三世诸佛心要法门,师若受持,可保来往。"遂乃口授与法师讫。至晓,失其僧焉。三藏结束囊装,渐离唐境。或途经厄难,或时有阙斋馐,忆而念之四十九遍,失路即化人指引,思食则辄现珍蔬,但有诚祈,皆获戬祐。至中天竺摩竭提国那烂陀寺,旋绕经藏次,忽见前僧,而相谓曰:"逮涉艰险,喜达此方。赖我昔在支那国所传三世诸佛心要法门,由斯经历,保尔行途,取经早还,满尔心愿。我是观音菩萨。"言讫冲空。既显奇祥,为斯经之至验,信为般若,□为圣枢,如说而行,必超觉际。究如来旨,巨历三祇;讽如来经,能销三障。若人虔诚受持者,体理斯而勤焉。〔1〕

这篇序文一般认为不是慈恩所作,由于前言声称文章从大兴善寺石壁抄录,而后者毁于唐武宗"会昌法难"。如果这一叙述情况属实,那么序文出现的时间至少在会昌六年(846)之前,早于《太平广记》中有关"玄奘"的记载,因为《太平广记》在著录这一说法,特别注明出自《独异志》与《大唐新语》,《独异志》的成书晚于会昌六年。〔2〕不过,即使我们认定托名慈恩的《心经序》早于《太平广记》中的相关记载,也不能证明两者存在某种直接联系。因为将观世音作为《般若心经》传授者的说法并没有为后者甚至为所有的"西游故事"所接受。从本质上而言,它们都可视为《大慈恩寺三藏法师传》相关描述的衍生物,只是《心经序》的核心在于《般若心经》本身,而"西游故事"的核心在于取经过程。因此,《心经序》自身组成了一个完整循环。在玄奘到达中天竺摩竭陀国那烂陀寺,即取经的终点后,观世音菩萨便显化为玄奘中土所见之僧人,并表明授予的《般若心经》就是替代他作为西行的庇护者。也就是说,至少在朝圣取经的过程中,《般若心经》完全替代了观世音的守护者角色。

这样的替代,在《般若心经》亟须扩大其影响与提升其地位的初期有

---

〔1〕 《唐梵翻对字音般若波罗蜜多心经》,《大正藏》第八卷般若部四,第851页。
〔2〕 张石川:《敦煌音写本〈心经序〉与玄奘取经故事的演化》,《文史哲》2010年第4期。

着重要的意义。但其间也存在着隐患,因为《般若心经》的宗旨与观世音信仰的精神实质并不是一致的。简单讲来,《般若心经》是自力的,而观世音信仰是他力的,过多地羼入观世音不可思议神通之力,对于《般若心经》所宣扬的智慧解脱法门并无裨益。于是,在玄奘"西游故事"所衍生的重要文本《大唐三藏取经诗话》中,我们发现《般若心经》出现的时间大大推迟,出现在取经返程的途中。《取经诗话》第十六节《转至香林寺受心经本》载:

> 竺国回程,经十个月,至盘律国,地名香林市内止宿。夜至三更,法师忽梦神人告云:"来日有人将《心经》本相惠,助汝回朝。"良久敬觉,遂与猴行者曰:"适来得梦甚异常!"行者云:"依梦说看经。"一时间眼润耳热,遥望正面,见祥云霭霭,瑞气盈盈;渐睹云中有一僧人,年约十五,容貌端严,手执金杖,袖出《多心经》,谓法师曰:"授汝《心经》归朝,切须护惜。此经上达天宫,下管地府,阴阳莫测,慎勿轻传,薄福众生,故难承受。"法师顶礼白佛言:"只为东土众生,今幸缘满,何以不传?"佛在云中再曰:"此经才开,毫光闪烁,鬼哭神号,风波自息,日月不光,如何传度?"法师再谢:"铭感!铭感!"佛在告言:"吾是定光佛,今来授汝《心经》……"[1]

《取经诗话》反复强调《多心经》何等重要,并明确说明《多心经》的功用是帮助玄奘回国,但实际上这种助力是微乎其微的,甚至可以说是可有可无的。其意义如果说不能视为一种历史的残迹,也被看成了一种单纯的仪式,即由《多心经》的授予表明取经的功德圆满,因为第十五节《入竺国度海之处》玄奘取得经卷时,"点检经文五千四百八十卷,各各俱足,只无《多

---

〔1〕《大唐三藏取经诗话》卷下《转至香林寺受心经本第十六》,中国古典文学出版社 1954 年版,第 33 页。

心经》本"〔1〕。

由取经途中的救难法宝,蜕变为返程中的象征仪式,意味着《般若心经》的智慧法门开始压倒其救难色彩,所以我们对于燃灯佛替代观世音菩萨成为《多心经》的传授者,并不会感到突兀。相比于观世音菩萨,燃灯佛与般若法门的关系显然更为紧密。

三 明心还是救难

《般若心经》的传授者,在唐朝由一位病人改为一位病僧后,宋朝又改为定光佛,在某种程度上还是反映出了传统观点的影响确实是根深蒂固的。在观音与文殊之间,人们更倾向于后者与般若经籍有着更为密切的关系,因此在《取经诗话》中将定光佛作为《心经》的传授者,不能不说是一种下意识的行为,表明人们潜意识中希望切断观世音与《般若心经》的联系。

在天竺,或许《般若心经》确实发挥过救难庇护的功能。《三宝感应要略录》重新叙述了《般若心经》在取经过程中对玄奘的守护与救助作用:

> 玄奘法师,本名祎,俗姓陈,以贞观三年,杖锡道路,每日诵《般若心经》三七遍,作是誓言:"贫道为求大法,发趣西方,若不至婆罗门国,终不东归,纵死中涂,非所悔也。"诚重劳轻,乘厄涉险,周游西宇十有七年,耳目见闻百三十八个国。若有留难处,诵《般若心经》及念"观世音",必免怖畏。十九年正月,方始旋返,届于长安,所获经论六百五十七部。三藏自云,皆是《般若心经》及观音力也矣。〔2〕

书中反复强调,就庇护功能而言,诵《般若心经》与念"观世音"是等同的。

---

〔1〕 《大唐三藏取经诗话》卷下《入天竺国度海之处本第十五》,中国古典文学出版社1954年版,第32页。

〔2〕 非浊:《三宝感应要略录》卷中,《大正藏》第五十一卷史传部三,第842页。

这再次证明了我们的猜测，《般若心经》借助于取经故事这一传播渠道与观世音的魅力，就不得不分担观世音菩萨的责任。为了表明《般若心经》确实具有不可思议之神奇，书中另引用两起出自《经明验赞记》的事件以为例证，其第三十八《乌耆国王女读诵般若心经感应》云：

> 昔乌耆国，举群疾疫，皆悉灭倍于半民。有一王女，名曰典韦，怀任之后，渐垂玖瓮。母被重病，胎子既死，王女临冥，惧惶极，专逼闷绝，都无仰凭。女恐昼夜堕哭，读诵《般若心经》。由诵经力，胎子复生，安隐产生，疗病平成。其儿叫声，绝世奇异，恒诵摩诃般若波罗蜜。王臣欢喜，唱名波罗。生年三岁，间说般若了义。至于七秋，太子聪睿，达三藏，秀当时。公民踊跃，惊彼行事，举国读诵，病疾不兴，天下泰平，万民安乐也。[1]

又第三十九《毕试国王写诵般若心经感应》载：

> 昔毕试国为小边裔，王族断嗣，役属邻境，贵仁豪民，逃散他土。众多怨王，互来侵逼。时有圣主，名曰听祐，智惠高名，自心思惟佛法验《般若心经》是。作是观讫，领告国内男女大小，各令写《诵般若心经》，明朝为期，制以淮刑，劝以举爵。三年之间，每旦各诵勤于境界，龙神悦怡。此时诸国发起恶心，趣毕试国时，其军众死皆悉落。若有诸群贼至彼土，自然落失。有众反逆，向其界者，下觉闷逆。尔时毕试国平定已讫，渐盈十年，三十余国，成大圣主。诸方所贵胡三十四国，楚朝二十八国，名感二验。别人写诵护代，持者常为恒例，一切众生，无不得护也。[2]

诵读《般若心经》，可以使女子生产平安，可以使国家四境安定，这曾经都是称名"观世音"所带来的神奇事件。不过，这样的故事分别发生在乌耆

---

[1] 非浊：《三宝感应要略录》卷中，《大正藏》第五十一卷史传部三，第 842 页。
[2] 非浊：《三宝感应要略录》卷中，《大正藏》第五十一卷史传部三，第 842 页。

国与毕试国,并非发生在中土。乌耆国东邻高昌,西接龟兹,其地在今新疆天山南路东北部一带。至于毕试国,或当是迦毕试国,其地大约在今阿富汗喀布尔谷地。进入中土的《般若心经》,似乎少有宣扬其不可思议之神通,或者说它竭力与即时的、浅层次的解脱区别开来,以追求最终的涅槃为目标。或许我们也可以寻觅出一些有关《般若信仰》灵验的神奇故事,如《法苑珠林》卷十八所载:

> 唐陇西李虔观,今居郑州,至显庆五年丁父忧,乃刺血写《金刚般若经》及《般若心经》各一卷、《随愿往生经》一卷。出外将入,即一浴身。后忽闻院中有异香,非常郁烈。邻侧并就观之,无不称叹。中山郎余令曾过郑州,见彼亲友,具陈说之。[1]

但这样的传说与《般若心经》的根本形象了无关涉,即使将观世音与《般若心经》捏合在一起的西游故事,在传播的过程中,也出现了尘归尘、土归土的现象。随着西游故事的演进,《般若心经》曾经所拥有的神奇他力消失殆尽。如在我们所熟知的西游故事中,《心经》的地位确实是其他佛经所无法取代的,不过它在取经过程中的功用与早期《三藏法师传》中所描述的完全不同。曾经与观世音菩萨共同拥有的庇护与救难功能被剥离,而心灵守护者的角色被不断强化,虽然作者总是以一种调侃的语气在叙述这一事实。

《西游记》第十九回《云栈洞悟空收八戒,浮屠山玄奘受心经》中,在八戒刚刚成为取经队伍的正式成员时,作者便插入乌巢禅师授经于唐三藏的情节,这是否昭示了乌巢禅师所授之《多心经》在西天取经中不可或缺的重要地位,还有待于进一步探究。不过,作为全书唯一全文引用的佛经——当然这也与其篇幅短小,仅仅五十二句、二百七十字也有关系,所以唐三藏耳闻一遍,即能记忆——它从此与唐三藏建立了密切的联系是不争的事实。唐三藏遇见乌巢禅师之时,他所询问的是取经终点的远近。

---

[1] 释道世著,周叔迦、苏晋仁校注:《法苑珠林校注》,中华书局 2003 年版,第 610 页。

而乌巢禅师却答非所问,告诉唐三藏再远的路程也有抵达的时刻,因而重要的不是知道终点在哪,而是保持一颗永远指向终点的心。如何使心灵保持指向终点而不动摇呢?那就是要时刻消除心灵上的魔障,而这正是《多心经》的功能,即书中乌巢禅师所言:"若遇魔障之处,但念此经,自无伤害。"〔1〕

饶有趣味的是,紧接着的第二十回《黄风岭唐僧有难,半山中八戒争先》中,书中称唐三藏彻悟了《多心经》,一点灵光自透,但当妖精袭来时,他战战兢兢地念叨《多心经》却无济于事,终为妖精所擒获。这个片段的出现,充分消解了《般若心经》所一度拥有的不可思议之他力。与此相对应,《西游记》第八十五回《心猿妒木母,魔主计吞禅》中,当唐三藏面对高山惊悸不安时,正是由于《多心经》消除了他的恐慌情绪:

> 行者把那施变化弄神通的事说了一遍,师徒们都笑不合口。正欢喜处,忽见一座高山阻路,唐僧勒马道:"徒弟们,你看这面前山势崔巍,切须仔细!"行者笑道:"放心!放心!保你无事!"三藏道:"休言无事。我见那山峰挺立,远远的有些凶气,暴云飞出,渐觉惊惶,满身麻木,神思不安。"行者笑道:"你把乌巢禅师的《多心经》早已忘了?"三藏道:"我记得。"行者道:"你虽记得,还有四句颂子,你却忘了哩。"三藏道:"那四句?"行者道:"佛在灵山莫远求,灵山只在汝心头。人人有个灵山塔,好向灵山塔下修。"三藏道:"徒弟,我岂不知?若依此四句,千经万典,也只是修心。"行者道:"不消说了,心净孤明独照,心存万境皆清。差错些儿成惰懈,千年万载不成功。但要一片志诚,雷音只在眼下。似你这般恐惧惊惶,神思不安,大道远矣,雷音亦远矣。且莫胡疑,随我去。"那长老闻言,心神顿爽,万虑皆休。〔2〕

---

〔1〕 吴承恩著,黄素秋注释:《西游记》第十九回,人民文学出版社1980年版,第236页。

〔2〕 吴承恩著,黄素秋注释:《西游记》第八十五回,人民文学出版社1980年版,第1022—1023页。

同样的故事还出现在《西游记》第九十三回《给孤园问古谈因，天竺国朝王偶遇》中。当唐三藏面对漫漫取经之长路心生怯意时，又是悟空提到《般若心经》，从而使唐三藏重振精神：

> 却说唐僧四众，餐风宿水，一路平宁，行有半个多月。忽一日，见座高山，唐僧又悚惧道："徒弟，那前面山岭峻峭，是必小心！"行者笑道："这边路上将近佛地，断乎无甚妖邪，师父放怀勿虑。"唐僧道："徒弟，虽然佛地不远。但前日那寺僧说，到天竺国都下有二千里，还不知是有多少路哩。"行者道："师父，你好是又把乌巢禅师《心经》忘记了也？"三藏道："《般若心经》是我随身衣钵。自那乌巢禅师教后，那一日不念，那一时得忘？颠倒也念得来，怎会忘得！"行者道："师父只是念得，不曾求那师父解得。"三藏说："猴头！怎又说我不曾解得！你解得么？"行者道："我解得，我解得。"自此，三藏、行者再不作声。旁边笑倒一个八戒，喜坏一个沙僧，说道："嘴脸！替我一般的做妖精出身，又不是那里禅和子，听过讲经，那里应佛僧，也曾见过说法？弄虚头，找架子，说甚么晓得，解得！怎么就不作声？听讲！请解！"沙僧说："二哥，你也信他。大哥扯长话，哄师父走路。他晓得弄棒罢了，他那里晓得讲经！"三藏道："悟能、悟净，休要乱说，悟空解得是无言语文字，乃是真解。"[1]

唐三藏肯定悟空对《般若心经》的解说是真经，也即表明《心经》的根本目的是付诸行动而不是停留在语言文字的阐述上。因此，哪怕唐三藏在得到乌巢禅师所授之《般若心经》之后，视之为随身衣钵，一日不曾不念，片刻未曾忘怀，但终究还是低了一层。

上述三个事例中，《般若心经》所呈现出来的不同效果，说明它的作用主要是精神上的抚慰与鼓舞，而非实际困境中的解救，从而展示出《般若

---

[1]　吴承恩著，黄素秋注释：《西游记》第八十五回，人民文学出版社1980年版，第1122—1113页。

心经》所属智慧法门的特色,与观世音菩萨显相所实施的救苦救难之神力形成了鲜明对照,《西游记》一书证道的宗旨也在这种对照中得到了一定程度的揭示。《般若心经》与观世音菩萨的捏合或许真是般若思想发展过程中一个特殊阶段的巧合。

四　玄奘还是罗什

曾经有部分学者因《西游记》中《般若心经》之繁复引用而讥讽作者佛理知识的匮乏,其证据就是书中将《般若波罗蜜多心经》时而简称为《心经》,时而简称为《多心经》,后者则属于误用,如王齐洲说:"尽管《西游记》作者重视《心经》,但从作者对《心经》的称谓中仍然可以看出作者佛学知识的贫乏。作者时而称《心经》为《多心经》,时而称《心经》为《蜜多心经》。……《般若波罗蜜多心经》可省称为《般若心经》或《心经》,但绝不可省称为《多心经》,也不应省称为《蜜多心经》。《西游记》所录《心经》正是唐以来最流行的玄奘译本,作者也提到唐僧耳闻一遍'即能记忆,至今传世',说明他知道唐僧有此译本,但作者将唐僧此译本经名前加上'摩诃'二字,又在作品中反复称《心经》为《多心经》或《蜜多心经》,又说明他对这一佛学经典并不十分熟悉,更未真正理解。"[1]

不过,即使我们认为《多心经》是笑话或误用,但《西游记》的作者只是沿袭了传统的说法而已。[2]比如作为《西游记》重要来源的《大唐三藏取经诗话》就是《心经》与《多心经》两种简称混用,而《太平广记》记录玄奘取经故事时提及的则是《多心经》:

> 玄奘俗姓陈,偃师县人也。幼聪慧,有操行。唐武德初,往

---

〔1〕　王齐洲:《图说"四大奇书"》,南方出版社 2011 年版,第 182 页。

〔2〕　"吴承恩的笑话是关于这部经的名字。这部经的名字应该这样理解:'般若'为智慧,'波罗'为彼岸,'蜜多'为到达,'心'为核心、心髓;故全称的意思是'以大智慧解脱到达彼岸之心要的经典'。其简称应为《心经》,作者在这里却简化成了《多心经》,这反映出他对这部经的名称以及内容都有所误解。……不过,这个错误并不能完全由吴承恩负责,因为他又另有所本。"陈洪:《佛教与中国古典文学》,天津出版社 1993 年版,第 179—180 页。

西域取经,行至罽宾国,道险,虎豹不可过。奘不知为计,乃锁房门而坐。至夕开门,见一老僧,头面疮痍,身体脓血,床上独坐,莫知来由。奘乃礼拜勤求。僧口授《多心经》一卷,令奘诵之。遂得山川平易,道路开辟,虎豹藏形,魔鬼潜迹。遂至佛国,取经六百余部而归。其《多心经》至今诵之。〔1〕

将《般若波罗蜜多心经》简称为《多心经》,究竟算不算是《西游记》一书的败笔,自有商榷的余地。有人认为其实两者皆可:"'心'之一字,念在上,即般若心;若念在下,即此本经为六百卷之心也。"〔2〕还有学者提出相反的看法,以为《多心经》的简称才是正解:

> 福井文雅氏的关于《般若心经》一文,对世界各地所藏《般若心经》写本作了极其周到的调查,认为以往诸家对经题的异称、简称未曾注意,而佛经的经题是讲经重要内容,不能忽视。文中指出,此经的经题在全部写本及唐代经录中,都省略为《多心经》,写本除偶在注疏中或经文旁的附注外,没有省略为《心经》的。《心经》是晚出的简称。其原因文中未加阐述。据笔者从有关福井氏博士论文《般若心经之历史的研究》的报道得知,福井氏的论点是,《般若心经》原与六百卷的《大般若经》无关,乃是一部咒术性的经典,尼泊尔的梵文本即不称为"经"而称"陀罗尼"即咒语。密教有些经典称某某心经,因而把《般若波罗蜜多心经》省称为《多心经》,以示区别。玄奘以后才目此经为《大般若经》的精髓,而解"心"字为精髓、核心之意。笔者谫陋,过去接触敦煌写本时,每每以为《多心经》是僧人无知,误截波罗蜜多的多字与心字相连而形成的简称。照福井氏的说法,这样理解才是无知了。(福井氏论文于1987年刊印,名《般若心经之历史的研

---

〔1〕 李昉等:《太平广记》卷九十二,人民文学出版社1959年版,第606页。

〔2〕 观衡:《心经小谈》,《续藏经》第41册中国撰述·大小乘释经部,第943页。

究》——1988 年 11 月补记）[1]

《心经》还是《多心经》，对我们的研究而言并不是一个问题，因为我们所关注的是《般若心经》如何与观世音联系在一起。《西游记》对《般若心经》的重视，表明这一联系已经深入了人心，而其源头一般认为出自于玄奘的亲身经历。那么，玄奘在这里所默念的《心经》是梵文还是汉文？倘若是汉文，又是谁翻译过来的呢？众所周知，《心经》的版本繁多，通常为人们所谈论的有八译：第一译《摩诃般若波罗蜜大明咒经》一卷，姚秦鸠摩罗什译于公元 402 年；第二译《般若波罗蜜多心经》一卷，唐玄奘译于公元 649 年；第三译《佛说般若波罗蜜多心经》一卷，唐义净译于公元 700 年；第四译《普遍智藏般若波罗蜜多心经》一卷，唐法月译于公元 733 年；第五译《般若波罗蜜多心经》一卷，唐般若共利言等译于 790 年；第六译《般若波罗蜜多心经》一卷，唐智慧轮译于公元 850 年；第七译《般若波罗蜜多心经》一卷，唐法成译；第八译《佛说圣佛母般若波罗蜜多经》一卷，赵宋施护译于公元 980 年。

虽然诸多译本中，玄奘所译之本最为通行，但此刻玄奘所诵之《般若心经》显然并非他日后所译，那么最大的可能性就是鸠摩罗什所译之《摩诃般若波罗蜜大明咒经》。不过，玄奘译本比罗什本更为简洁，这与我们的印象不太吻合，不能不让人产生疑虑：

> 罗什译籍以意译为主，简明扼要是其主要特征，如他翻译的《大智度论》、《中论》、《百论》等，都具有此明显特征。如他翻译的《大智度论》，"论之略本有十万偈，并三百二十万言，胡夏既乖，又有繁简之异，三分除二，得此百卷"。"若尽出之，将十倍于此"。罗什翻译的《大智度论》一百卷，如果把梵本原文都翻译出来，会有一千卷。就是说，罗什译本只是原文的十分之一，百分

---

[1] 周一良：《魏晋南北朝史论集续编》，北京大学出版社 1991 年版，第 310 页。福井文雅的具体论述，可参见福井文雅撰、郭自得、郭长城合译《般若心经观在中国的变迁》，《敦煌学》第 6 辑，"中国文化大学"、中国文学研究所敦煌学会 1983 年版，第 17—30 页。

之九十被他删掉了。他翻译的《百论》，原文共二十品，他只翻译了前十品，后十品被他略去不翻。他翻译的《金刚经》、《阿弥陀经》、《妙法莲华经》等，也被大量删减，如他翻译的《阿弥陀经》，其字数还不到玄奘译本的二分之一，这样的例子举不胜举。唯独《心经》，他不仅不删，反而增加了很多内容，这不能不使人怀疑是否出自罗什之手。[1]

除翻译风格之外，罗什本的来源也不让能让人信服。《出三藏记集》卷二所列罗什译经三十五部，其中并无此经，吕澂猜测《出三藏记集》卷四失译经中有《摩诃般若波罗蜜神咒》，"后误鸠摩罗什译，智昇著《开元释教录》改题为《摩诃般若波罗蜜大明咒经》"[2]。有学者则进一步指出，所谓罗什本实际上本无原典，乃是集结而成，"主体部分乃是抄自罗什译《大经》（或《大智度论》中所引《大经》），再加上阿地瞿多译经中的咒语。罗什本最后定型的时间自然是在此时间之后，并且晚于玄奘本"[3]。

倘若并无罗什本的原典存在，那么《三藏法师传》中所记录的玄奘所获得的《般若心经》来自何处，为何人所译呢？一种最大胆的猜测是《心经》其实是"出口转内销"，即此经本为玄奘向壁虚构，然后翻译成梵本，流行于天竺，然后再由梵本回译。其证据如《般若心经》在中土流行的时间早于印度，其序分与流通分的缺乏使它难以作为完整的独立佛经存在等等。"不少有说服力的证据指出《心经》原来也许是暗中先用中文写作，然后翻译成梵文，好像是为了要让人产生原来的《心经》是梵文佛经的印象。美国佛学家 Jan Nattier 写了一篇很有启发性的文章。她详尽地搜集了大量文献研究、语言学、文本以及历史上的各种证据，表示《心经》几乎是一字不差地从篇幅大得多的《摩诃般若波罗蜜》里抄录出来。具体地说，《心经》是从由著名龟兹佛经翻译家鸠摩罗什译成中文的《摩诃般若波罗

---

〔1〕 韩延杰：《〈心经〉不同版本论》，《纪念中国社会科学院建院三十周年学术论文集·世界宗教研究所卷》，方志出版社 2007 年版，第 93 页。

〔2〕 吕澂：《吕澂佛学论著选集》第三卷，齐鲁书社 1991 年版，第 1685 页。

〔3〕 纪赟：《心经疑伪问题再研究》，《福严佛学研究》2012 年第 7 期。

蜜经》里抽出来的一小段。这一小段经文随后成为一部单独的佛经。而在最初的鸠摩罗什中文翻译本面世几个世纪以后,又有人把这部从(中文)《摩诃般若波罗蜜经》独立出来的中文《心经》翻译成梵文。"[1]

那么谁是这个将中文《心经》翻译成梵文的回译者呢?玄奘是最大的嫌疑者。"《般若心经》的前身是《大明咒经》,为汉文。玄奘得到这个汉文本,一路念诵前往印度。玄奘留学印度十余年,兼通华梵。该《般若心经》其后出现梵文本,出现的时代在玄奘留学印度以后。该梵文本乃从汉文回译。上述种种资料汇集在一起,则从常理推测,回译者除了玄奘,似乎不会有任何其他人。"[2]

由此看来,我们推定罗什本的存在或玄奘为《般若心经》的集结者与回译者,一个关键性的证据,就是《三藏法师传》中玄奘念诵《般若心经》。但《三藏法师传》中的相关描述几乎是孤证,这里的记载真有那么无懈可击吗?我们注意到真实性无可置疑的《大唐西域记》,其间并无《般若心经》的任何叙述。另一个我们无法忽略的现象是,《三藏法师传》共计提到五次"观音",同时六次使用了"观自在"这一称呼。如此接近的比例,不免让我们感到惊讶,因为在《大唐西域记》中,我们找不到"观音"这样的指称,作者在考察了观世音的梵文后,一直审慎地使用"观自在"来表明他的严谨,其间提到了"观自在"达到 24 次之多。与玄奘关系密切又多年参加其所主持的译场的慧立等人,为什么会在后出的《三藏法师传》中反而重新使用带有泥土气息并被高僧们认定为不太规范化的"观音"这一称呼呢?尤其是在《三藏法师传》中也直接撰述过关于观音梵文正确译法的问题。

---

〔1〕 梅维恒:《〈心经〉与〈西游记〉》,《唐研究》第十卷,北京大学出版社 2004 年版,第 45 页。
〔2〕 方广锠:《〈般若心经〉——佛教发展中的文化汇流之又一例证》,《深圳大学学报》2013 年第 30 卷。

第十二章　中古密教经典与观世音

一　竺难提与《请观世音经》

求那跋摩对于中土观世音信仰的传播有着非凡的意义。首先,作为海上丝绸之路的参与者,他被部分学者认定为观音信仰由海上传入中土的重要证人。他的经历使我们不得不将注意力转移到西行道路受到阻隔之后开辟出来的这条宝贵的南海通道,虽然他不是这条佛法传输航线的开辟者,但提到中古时期来往于这条航线的名人,我们总是不能遗忘他,[1]如岑仲勉先生在论述此一时期的南海通路时,就说道:"自东晋至六朝,经南海往来之名僧如昙摩耶舍(罽宾人)以隆安中达广州,求那跋摩(罽宾人)经师子国至阇婆,元嘉元年乘商人竺难提舶到广州,昙无竭(幽州黄龙人)宋时于南天竺随船回广州,又求那跋陀罗以元嘉十二年随船至广州,寻其行踪,相信南海交通已有直航、转航之别。"[2]

其次,求那跋摩的这一次不经意的转航,给中土带来了观世音信仰传播领域里一个值得关注的人物——竺难提。20 岁出家、博通 4 部《阿

---

〔1〕 冯承钧曾详细考证法显后往来南海间之沙门,约有 10 人,其著者即为求那跋摩。冯承钧:《中国南洋交通史》,商务印书馆 2011 年版,第 25—29 页。

〔2〕 岑仲勉:《隋唐史》第二卷,高等教育出版社 1957 年版,第 581 页。

含》、时人称为"三藏法师"的求那跋摩,声名传到中土之后,元嘉元年(424)九月,建康城中的名僧慧观、慧聪等上疏宋文帝,请求邀请求那跋摩前来:

> 时京师名德沙门慧观、慧聪等,远挹风猷,思欲餐禀,以元嘉
> 元年九月,面启文帝,求迎请跋摩。帝即敕交州刺史,令泛舶延
> 致;观等又遣沙门法长、道冲、道俊等往彼祈请,并致书于跋摩及
> 阇婆王婆多加等,必希顾临宋境,流行道教。[1]

巧合的是,在宋文帝的邀请函抵达之前,求那跋摩已经先行来到广州:

> 跋摩以圣化宜广,不惮游方,先已随商人竺难提舶欲向一小
> 国,会值便风,遂至广州。[2]

被大风吹到广州的求那跋摩,按照慧皎的叙述,是乘坐商人竺难提的船只而来中土的。慧皎这漫不经心的一笔,却使后来的学者如获至宝,因为《请观世音菩萨消伏毒害陀罗尼咒经》正是竺难提所译,而我们对竺难提的生平几乎是一无所知。《历代三宝纪》曾著录竺难提译有佛经三部四卷:

> 《大乘方便经二卷》,元熙二年译,是第三出,与法护、僧伽陀
> 译小异,与《慧上菩萨所问经》同本别译,见《始兴录》。
> 《请观世音消伏毒害陀罗尼经》一卷,第二出,见《法上录》。
> 《威革长者六向拜经》一卷,晋宋间于广州译,是第三出,与
> 法护《多蜜六向拜》同,见始兴及宝唱等录。
> 右三部合四卷,外国居士竺难提,晋言喜法。《上录》云"晋
> 世译",未详何帝年。[3]

---

〔1〕 慧皎撰,汤用彤校注,汤一介整理:《高僧传》卷三,中华书局1992年版,第107页。
〔2〕 慧皎撰,汤用彤校注,汤一介整理:《高僧传》卷三,中华书局1992年版,第107页。
〔3〕 费长房:《历代三宝纪》卷一〇,《大正藏》第四十九卷史传部一,第71—72页。

在费长房这里,他告诉我们竺难提是外国居士,汉名是喜法,在晋朝译有上述四卷佛经。但在《众经目录》中,尤其在介绍《请观世音菩萨消伏毒害陀罗尼咒经》时,法坚就言之凿凿地告诉我们竺难提是外国船主,在刘宋时期译出了此经:

> 《慧上菩萨问大善权经》二卷,晋太康年竺法护译;《大乘方便经》二卷,晋世竺难提释:右二经同本异译。[1]
>
> 《请观世音消伏毒害陀罗尼经》一卷,宋世外国舶主竺难提译。[2]

法坚称竺难提为"宋世外国舶主",不能不让人联想到他当是受到了慧皎的影响。不过,慧皎虽然提到了外国舶主竺难提,却并没有将他与《请观世音菩萨消伏毒害陀罗尼咒经》等经籍联系起来。僧祐首先著录了《请观世音菩萨消伏毒害陀罗尼咒经》,却将它归属于"新集续撰失译杂经录"[3]下,可见他却并不以为竺难提就是《请观世音菩萨消伏毒害陀罗尼咒经》等佛经的汉译者。至于费长房为何将《请观世音菩萨消伏毒害陀罗尼咒经》等三部佛经归属在竺难提名下,而法坚又肯定这位翻译者就是曾经载来求那跋摩的外国船主,就是我们所无从知晓的了。令人不安的是,这样的说法不仅再也没有受到质疑,似乎在不断地重复中而为人们所普遍接受,如靖迈《古今译经图纪》卷二:

> 居士竺难提,此言喜,西域人。志道无倦,履远能安。解悟幽旨,言通晋俗。以晋恭帝元熙元年岁次己未爰暨宋世,译《大乘方便经》(二卷)、《请观世音消伏毒害陀罗尼经》(一卷)、《威革长者六向拜经》(一卷)。[4]

---

〔1〕 法坚:《众经目录》卷一,《大正藏》第五十五卷目录部,第117页。
〔2〕 法坚:《众经目录》卷一,《大正藏》第五十五卷目录部,第116页。
〔3〕 僧祐:《出三藏记集》卷四《新集续撰失译杂经录》,中华书局1995年版,第128页。
〔4〕 靖迈:《古今译经图纪》卷二,《大正藏》第五十五卷,目录部,第357页。

又《法苑珠林》卷六十《观音部第五》：

> 《请观世音大势至菩萨咒法陀罗尼咒经》云："佛在舍卫国
> 时，有夜叉，五头，面黑如墨，而有五眼。拘牙上出，吸人精气。
> 眼赤如血，两耳出脓，鼻中流血，舌噤无声，食化粗涩，六识闭塞，
> 为鬼所致。人民被害，以命投佛。遂令请观世音菩萨除去毒
> 害。"一名《请观世音菩萨消伏毒害陀罗尼咒经》，此乃南宋时外
> 国舶主竺难提译出。[1]

难提是一位通过南海往来于中土与天竺的船主应该是确定无疑的事实。
宝唱的《比丘尼传·广陵僧果尼传》可作为旁证：

> 及元嘉六年，有外国舶主难提，从师子国载比丘尼来至宋
> 都，住景福寺。……到十年，舶主难提复将师子国铁萨罗等十一
> 尼至。先达诸尼诸尼已通宋语，请僧伽跋摩于南林寺坛界，次第
> 重受三百余人。[2]

但这位热心佛教事业的商船主是否是《请观世音经》的汉译者，却需要进
一步论证，或许如小野玄妙所言存疑更为妥当。[3] 当然，无论《请观世音
经》译者是否是竺难提，对于此经的盛行并没有太大影响。"素信佛法，持
戒深精"的陆杲，曾续傅亮、张演之《光世音应验记》作《系观世音应验记》，
收录观世音灵验之事证 69 则，分别按《法华经·观世音菩萨普门品》和
《请观世音菩萨消伏毒害陀罗尼咒经》所讲述的救难类别，分为 11 组进行
排列。其中，前 55 则故事按《普门品》所言救难之事排列，后 14 则分为四

---

〔1〕 释道世著，周叔迦、苏晋仁校注：《法苑珠林校注》，中华书局 2003 年版，第 1779—
1780 页。

〔2〕 宝唱著，王孺童校注：《比丘尼传校注》卷二，中华书局 2006 年版，第 88 页。

〔3〕 "竺难提，何许人，不详。亦不知为晋世何帝年代之人。《出三藏记集》无其名，然《历
代三宝纪》等诸录据始兴所载，而列有《大乘方便经》以下三部四卷之翻译，其中《大乘方便经》编
次于《宝积经》中，《请观世音消伏毒害陀罗尼经》现行本亦附竺难提译名，其虚实不详。此等经
僧祐编入失译经中，故存疑方为妥善。"[日]小野玄妙：《佛教经典总论》，第 77 页。

组按《请观世音经》所言排列,这四组分别是:毕览、邢怀明、苻坚败时八人、释僧朗、释道冏道人共五条验证"示其道径"[1];潘道修、韩睦之、彭城妪、池金罡共四则验证"接还本土"[2];道豫道人说癞人、月支国人、释惠缘道人三条言"遇大恶病"[3];王桃、法领道人两则故事言"恶兽怖畏"[4]。《请观世音经》与《普门品》共同成为《系观世音应验记》故事演说的依据,可见其影响颇为深远。

《请观世音经》能够迅速传播,并为广大信徒所接受,显然与它进一步强化观世音菩萨的救难品格有关。《普门品》对观世音菩萨救难的具体范围描述为"火难"、"水难"、"罗刹难"、"刀杖难"、"恶鬼难"、"枷锁难"、"怨贼难"等"七难",《请观世音经》在强调这些救难的同时范围有所扩大,其中有云:

> 持此咒者,常为诸佛诸大菩萨之所护持,免离怖畏、刀杖毒害,及与疾病,令得无患。
>
> 设使大火从四面来焚烧己身,诵持此咒,故龙王降雨,即得解脱;设火焚身,节节疼痛,一心称观世音菩萨名号,三诵此咒,即得除愈;设复谷贵饥馑王难,恶兽盗贼迷于道路,牢狱系闭杻械枷锁被五系缚,入于大海黑风回波,水色之山夜叉罗刹之难,毒药刀剑临当刑戮,过去业缘,现造众恶,以是因缘受一切苦极大怖畏,应当一心称观世音菩萨名号,并诵此咒一遍至七遍,消伏毒害、恶业、恶行、不善恶聚,如火焚薪,永尽无余。[5]

《请观世音》中的上述救难的描述,与《普门品》中所言,应该是同多于异,可以看出两者之间的紧密联系。相对而言,《请观世音经》在救难具体化的同时,不忘反复渲染所救之难包括"一切怖畏、一切毒害、一切恶鬼虎狼

〔1〕董志翘:《〈观世音应验记三种〉译注》,江苏古籍出版社 2002 年版,第 185 页。
〔2〕董志翘:《〈观世音应验记三种〉译注》,江苏古籍出版社 2002 年版,第 200 页。
〔3〕董志翘:《〈观世音应验记三种〉译注》,江苏古籍出版社 2002 年版,第 204 页。
〔4〕董志翘:《〈观世音应验记三种〉译注》,江苏古籍出版社 2002 年版,第 207 页。
〔5〕竺难提:《请观世音菩萨消伏毒害陀罗尼咒经》,《大正藏》第二十卷密教部三,第 35 页。

师子"等。从救难的细则出发,正如陆杲《系观世音应验记》所特别说明的那样,《请观世音经》突出的贡献是在"示其道径"、"接还本土"、"遇大恶病"、"恶兽怖畏"等诸方面:

> 若善男子、善女人四部弟子,得闻观世音菩萨名号,并受持读诵六字章句,若行旷野,迷失道径,诵此咒故,观世音菩萨大悲熏心,化为人像,示其道路,令得安隐;若当饥渴,化作泉井、果蓏,饮食令得饱满;设复有人遇大祸对,亡失国土、妻子、财产与怨憎会,称观世音菩萨名号,诵念此咒数息,系念无分散意,经七七日,时大悲者化为天像,及作大力鬼神王像,接还本土,令得安隐;若复有人入海采宝,空山旷野,逢值虎狼、师子、毒虫、蝮蝎、夜叉、罗刹、拘槃荼,及诸恶鬼啖精气者,三称观世音菩萨名号,及诵此咒,即得解脱;若有妇人生产,难者临当命终,三称观世音菩萨名号,并诵持此咒,即得解脱;遇大恶贼盗其财物,三称观世音菩萨名号,诵持此咒,贼即慈心复道而去。阿难当知,如此菩萨及是神咒毕定吉祥,常能消伏一切毒害真实不虚,普施三界一切众生,令无怖畏,作大拥护,今世受乐,后世生处见佛闻法速得解脱;此咒威神巍巍无量,能令众生免地狱苦、饿鬼苦、畜生苦、阿修罗苦及八难苦,如水灭火,永尽无余。[1]

值得注意的是,作为密教经典的《请观世音菩萨消伏毒害陀罗尼咒经》,其本意毫无疑问是在陀罗尼之神咒,但我们无法忽略这样的事实,虽然经中不断强调念诵六字章句等神咒会带来终生脱离现世的苦难,甚至远离地狱、饿鬼、畜生、阿修罗等恶道,但在宣扬神咒的同时,几乎都将其依附于观世音菩萨令人印象最为深刻的神迹——称名救难之后,因此我们所常见到的叙述方式是"三称观世音菩萨名号,并诵持此咒即得解脱"。这显然反映出了《请观世音菩萨消伏毒害陀罗尼咒经》这样的密教典籍在进入

---

[1] 竺难提:《请观世音菩萨消伏毒害陀罗尼咒经》,《大正藏》第二十卷密教部三,第36页。

中土之初对于大乘经籍的倚重,这一点与其后传入的《佛说十一面观世音神咒经》、《不空胃索咒经》等进行比较,就可以清晰看出。另一个比较明晰的事实,是《请观世音菩萨消伏毒害陀罗尼咒经》中的观世音菩萨相貌,并没有如常见的密教典籍那样被描述成多首、多臂且手中多持有各种象征性的法器。当然,《请观世音菩萨消伏毒害陀罗尼咒经》也给后世密教观音造像提供了一个重大改变,那就是杨柳枝的出现:

> 时毗舍离大城之中,有一长者名曰月盖,与其同类五百长者,俱诣佛所。到佛所已,头面作礼,却住一面,白言世尊:此国人民,遇大恶病,良医耆婆尽其道术所不能救,唯愿天尊慈悯一切,救济病苦,令得无患。尔时世尊,告长者言:去此不远,正主西方,有佛世尊名无量寿,彼有菩萨名观世音及大势至,恒以大悲,怜悯一切,救济苦厄。汝今应当五体投地,向彼作礼,烧香散华,系念数息,令心不散,经十念顷,为众生故,当请彼佛及二菩萨。说是语时,于佛光中,得见西方无量寿佛并二菩萨。如来神力佛及菩萨俱到此国,往毗舍离,住城门阃。佛二菩萨与诸大众放大光明,照毗舍离皆作金色。尔时毗舍离人,即具杨枝、净水,授与观世音菩萨。[1]

杨柳枝究竟在什么时候与观音密不可分,是不是由引入中土的第一部密教典籍《请观世音菩萨消伏毒害陀罗尼咒经》开始的,我们尚无法肯定。不过显而易见的事实是杨柳、净瓶在唐代以来逐渐代替了莲花、净瓶,成为与观音菩萨联系最为紧密的法器。在《西游记》中,观世音菩萨施法时最常见的手段便是用杨柳枝蘸甘露,这反映出了观世音菩萨这一形象已经深入人心。

对观音信仰研究甚为细密的于君方女士,认为观音形象这一变化是《请观世音菩萨消伏毒害陀罗尼咒经》直接带来的:

---

[1] 竺难提:《请观世音菩萨消伏毒害陀罗尼咒经》,《大正藏》第二十卷密教部三,第34页。

　　观世音菩萨在密教经典中呈现的普世怙主形象想必十分引人注目,其实我们从观世音菩萨的新图像资料中可以发现证据,证实人们对这种新形象的正面回应。自唐代以降,观音的造像改为手持杨枝、净瓶,取代以往手持莲花、净瓶的造型。观音像最初受到印度造像典范的影响,所以呈现手持莲花的造型,最早的例证是一件453年的镀金青铜观音像,收藏于弗利儿美术馆。但是由于《请观音经》和其他密教经典的影响,图像中的莲花被杨柳枝所取代,这是因为根据《请观音经》的仪轨,祈请观音救助之前,行者必须献给杨枝净瓶给菩萨,而以千手观世音菩萨为主的经典则特别提到杨枝有疗病之奇效;当然,杨枝手也是四十手印之一。[1]

杨柳枝在早期的佛教典籍中多有出现,往往同口腔清洁有关,这与其时人们的生活习惯有关。如佛驮跋陀罗译《大方广佛经》"晨嚼杨枝"、鸠摩罗什所译《大庄严论经》"有一比丘诣檀越家,时彼檀越既嚼杨枝以用漱口"等。其中,后魏慧觉等人所译《贤愚经》所述最为神奇与翔实:

　　是日设食,清晨躬手授佛杨枝。佛受嚼竟,掷残着地,堕地便生,蓊郁而起。根茎踊出,高五百由旬,枝叶云布,周匝亦尔。渐复生华,大如车轮。遂复有果,大五斗瓶。根茎、枝叶,纯是七宝若干种色,映灿丽妙,随色发光,掩蔽日月。食其果者,美逾甘露。香气四塞,闻者情悦。香风来吹,更相揎触。枝、叶皆出和雅之音,畅演法要。[2]

后来,赵宋时期慧询等译《菩萨本生鬘论》,借用了类似的描述:

　　当月一日于晨朝时,佛与大众初至论场。胜军大王是日设

――――――――――――

〔1〕　于君方:《观音——菩萨中国化的演变》,商务印书馆2012年版,第89页。
〔2〕　慧觉:《贤愚经》卷二,《大正藏》第四卷本缘部下,第362页。

食,净心亲手以奉杨枝。佛受嚼已,掷残置地,忽然之间,发生根茎以至青翠,渐次高大三百由旬。其条傍布二百由旬,枝叶华果七宝所成,有多种色随色发光。食其果者,味如甘露。一切人民睹是神变,咸生信重,赞言稀有。佛随机宜,为说妙法。闻法解悟,得不退转。[1]

杨柳枝出现在《请观世音菩萨消伏毒害陀罗尼咒经》中,同"净水"在一起,不仅象征清净之意,更具有神奇的疗病作用,在医术、道术都束手无策之时,杨柳枝所洒下的净水轻易地去除了恶疾。或许是首次现身于密教经籍中的观世音是以疗病者的身份出现的,嗣后密教中的观世音菩萨除病消灾的功能尤为突出。当然,密教的核心还是咒语与仪轨等,所以在唐朝以后的密教典籍中,我们可以发现杨柳枝也成为疗病咒语的重要组成部分,如《千眼千臂观世音菩萨陀罗尼神咒经》即云:"尔时观世音菩萨……此咒能摧伏一切诸恶鬼神,一切诸病,一切恶毒,一切恶人。此咒能摧破三十三天,皆令降伏。……咒杨枝二十一遍,口中嚼之即得爱敬。"[2]

二 耶舍崛多与《十一面观世音神咒经》

十一面观音出现的大致时间,目前并没有确切的说法。我们只能依据一些信徒的事迹来推断其流布的年限,比如根据宋朝非浊《三宝感应要略录》卷中"憍萨罗国造十一面观音像免疾疫难感应"所引《西国传》中的描述,我们可以知道印度密教中的十一面观音信仰在公元4世纪以后应该已经出现了:

> 佛灭度后八百年中,憍萨罗国中疾疫流行,病死半分,经历三年,不得免难。王臣共议,立誓祈请十方世界天上、天下有大悲者,必来救护。尔时梦见圣像,具足十一面,身黄金色,光明照

---

〔1〕 慧询等:《菩萨本生鬘论》卷二,《大正藏》第三卷本缘部上,第335页。

〔2〕 智通:《千眼千臂观世音菩萨陀罗尼神咒经》卷卜,《大正藏》第二十卷密教部三,第94页。

耀，舒手摩王顶，言："我以十一面，守护王国。"梦觉，告臣。王臣、人民一日中造十一面观音像，一时免难。以是已后一百年中，未遭此难矣。[1]

至于《三国遗事》中两则有关十一面观音的记载，所提供的信息还需要深入判定。其卷三《众生寺》有云：

> 《新罗古传云》：中华天子有宠姬，美艳无双。谓古今图画鲜有如此者，乃命善画者写真。其人奉敕图成，误落笔，污赤毁于脐下，欲改之而不能，心疑赤志必自天生。功毕献之，帝目之曰："形则逼真矣，其脐下之志乃所内秘，何得知之并写？"帝乃震怒，下圆扉将加刑。丞相奏云："所谓伊人，其心且直，愿赦宥之。"帝曰："彼既贤直，朕昨梦之，像画进不差则宥之。"其人乃画十一面观音像呈之，协于所梦。帝于是意解，赦之。其人既免，乃与博士芬节约曰："吾闻新罗国敬信佛法，与子乘桴于海，适彼同修佛事，广益仁邦，不亦益乎？"遂相与到新罗国，因成此寺大悲像。国人瞻仰，禳祷获福，不可胜记。[2]

又卷五《憬兴遇圣》有载：

> 神文王代，大德憬兴，姓水氏，熊川州人也。年十八出家，游刃三藏，望重一时。开耀元年，文武王将升遐，顾命于神文曰："憬兴法师可为国师，不忘朕命。"神文即位，曲为国老，住三郎寺。忽寝疾弥月，有一尼来谒候之。以《华严经》中善友原病之说为言曰："今师之疾，忧劳所致，喜笑可治。"乃作十一样面貌，各作俳谐之舞，巉岩成削，变态不可胜言，皆可脱颐。师之病不觉洒然。尼遂出门，乃入南巷寺（寺在三郎寺南）而隐，所将杖子

---

〔1〕 非浊：《三宝感应要略录》卷中，《大正藏》第五十一卷史传部三，第852页。

〔2〕 ［高丽］一然著，孙文范等校勘：《三国遗事》，吉林文史出版社2003年版，第127页。

在帧画十一面圆通像前。一日,将入王宫,从者先备于东门之外,鞍骑甚都,靴笠斯陈,行路为之辟易。一居士(一云沙门)形仪疏率,手杖背筐来,憩于下马台上,视筐中干鱼也。从者呵之曰:"尔着缁,奚负触物耶?"僧曰:"与其挟生肉于两股间,背真三市之枯鱼,有何所嫌?"言讫起去。兴方出门,闻其言,使人追之。至南山文殊寺之门外,抛筐而隐,杖在文殊像前,枯鱼乃松皮也。使来告,兴闻之叹曰:"大圣来戒我骑畜尔。"终身不复骑。[1]

而中土十一面观世音的信仰,根据新罗人的相关描述,我们可以毫不犹豫地确定其在唐初已经较为盛行。新罗崔致远所撰《唐大荐福寺主翻经大德法藏和尚传》有云:

> 神功元年,契丹拒命,出师讨之。特诏藏依经教遏寇虐,乃奏曰:若令摧伏怨敌,请约左道诸法。诏从之。法师盥浴更衣,建立十一面道场,置光音像行道。始数日,羯虏睹王师无数神王之众,或瞩观音之像浮空而至,犬羊之群相次逗挠,月捷以闻。天后优诏劳之,曰:蒯城之外,兵士闻天鼓之声;良乡县中,贼众睹观音之像。醴酒流甘于陈塞,仙驾引纛于军前,此神兵之扫除,盖慈力之加被。[2]

而唐龙朔元年(661)于京师西明寺所录之《集古今佛道论衡》,在描述佛道论争之时,卷四曾提及十一面观音像作为信奉佛法的标志,又可以作为旁证:

> 释尊弘化,慈诱遍于人天;李老垂则,述作开于赤县。故使在身、在国,不免生死之流;离恼、离著,超于空有之域。所以回心归向,奉敬无遗;造佛书经,晨昏礼谒。当愿善无不在,常志笃

〔1〕 [高丽]一然著,孙文范等校勘:《三国遗事》,吉林文史出版社 2003 年版,第 193—194 页。
〔2〕 崔致远:《唐大荐福寺主翻经大德法藏和尚传》,《大正藏》第五十卷史传部(二),第283 页。

于真乘；道无不通，故莫滞于凡识。统诸来学，幸顾斯言。金铜佛五躯，十一面观音像二躯，并诸大乘经。[1]

当然，有关十一面观音的经典在中土的译出是十一面观音信仰传布的基础与标志。目前所知，在中土有关十一面观音的经典有四出，分别是北周保定四年(564)耶舍崛多所译之《佛说十一面观世音神咒经》，唐永徽四年(653)阿地瞿多所译之《十一面观世音神咒经》，唐显庆元年(656)玄奘所译之《十一面神咒心经》与唐不空所之译《十一面观自在菩萨心密言念诵仪轨经》。由此，我们还可以将十一面观音信仰进入中土的时间向前推进一步，即在北周已经开始流传，[2]虽然有人认为其时影响还较为有限。

《佛说十一面观世音神咒经》为耶舍崛多所出。这一说法首先出自费长房《历代三宝纪》。小野玄妙曾对《历代三宝纪》批评甚为激烈，但提及其间梁、陈与隋三代相关之记录，却以为要区别对待："西晋以前之译经，有道安目录为规范；迄至南齐之译经，则以僧祐之目录最为精审。至梁代以后，其权威不得不属《历代三宝纪》。"因为"《历代三宝纪》完成于隋开皇十七年，追溯至梁初，尚不足百年，尤其梁末以来更是亲见亲闻之实事记录，且资料亦丰富，故此部分之记事，足资充分倡赖"[3]。因此，小野玄妙对于费长房所言耶舍崛多译出《须跋陀罗因缘优波提舍经》、《佛说十一面观世音神咒经》等三部经籍的说法并没有提出异议。此后《大唐内典录》、《大周刊定众经目录》、《开元释教录》等也接受了这一说法。不过，《历代三宝纪》在指出耶舍崛多出有《佛说十一面观世音神咒经》的同时，又含混

---

[1] 道宣：《集古今佛道论衡》卷四，《大正藏》第五十二卷史传部四，第395页。

[2] "《佛说十一面观世音神咒经》此经于6世纪后半叶传入中土，并译为汉文，故可以确定此前就有了十一面观音的信仰。"夏广兴：《密宗与唐五代文学创作——密宗成就剑法及密宗民俗信仰对小说创作之影响散论》，《古籍研究》总第45期，安徽大学出版社2004年版，第206页。

[3] [日]小野玄妙：《佛教经典总论》，新文丰出版公司1983年版，第100—101页。

地加上了一句"共小同学阇那崛多，为大蒙宰宇文护译"〔1〕。也就是说，阇那崛多曾经参与到《佛说十一面观世音神咒经》等作品的翻译中。但道宣《续高僧传》在阇那崛多的传记中特别提及《十一面观音》，倘若我们可以肯定这里的经书就是指《佛说十一面观世音神咒经》，那么至少主持《佛说十一面观世音神咒经》翻译工作的，按照道宣的叙述，应该就是阇那崛多了。〔2〕也许是因为这些细节实在难以厘清，于是有些学者在提到《佛说十一面神咒心经》时，干脆以为是阇那崛多与耶舍崛多所合译。

《佛说十一面观世音神咒经》对观世音信仰的贡献，首先在于详细描述了十一面观音像的具体建构，从而推动了像教的发展。

> 尔时观世音菩萨摩诃萨，白佛言：世尊，若有善男子、善女人，有能依观世音教作法者，彼善男子、善女人，须用白旃檀作观世音像，其木要须精实，不得枯箧。身长一尺三寸，作十一头，当前三面作菩萨面，左厢三面作瞋面，右厢三面似菩萨面狗牙上出，后有一面作大笑面，顶上一面作佛面。面悉向前，后着光。其十一面各戴花冠，其花冠中各有阿弥陀佛。观世音左手把澡瓶，瓶口出莲花，展其右手，以串璎珞施无畏手，其像身须刻出璎珞庄严。〔3〕

经文一一叙述了造像的材质、尺寸、十一面像的具体神态以及观世音菩萨的整体姿态。嗣后玄奘等人再出《十一面神咒心经》所述十一面观世音圣像虽略有变化，但基本风格已经奠定了。

---

〔1〕　"《金光明经更广寿量大辩陀罗尼品》五卷（第二出在北胡坊归圣寺译，沙门智仙笔受），《须跋陀罗因缘优波提舍经》二卷（于四天王寺译，沙门圆明笔受），《十一面观世音咒经并功能》一卷（于四天王寺译，上仪同城阳公萧吉笔受）：右三经合八卷，武帝世，优婆国三藏法师耶舍崛多，周言称藏，共小同学阇那崛多，为大蒙宰宇文护译。"费长房：《历代三宝纪》卷十一，《大正藏》第四十九卷史传部一，第100页。

〔2〕　"被明帝诏延入后园，共论佛法，殊礼别供诸禁中。思欲通法，无由自展，具情上启，即蒙别敕，为造四天王寺，听在居住。自兹已后，乃翻新经，既非弘泰，羁縻而已。所以接先阙本，度度梵文，即十一面观音、金仙问经等是也。"道宣：《续高僧传》卷二，《大正藏》第五十卷史传部二，第433页。

〔3〕　耶舍崛多，《佛说十　面观世音神咒经》，《大正藏》第二十卷密教部三，第150页。

　　当然,观世音圣像的供奉只是整个仪轨中的一个组成部分而言。在完成造像之后,《佛说十一面观世音神咒经》还给人们提供了具体的礼拜方式。这一礼拜的整个过程需要 15 天才能完成。前 7 天主要是念咒,早、中、晚各 108 遍;第 8 天至第 13 天,主要是给圣像贡献种种饮食与花果;第 14、15 天,在佛像前燃烧檀木,点沉香,并将沉香分成 1008 段,每持一段沉香涂上苏磨油,就念一遍咒语,投在火中,并在这两天内不吃东西,到了第 15 天观世音菩萨就会出现在道场,满足供奉者的愿望:

> 　　从一日至七日,一日三时诵咒。晨朝诵一百八遍,中时一百八遍,向暮一百八遍。未须献食,从八日中时至十三日,日别一献种种饮食及余果子。所献之食,不着槃上,唯敷净草,上置饮食。于十四日、十五日,倍加上妙香华以为供养,种种肴膳及余杂果,倍胜于前以为献佛。其行者唯敷莎草为座,胡跪恭敬,面正向像。于十四、十五日,在其像前然旃檀火,须苏摩油一升,净铜器盛之,置行者前。复须沉水香,粗细如筋,寸截满一千八段。尔时行者从十五日中后,取一沉水段,涂苏摩油,咒之一遍,掷着旃檀火中。如是次第,尽一千八段。尔时行者于其二日全不得食,至十五日夜。时观世音来入道场,其旃檀像自然动摇。其像动时,三千大千世界俱时振动。其像顶上佛面出声赞行者言:"善哉! 善哉! 善男子,我来看汝,所有愿者,今悉满足。"[1]

整个仪式始于念咒,而终于念咒。在祈祷的每一过程中,我们发现有神秘的咒语伴随,比如更衣时有咒衣咒,在身上洒水时有咒水咒,入道场燃香时有咒香咒,献花时有咒华咒,供奉饮食时有咒食咒,点灯时有咒油燃咒等。虽然经文声称称名念咒可以远离"一切苦恼,一切障难,一切怖畏及三业罪悉得除灭",依此修行即可得阿耨多罗三藐三菩提于掌中,但对于信徒而言,这些愿景还是过于遥远,他们更关注的仍然是现世的利益。因

---

　〔1〕 耶舍崛多:《佛说十一面观世音神咒经》,《大正藏》第二十卷密教部三,第 151 页。

此,经文一开始就大力宣扬了念咒语所带来的十种果报:

> 一者身常无病。
>
> 二者恒为十方诸佛忆念。
>
> 三者一切财物衣服饮食,自然充足恒无乏少。
>
> 四者能破一切怨敌。
>
> 五者能使一切众生皆生慈心。
>
> 六者一切蛊毒一切热病无能侵害。
>
> 七者一切刀杖不能为害。
>
> 八者一切水难不能漂溺。
>
> 九者一切火难不能焚烧。
>
> 十者不受一切横死。[1]

与此同时,经文又指出神咒还可以带来四种果报:

> 一者临命终时得见十方无量诸佛。
>
> 二者永不堕地狱。
>
> 三者不为一切禽兽所害。
>
> 四者命终之后生无量寿国。[2]

不过,身体康健,饮食充足,远离一切天灾人祸,这当是信徒们最为期待的。后四种果报,是我们在显教的经文中更为熟悉的。而在《佛说十一面观世音神咒经》中,整个经文则始终围绕前十种祈愿展开,以下种种烦琐的仪式与神秘的咒语,也是以十种现世的祈愿为诱导。更让我们惊讶与不安的是,或许是对于这些具体的祈愿过于关注,在经文中我们发现大量的篇幅在描述如何使用咒术祛除疾病与了结夙愿等,这使我们很难将它们与巫术区别开来,也很难将之与悲天悯人的佛理联系起来。其中我印

---

〔1〕　耶舍崛多:《佛说十一面观世音神咒经》,《大正藏》第二十卷密教部三,第149页。

〔2〕　耶舍崛多:《佛说十一面观世音神咒经》,《大正藏》第二十卷密教部三,第149页。

象最为深刻的是如何使用咒术治疗多种疾病：

> 或患丁肿，或患漏，或体生疮疱，或被蛇螫，或蝎螫，一切毒
> 虫所螫之者，以黄土作泥，咒之七遍，涂其螫处，悉得除愈。若患
> 风病，咒酥七遍，涂其患处，并服之，即得除愈。或患偏风，耳鼻
> 不通，以青木香用胡麻油桦皮上煮之，并咒七遍，涂其患处，即得
> 除愈。所有疾病，用此咒治，悉得除愈。[1]
>
> ……若月食时，用赤铜钵，盛牛酥三两，于其路地，在观世音
> 像前，以黄土泥涂地，团圆一尺五寸，酥钵置上，从初蚀时诵咒，
> 乃至是月还生如故，然后始休。取其酥食，须食尽竟，不得留余。
> 食此酥已，身中疾病，悉得除愈。[2]

这种具体的操作方式的出现，使我们深深感受到密教经文同显教的巨大
差异，同时也对密教是印度佛教发展高级阶段的说法保持适当的质疑。
经文最后对于化解各种怨仇方式的详细描述，也给我们带来类似的困惑：

> 若有怨仇，伺求人便，取其白綖，在于像前，结作一百八结，
> 咒之一百八遍，系像左厢瞋面顶上，迳由一宿，解取此索，称彼怨
> 仇名字，一称一截，乃尽一百八结，恒称是人名字，所作不成。若
> 有人相瞋恨者，取五色綖作咒索，在于像前咒之，系着左厢瞋面
> 顶上，径由一宿，解取自繁，令彼瞋者自然和解。若有人欲求善
> 事，取五色綖结作咒索，在于像前，咒之七遍，系着正前面顶上，
> 径由一宿，解取系自身，所求如意。若有人自知身中有障难者，
> 须种种和香涂其像身，复以香水，洗浴其像。洗浴像已，还取此
> 水，咒之一百八遍，自浴其身。自浴身已，一切障难，自然
> 消灭。[3]

---

〔1〕 耶舍崛多：《佛说十一面观世音神咒经》，《大正藏》第二十卷密教部三，第150页。
〔2〕 耶舍崛多：《佛说十一面观世音神咒经》，《大正藏》第二十卷密教部三，第151页。
〔3〕 耶舍崛多：《佛说十一面观世音神咒经》，《大正藏》第二十卷密教部三，第151页。

聊以安慰的是,对于仇怨之类,咒术还停留在化解的层面上,并不具备攻击性。

三　阇那崛多与《不空羂索咒经》

在《历代三宝纪》所录诸多译经中,阇那崛多之作品应该是最少受质疑的,尤其是他在隋代所出的佛经,哪怕是对费长房最为挑剔的小野玄妙,也没有质疑这一时期的记录。[1] 因为从开皇七年七月开始,直至开皇十五年九月,阇那崛多所出的 31 部 165 卷佛经中,费长房不仅是其中 5 部经籍的笔受者,而且从开皇七年至十五年一直参与其间。《历代三宝纪》卷十二载阇那崛多所出经籍时费长房参与笔受的作品为:

> 《佛本行集经》六十卷,开皇七年七月起手,十二年二月讫功,沙门僧昙、学士费长房、刘凭等笔受,沙门彦琮制序。
>
> 《观察诸法行经四卷》,开皇十五年四月二十四日翻,五月二十五日讫,学士费长房笔受。
>
> 《善思童子经》二卷,开皇十一年七月翻,九月讫,学士费长房笔受,沙门彦琮制序。
>
> 《移识经》二卷,开皇十一年十月翻,十二月讫,学士费长房笔受。
>
> 《商主天子问经》一卷,开皇十五年八月翻,九月讫,学士费长房等笔受。[2]

不过,小野玄妙所强调是,费长房所记录的从开皇七年至十五年这 9 年时间所翻译的 31 部经籍确实无误。在此前后,阇那崛多所出的作品是否完整或准确记录,就另当别论了。比如,小野玄妙就指出在开皇十七年后,

---

〔1〕 "至于隋代三十一种译经,乃是实际亲任笔受之费长房等当事者之记录,故应一目不错。"[日]小野玄妙:《佛教经典总论》,新文丰出版公司 1983 年版,第 113 页。

〔2〕 费长房,《历代三宝纪》卷 二,《大正藏》第四十九卷史传部一,第 103—104 页。

阇那崛多应该还有译经,如《大唐内典录》所载《大云请雨经》等作品,不妨认定为是事实。[1] 至于我们此前所讨论的《佛说十一面观世音神咒经》,并没有出现在阇那崛多北周时所出的 4 部经书之中,而被置于耶舍崛多之下,或许在这个问题上,我们更应该相信费长房而不是道宣的叙述。

在阇那崛多所出近 50 部经籍中,与观世音信仰最为密切的自然是《添品妙法莲华经》。在《法华经》诸本中,后出的《添品妙法莲华经》显然是最"忠于原作"的,但在中土基本上未被人们所接受,一方面固然是鸠摩罗什的译作已经深入人心,另一方面也是因为它所添补的内容往往是枝蔓横生的部分。[2] 作为《佛说十一面观世音神咒经》之后进入中土的重要典籍,《不空胃索咒经》对于观世音信仰的影响却不可低估。它的贡献首先在于扩大了不空胃索观音的影响。不空胃索观音崇拜在印度出现的时间较早,《三宝感应要略录》卷下"第二十七南印度国造不空胃索像感应"引《出西域记》云:

> 南印度国荒废,君臣不保寿,人民已丧。王遣使,请中天竺尸利蜜多,欲救国灾。密多来至此国,白王言:"有大圣不空胃索观自在大王,方造像安置城西南阁。"王受教已,即造形像,安置城西南阁。像放光明,照一由旬,王臣保寿,五谷丰饶。人民从余国悯感其像,有城南故寺,即移阁为寺矣。[3]

但阇那崛多的《不空胃索咒经》却没有如《佛说十一面观世音神咒经》那样对观音像有详细描述,其中只有观音像的制作方法。[4] 而观音像的详细描绘直到唐代菩提流志的同本异译《不空胃索神变真言经》中才出现,或

---

〔1〕 小野玄妙:《佛教经典总论》,新文丰出版公司 1983 年版,第 113 页。

〔2〕 朱封鳌、韦彦铎:《中华天台宗通史》,宗教文化出版社 2001 年版,第 40—41 页。

〔3〕 非浊:《三宝感应要略录》卷下,《大正藏》第五十一卷史传部三,第 853 页。

〔4〕 "彼人当织一白氍,阔五尺,长一丈,不得割断综缕。彼氍当画作一佛,彩色中不得用胶,当和香及乳和彩色之。右边画作观世音像,状如摩醯首罗天,头上发悉如螺髻,方作华冠,肩上当画作黑鹿皮覆左肩上,自余身分当画作种种璎珞。"阇那崛多:《不空胃索咒经》,《大正藏》第二十卷密教部三,第 401—402 页。

许我们可以认为这是对前者的一种补充：

> 塑不空王观世音菩萨，身量横量十六指数，三面六臂。正中
> 大面慈悲，熙怡如大梵天面，眉间一眼，首戴天冠，冠有化阿弥陀
> 佛。左面怒目可畏，眉间一眼，鬓发耸竖，首戴月冠，冠有化佛。
> 右面颦眉努目，狗牙上出，极大可畏，眉间一眼，鬓发耸竖，首戴
> 月冠，冠有化佛。一手持胃索，一手执莲华，一手持三叉戟，一手
> 执钺斧，一手施无畏，一手把如意宝杖。结加趺坐，佩身光焰，众
> 妙天衣，珠璎环钏，种种庄严，坐莲华座。[1]

这样看来，在密教观世音信仰中，观音像的制作与崇拜理当是不可或缺的
组成部分，是整个仪轨中的重要一环。因为建立道场必须先制作观音像，
嗣后才有各种敬奉、咒语与仪式。不过，这些复杂的仪轨在《不空胃索咒
经》中全部省略了，这让我们进一步明确了早期密教经典与后来者的差
异，如果将它将与菩提流志的《不空胃索神变真言经》一一对勘，就极其明
显了。《不空胃索咒经》的兴趣似乎在于对不空胃索观音神力的强调。在
经书中，不空胃索观世音的不可思议之神力，从愿景来看，是赐予各种功
德。《不空胃索咒经》强调诵持此心咒可以获得 20 种功德，这正好是《十
一面观世音神咒经》的两倍，我们可以将两者进行对照来勘察其时人们的
愿景（见表 1）：

---

〔1〕 菩提流志：《不空胃索神变真言》卷二十，《大正藏》第二十卷密教部二，第 345 页。

表 1

《佛说十一面观世音神咒经》	《不空胃索咒经》
一者身常无病。	一者一切病痛不恼其身,虽有病痛以福业力故速得除差。
二者恒为十方诸佛忆念。	二者其身微妙柔软光泽,多人爱敬。
	三者诸根调伏。
	四者大得财宝所求随称不被他劫夺。
三者一切财物衣服饮食,自然充足恒无乏少。	五者火不能烧。
	六者水不能漂。
	七者王不能夺,凡所造业常得吉利。
四者能破一切怨敌。	八者恶雹不伤,恶龙摄毒。
五者能使一切众生皆生慈心。	九者不被灾旱,不畏恶风疾雨。
	十者若人被虫食于禾稼,当取其沙灰水等任意咒之七遍,八方结界上下诸方普遍结之,一切惊怖、一切虫毒即得除灭。
六者一切蛊毒一切热病无能侵害。	十一者一切恶鬼吸人精气,或于梦中为人夫妇,欲相厌魅,亦不能害。
七者一切刀杖不能为害。	十二者于一切恶众生所常得安乐,心恒敬重,无时暂舍。
八者一切水难不能漂溺。	十三者若有诸怨生于恶意,欲来仇对,亦自消灭。
九者一切火难不能焚烧。	十四者但有恶人欲相害者,不能为害,即自去离。
十者不受一切横死。	十五者一切咒诅一切蛊道,速即自摄,不能加害。
	十六者若处于众中最强。
	十七者诸有烦恼不能缠绕。
	十八者当在阵敌,锋刃相害,一心诵咒,一切刀杖箭矢,即不着身。
	十九者一切善神常随拥护。
	二十者生生处处,常得不离慈悲喜舍。

大致讲来,诸多功德可以分为两大类,即解除来自自然界与人类社会的威胁。相对而言,《不空胃索咒经》对于后者,即来自他人对于生命与财产的威胁更为关注。无独有偶,在《佛说十一面观世音神咒经》中所强调的四种福报,也在《不空胃索咒经》中扩大了一倍(见表 2):

表2

《佛说十一面观世音神咒经》	《不空罥索咒经》
一者临命终时得见十方无量诸佛。	一者命终之日,观世音菩萨当作比丘像现其人前。
二者永不堕地狱。	二者命终之时,心不散乱,四大安隐,无诸苦恼纷绕其身。
	三者病虽困笃,亦无诸漏泄秽污,屎尿不净。
三者不为一切禽兽所害。	四者命终之日,得正忆念,心不乱错。
	五者命终之日,不复覆面而死。
	六者命终之日,得无量辩才。
四者命终之后生无量寿国。	七者命终之日,欲乐生何佛国土者,随意往生。
	八者常得善知识,不相舍离,是故八种福相现其人前。

　　由表中不难看出,《不空罥索咒经》所言八种福报,几乎都是命终之日的畅想,尤其是希望安详离去。这种具体的、现世的祈求在经书中还表现为对疾病的祛除。如何用烦琐的仪轨和神秘的咒语来祛除疾病,占据了《不空罥索咒经》大半篇幅。在经书罗列各种来世的福报之前,就详细叙述了这一咒语对于各种疾病所具有的神奇抵抗力:

　　彼人若能一日一夜断食诵此心咒,彼人重罪现世轻受。或一日间得寒热病,或复二日,或复三日,或复四日,或复七日得寒热病,或复眼痛,或得耳痛,或唇齿疼痛,或舌腭疼痛,或复心痛,或复腹痛,或膝痛,或胁痛、腰脊肋痛,或患支节疼痛,或得痔病,或大小便利不通,或下痢,或患手足,或头痛,或患疮癣,或患白癞、大癞、甘疮、疱疮、反华疮、恶毒疮、月食疮，或得羊癫诸鬼病等。[1]

热病、寒热病、眼痛、耳痛、牙痛、心痛、腹痛、关节痛乃至于痔疮、癫痫等这些最常见的困扰人们的疾病，都可以用《不空罥索咒经》的神秘咒语所消除，对于当时的人们而言，还有什么比这样的承诺更有诱惑力！所以在接下来的经文中，又有大量篇幅来介绍如何用咒语来清楚一切疫病：

> 烧沉水香，欲结界时，或咒水，或咒灰，或咒芥子，或咒紫檀木四枚，各七遍，钉于四方，一切疟寒热病，作咒索诵二十一遍，系其咽下，即得除愈。一切诸病，或咒酥，或咒油，或咒水，各二十一遍咒已，服之。若欲破他所作咒咀，作其人形像，或面，或泥，或蜡，当以镔铁为刀，段段割之。若有人惊怖欲护身者，当作咒索带于身上。若有人患腹痛，咒碱水服之。若有人被虫毒，或被蛇螫，当用涂咒涂之。若有人患眼痛，取白线为咒索，系其耳上。若人患齿，取迦罗毗罗木，咒二十一遍，然后嚼之，揩磨其齿。欲作大界，取五色线咒二十一遍，取紫檀木四枚为橛，系索于橛上缠之，钉着四角，即成大界。一者怖处、一切惊处、欲护身者，当作咒索带行，或咒水洒之，或咒灰用散其上。若有鬼，着取五色线为咒索带之，或系身体。一切寒热病者，取白线咒二十一遍，作索带行。若有得一切种种恶疮，取荜茇捣以为末，和蜜，咒二十一遍，泥其疮上。若有人患眼，取香汤，或甘草汤，咒二十一遍，洗两眼。若有人患耳，煮油，咒二十一遍，内着耳中。一切斗诤、一切官府、一切恐怖处，取水咒二十一遍，洗其面。若国内有大疫病，或城邑聚落，乃至家内，当作道场。牛粪涂地，香汤洒地，于四角处安置新净水瓶，以种种华置其瓶里，复将种种华散道场处，持种种饮食，皆令香美。复以种种净草敷设道场，以食置上，

---

[1] 阇那崛多：《不空罥索咒经》，《大正藏》第二十卷密教部三，第399页。

并诸果蓏。于四角处面作灯盏,净布作炷,烧诸妙香,以最胜上者
而作供养。其咒师以香汤澡浴,着鲜净衣,于其座上敷新净褥而
坐其上,诵持此咒,一切灾变,即得消灭。若有遇重病者,将彼瓶
水咒已,洒于彼人,凡所洒者,即得除灭一切疫病。[1]

总之,从《请观世音菩萨消伏毒害陀罗尼咒经》到《佛说十一面观世音神咒
经》再到《不空罥索咒经》,我们可以明显看出密教经典的特征逐渐强化的
过程。在《请观世音菩萨消伏毒害陀罗尼咒经》中,对于观世音称名救难
的强调,对于阿耨多罗三藐三菩提的终极解脱的强调,依然是经文的核心
内容。在此背景下,掺入了烦琐的仪轨与神秘的咒语。也就是说,这些仪
轨与咒语依然是假借前者地位来扩大自己的影响。而到了《佛说十一面
观世音神咒经》与《不空罥索咒经》,主要的篇幅在于介绍诵持陀罗尼的程
序与用途,当然,其间还是残留了大乘佛典的尾巴,比如无论是《佛说十一
面观世音神咒经》还是《不空罥索咒经》都要首先阐述诵持陀罗尼所带来
的福报。不过,在这些福报渐次展开的过程中,现世利益的追求逐渐压倒
了永恒解脱的愿景,精神层面的追求几乎为现实利益所替代。现世的愿
望是如此的迫切,以至于我们几乎可以将之等同于祛除疫病的咒术,因为
对于治病仪轨的描述成为经书的主要目的。与此相关联的还有产子、解
除仇怨等方面的祈求。这些祈求同般若经典中所宣扬的涅槃相比,是如
此的卑微,让我们不得不对它的源头进行反思。

　　三部佛经在不同程度上展示出了密教经典的基本特征。无论哪一部
经书,都对诵持陀罗尼的仪轨十分关注。它们都十分关注道场的建立,其
间自然需要制作观世音佛像,因而制作的标准与规范也是叙述的重点,包
括观音像的制作材料、尺寸、神态以及周身的辅助物等。至于道场中令我
们眼花缭乱的修持方式,更是经书津津乐道的内容。不同材料的出现以
及不同诵念次数等,让本来令人震惊的"神奇"结论,看起来煞有介事,尤
其是各种数字的大量出现,似乎在提醒着人们它的真实有效。

------

〔1〕　阇那崛多:《不空罥索咒经》,《大正藏》第二十卷密教部三,第 401 页。

第十三章　中古疑伪经与观世音

一　《观世音菩萨往生净土本缘经》

　　严格说来,将《观世音菩萨往生净土本缘经》纳入"疑伪经"的范畴加以考察,还是一种有失谨慎的行为,因为一直以来它所具有"失译人"的身份,使它很少被作为具体的"疑伪经"受到剖析与讨伐。不过,由于"疑经"与"伪经"的关系较为复杂,并不能简单地以"疑"是指经书的真伪可疑、"伪"则表示断然肯定其为中国人按照佛经体例所造[1]等一目了然的标准加以区分,在某种特殊时刻或在某些学者眼中,两者的界限相当模糊,这使我们在对待类似难以确定译者的"疑经"作品,也可以大胆地采取含糊的态度来漠视其间的差异。如镰田茂雄把中国人根据自己想法拟作的而在印度、西域没有来源的佛经统称为"疑经",他所谓"疑经"自然包括"伪经",或者说更主要针对我们所谓的"伪经"而言。[2]

　　至于"伪经",通常意义上被置于"真经"的对立面,往往等同于"非佛

---

　　〔1〕　韩延杰:《疑伪经略论》,《西南民族大学学报》2013年第10期。
　　〔2〕　"疑经即中国人自撰的佛经,在印度、西域根本就无原典可依。印度或西域原有的佛典,即使翻译成汉文,举凡内容、形式仍保持原貌的印度佛教思想;中国人撰述的疑经,则是中国人根据自我的想法拟作的,自然适合中国人的思维、理念、文化、传统、习俗。"〔日〕镰田茂雄:《中国佛教通史》第四卷,佛光出版社1993年版,第170页。

经"，一般涵盖了我们所谓的"疑经"。区别真伪曾经是经录家重要而又棘手的任务。"疑伪经之制作在中国佛教史上是一件很重大的事件，其事件流行，经过上下数百年，到贞元间，其卷数达一千五百卷之多。然而，即便是中国之名匠大家亦不知深加省察，一概信用此等疑伪经以构成其教学，因此欲究明中国佛教之真相，务必要照破此一黑暗面。"[1]从现存资料看来，最早致力于这项工作的当属道安，他以"非佛经"来概称我们所谓的"疑伪经"，也就是简单地将佛经分为真经与"非佛经"：

> 外国僧法，学皆跪而口受。同师所受，若十、二十转，以授后学。若有一字异者，共相推校，得便摈之，僧法无纵也。经至晋土，其年未远，而喜事者以沙糅金，斌斌如也；而无括正，何以别真伪乎。农者禾草俱在，后稷为之叹息；金匮玉石同缄，卞和为之怀耻。安敢预学次，见泾渭杂流，龙蛇并进，岂不耻之。今列意谓非佛经者如左，以示将来学士，共知鄙信焉。[2]

在这段文字之后，道安共列举了26部他所认定的"非佛经"。他所列举的这些作品名称，使我们确信他还没有意识到应该对"疑经"与"伪经"做出严格的区分。[3]僧祐意识到了两者的差异，并用"疑经"与"伪撰"的名称将那些他认定的"非真经"之佛经聚合起来：

> 昔安法师摘出伪经二十六部，又指慧达道人以为深戒。古既有之，今亦宜然矣。祐校阅群经，广集同异，约以经律，颇见所疑。夫真经体趣融然深远，假托之文辞意浅杂，玉石朱紫，无所逃形也。今区别所疑，注之于录，并近世安撰，亦标于末。并依倚杂经而自制名题，进不闻远适外域，退不见承译西宾，"我闻"

---

[1]　望月信亨：《佛教经典成立史论》，《中国佛教月刊》1994年第三十八卷，第44页。

[2]　安造：《新集安公疑经录》第二，僧祐《出三藏记集》卷五，中华书局1995年版，第221—222页。

[3]　方广锠：《敦煌遗书〈佛说孝顺子修行成佛经〉简析》，《敦煌学佛教论丛》（上），中国佛教文化出版有限公司1998年版，第398页。

兴于户牗，印可出于胸怀，诳误后学，良足寒心。[1]

从他所分类列举的那些作品中，我们大致可以体察到他的良苦用心，也承认僧祐确实有将疑经与伪经区分开来的企图。[2] 不过，这种企图毕竟还有待于我们的辛苦寻绎。明确将所有"非佛经"分为"疑惑"与"伪妄"两类的是隋代法经等人所撰的《众经目录》。其所谓"疑惑"之经，指"多以题注参差众录，文理复杂，真伪未分，事须更详，且附疑录"；而所谓"伪经"则带有明确的目的，"或首掠金言，而未申谣谶，或初论世术，而后托法词，或引阴阳吉凶，或明神鬼祸福，诸如此比，伪妄灼然"[3]。嗣后以"别真伪、明是非"为首要任务的智昇，[4]在《开元释教录》中也以"疑惑再详"与"伪邪乱正"对"疑伪经"进行了区分。他将所有中土佛经分成了七类：有译有本；有译无本；支派别行；删略繁重；拾遗补阙；疑惑再详；伪邪乱正。为什么要有"疑惑再详"这一类呢？他解释道：

> 自梵经东阐，年将七百，教有兴废，时复迁移，先后翻传，卷将万计。部帙既广，寻阅难周。定录之人，随闻便上，而不细寻宗旨，理或疑焉。今恐真伪交参，是非相涉，故为别录，以示将来，庶明达高人重为详定。[5]

至于设立"伪邪乱正"的类别，他的理由是：

〔1〕 僧祐：《新集疑经伪撰杂录》第三，僧祐《出三藏记集》卷五，中华书局 1995 年版，第224 页。

〔2〕 "僧祐将疑经和伪经分开，是一大进步。"韩延杰：《疑伪经略论》，《西南民族大学学报》2013 年第 10 期。

〔3〕 牧田谛亮将伪经分为六大类：迎合主权者的心意；批判主权者的施政；为了与中国传统思想调和或将之跟佛教比较优劣；鼓吹特定的教义信仰；标示现存特定某个人的名；疗病、迎福等迷信类。他的概述或是受此启发。见［日］牧田谛亮著：《疑经研究——中国佛教中之真经与伪经》，杨白衣译，《宋代佛教史研究中国佛教史论集》，华宇出版社 1987 年版。

〔4〕 "夫目录之兴也，盖所以别真伪，明是非，记人代之古今，标部类之多少，撷拾遗漏，芟夷骈赘。欲使正教纶理，金言有绪，提纲举要，历然可观也。"智昇：《开元释教录序》，《大正藏》第五十五卷目录部，第 477 页。

〔5〕 智昇：《开元释教录》卷十八，《大正藏》第五十五卷目录部，第 671 页。

> 伪经者,邪见所造以乱真经者也。自大师韬影,向二千年,
> 魔教竞兴,正法衰损,自有顽愚之辈恶见迷心,伪造诸经,诳惑流
> 俗,邪言乱正,可不哀哉。今恐真伪相参,是非一概,譬夫昆山宝
> 玉与瓦石而同流,赡部真金共铅铁而齐价,今为件别,真伪可分,
> 庶泾渭殊流,无贻后患。[1]

智昇的勘定,几乎等同于官方的钦定。尤其在《大藏经》刊印之后,被智昇断定为"疑经"或"伪经"而没有进入《大藏经》的那些经书,除了一些特殊的案例之外,很少逃脱散佚的命运。

《观世音菩萨往生净土本缘经》很幸运地留存下来,却又没有被人们判定为"伪经",确实是一件令人惊讶的事情。我们从各种经录中可以轻易地了解到以观世音菩萨为主题的所谓伪经数量相当可观,如《新观世音经》、《观世音观经》、《观世音成佛经》、《大悲观世音经》、《瑞应观世音经》、《观世音十大愿经》、《观世音咏托生经》、《观世音所授行法经》等,但自从被断定为伪经之后,它们几乎都没有逃脱被历史灰尘所掩盖的命运。《观世音菩萨往生净土本缘经》同逃过此劫的《观世音三昧经》、《高王观世音经》不同,它似乎很少进入人们的视野,无论是作为何种形式存在。

于君方女士在研究观音中国化的过程中,曾把《观世音菩萨往生净土本缘经》作为她讨论的第一部本土经典,因为她认为"此经成立的年代很难确定,由于缺乏相关的外证(亦即在年代确定的文献中关于此经的使用或提及此经的记载),关于此经的可疑出处,上述经录中载录此经的条目成为唯一的线索"[2],因此她便从《观世音菩萨往生净土本缘经》的一些特征出发,确定该经为中国本土经典的典型代表。

自从疑伪经大量出现并受到关注之后,对它们的判定自然就提上了议事日程。从僧祐开始,人们大致就从来源与内容两方面进行评判。《观世音菩萨往生净土本缘经》的来源本来极为蹊跷,而内容确实又与昙无竭

---

[1] 智昇:《开元释教录》卷十八,《大正藏》第五十五卷目录部,第672页。
[2] 于君方:《观音——菩萨中国化的演变》,商务印书馆2012年版,第113—114页。

有太多的关联之处。它的首要任务似乎以中土人士更喜闻乐见的方式重
新叙述了观世音菩萨的身世。与《观世音菩萨授记经》、《悲华经》不同的
是,《观世音菩萨往生净土本缘经》首先着力描述了一个美满而幸福的
家庭:

> 当于南阎天竺,有一国,名摩涅婆吒。其国有一梵士,名曰
> 长那,居家丰饶,有妻□名摩那斯罗,未有子息。夫妇常叹恨,我
> 等财产虽丰足,亦无余念,未有子息,是为遗恨。祈祷天神,殷重
> 求子。其妻未久之间,有身月满,生男子,端正无比。至有三岁,
> 复生男子。[1]

这对夫妻家资丰饶,无他困恼,本来有无子之缺憾,也因祈求天神而得到
了圆满,一下子有了两个儿子。这一家人幸福地生活着——这是我们所
常见的故事的开端。虽然,有术士断定这两个儿子会影响到父母的寿元,
但这丝毫不影响父母对他们的宠爱:

> 梵士得二子,欢喜踊跃,招占相,使见二子。相者见而不悦,
> 良久告言:"此儿虽端正,别离父母不久,兄号早离,弟名速离。"
> 虽闻此言,夫妻相共爱养无厌,早离年至七岁,速离年至
> 五岁。[2]

天有不测风云,幸福的生活突然中断。母亲罹遭重病,自知不久人世,不
禁对两子的未来感到焦虑:

> 时母摩那斯罗,四大乖违,重病卒起,形色衰损,辛苦病恼,
> 不得安卧,水食绝将。入死门时,二子有母左右,瞻仰面目,忧悲
> 啼哭。长母闻子悲声,血泪交流,从病床而起,以左右手摩二子
> 头,言:"生死败坏,不可免脱,占相所言,有实唯然。所恨汝等未

---

〔1〕 失译:《观世音菩萨往生净土本缘经》,《续藏经》第 87 册中国撰述·经部补遗,第 576 页。
〔2〕 失译:《观世音菩萨往生净土本缘经》,《续藏经》第 87 册中国撰述·经部补遗,第 576 页。

及盛年,舍而别离。我有何罪报,汝等何无幸。"……父及二子取其遗言,葬死尸还家,兄在右膝上,恋慕母,弟在左膝上,求食而悲。[1]

这种焦虑是我们在汉乐府以来各种文体中所非常熟悉的,最典型的诗歌如《妇病行》生动地描述了母亲重病前对幼儿命运的担忧:

> 妇病连年累岁,传呼丈人前一言。当言未及得言,不知泪下一何翩翩。"属累君两三孤子,莫我儿饥且寒,有过慎莫笪笞,行当折摇,思复念之。"乱曰:抱时无衣,襦复无里。闭门塞牖,舍孤儿到市。道逢亲交,泣坐不能起。从乞求与孤儿买饵,对交啼泣,泪不可止。"我欲不伤悲不能已!"探怀中钱持授交。入门见孤儿,啼索其母抱。徘徊空舍中。"行复尔耳!"弃置勿复道。[2]

这里描述的是困苦的生活给幼儿带来的磨难。对于失去母亲的幼儿而言,更令之心痛的莫过于继母的虐待和父亲的茫然或漠然。这样的故事在汉代可谓屡见不鲜,也是民间文学表述的主题。《观世音菩萨往生净土本缘经》所讲述的,则是父亲再婚之后,在大灾之年出外觅食,继母迫于生活的压力而将二子诱骗至一孤岛而抛弃:

> 梵士忧怀中,而作是念:"我无力,求伦女为妇,养育稚子。"爱有梵士,名毗罗,有一女,性情贞良。即取彼女,收为妇。时举世饥苦,财谷渐尽,库藏空无,生活无凭。长那即语妻言:"我闻从是北往七日,有山名檀罗山,有甘果名镇头,将行彼山取妙果,养汝及二子。汝我还来间,将可养育。"妻受其语,养育二子,如生母。夫差彼山独往,去后二七日,更不还来。时妻生异念,作是思惟:"长那若住彼山不来者,我如何养育二子? 若采果虽来,

---

[1] 失译:《观世音菩萨往生净土本缘经》,《续藏经》第 87 册中国撰述·经部补遗,第576—577 页。

[2]《妇病行》,选自余冠英选注:《乐府诗选》,中华书局 2012 年版,第 49 页。

彼爱念二子,我有何等分?今以方便,除遣二子。"思惟已,语海师。定出时已,更告二子:"我汝等养无力,汝父既未还,从此南方,近有岛,海岸孤绝,岸有甘果,滨有美草。我与汝等,共往绝岛。"即诣船师所,二子俱乘船渡海。到绝岛岸,语二子:"汝等二人先下,戏滨弄沙。我在船中,料理余粮,次下欲求草果。"二子即下,东西驰走游戏,不知余事。后母密乘本船,还古乡。二子还到本滨,见之无船,及母不知去所,海侧走疲,举声呼母,更无答者。二子昼夜悲哭,兄早离作如是言:"悲母告别离,一去更不来;慈父往檀那罗山,更不还来;后母者置绝岛,密还去,如何存身命耶?"〔1〕

故事的结局则是父亲归来,探知真相而前往寻觅:

父长那从檀那罗山,采镇头果,还来本宅。先问其二子,后母即答言:"汝子只今乞求饮食,游出。"其父有朋友,往其所,问子在所。彼答言:"汝出后,过二七日,后母送置南海绝岛,饿死定不疑。"尔时长那,呜呼甚自责:"我往檀那罗山,取甘果来者,为养二子。而有何罪,忽遇二别离悲。先别离难忍,今亦值生别离,不堪任。"即求觅小船,到绝岛滨,四方奔求。唯是白骨一处聚集,衣服散在海滨,知是我子死骨,怀衣骨,啼哭发愿。〔2〕

所有的上述情节,都充满了中土的元素,是中土的百姓所更相对熟悉的。与中土民间文学的差异,或者说表明其佛籍身份的内容,则是故事中掺入了异域的解脱方式。在中土,我们常见的解决矛盾的方式是孝悌,如作为典范的"二十四孝"中的"芦衣顺母":

周闵损,字子骞,早丧母。父娶后母,生二子,衣以棉絮;妒

---

〔1〕 失译:《观世音菩萨往生净土本缘经》,《续藏经》第 87 册中国撰述·经部补遗,第 577 页。
〔2〕 失译:《观世音菩萨往生净土本缘经》,《续藏经》第 87 册中国撰述·经部补遗,第 578 页。

损,衣以芦花。父令损御车,体寒,失镇。父查知故,欲出后母。
损曰:"母在一子寒,母去三子单。"母闻,悔改。[1]

《观世音菩萨往生净土本缘经》则采用了发愿的方式。母亲在临终前,陈述他们即将面临的危险时,就提示他们可以采用发"菩提心"的方式:

> 尔时早离在枕侧,闷绝而卧,良久苏起,呼天唱言:"我等如今者幼稚无识,非生母者,谁示明操道? 天地空旷,神心无据,一何舍告别离?"悲母则诱谕言:"世间法尔,生者必灭。譬如驶流,必不久住。今听悲声,深生病惜。"又速离以幼稚心,舒于二手,繁细颈,高声啼哭。是时摩那斯罗语二子言:"明操至道,无过发菩提心。菩提心者,大悲是。若至老大时,欲报四恩,宜须发心,如只今者。"[2]

而当两小儿被弃掷于空岛,孤苦无依时,早离忆起母亲的遗言,就发了大誓愿:

> 时忆念生母遗言,我须发无上道心,成就菩萨大悲,行解脱门,先度他人,然后成佛。若为无父母者,现父母像。若为无师长者,现师长身。若为贫贱者,现富贵身。国王大臣,长者居士,宰官婆罗门,四众八部,一切随类,无不现之。愿我常在此岛,于十方国,能施安乐,变作山河大地,草木五谷甘果等,令受用者,早出生死。愿我随母生处,不离父生处。如是发一百愿,寿终。[3]

其父寻至海岛,发现散落的衣服与堆积的白骨,也是以发誓愿的方式祈求团聚:

---

　〔1〕　郭居敬编:《二十四孝·单衣顺母》,赵萍主编《孝经》,吉林大学出版社 2010 年版,第 74—75 页。
　〔2〕　失译:《观世音菩萨往生净土本缘经》,《续藏经》第 87 册中国撰述·经部补遗,第 577 页。
　〔3〕　失译:《观世音菩萨往生净土本缘经》,《续藏经》第 87 册中国撰述·经部补遗,第 578 页。

　　　　知是我子死骨，怀衣骨，啼哭发愿：愿我度脱诸恶众生，速成
　　　　佛道。或变大地，或水火风，或变草木蒙林，为众生作依止。或
　　　　变五谷，增益佗身，或若天、若人、若神，一切贵贱种形色，无刹不
　　　　现身。如是发五百愿。又愿我常住娑婆世界，说法教化，如此时
　　　　间，不食命终。阎浮提大动，诸天来会，禽兽悲鸣不安，空中散
　　　　化，供养白骨。[1]

故事至此戛然而止。大幕落下，谜底解开，原来其父即释迦牟尼佛，其母为阿弥陀如来佛，两子长者为观世音，次子为大势至。常见的西方三圣——释迦牟尼、观世音、大势至中，突然插入一个如来佛，无非是要给其母一个合适的身份，这也正是中土的人们习惯的思维方式。不过如此一来，却显得不伦不类，有画蛇添足之嫌。

　　更为扦格难通的是，整个故事讲述的是中土所常见的家庭矛盾，而解决矛盾的手段却是要挣脱家庭束缚的涅槃；整个故事最为生动与感人的部分，是父母对子女的疼爱，尤其是其母临终前的哀恸，而在佛教徒看来这正是桎梏之一。如果故事的结局改成父子团圆，和谐如初，这无疑就是最典型的中土故事了。或许正是意识到这样的罅漏，在其父发下誓愿后，故事就突然结束了，没有我们所期待的大团圆结局。这表明《观世音菩萨往生净土本缘经》的撰写者竭力想将净土思想用中土所熟悉的方式叙述出来，却又没有找到合适的处理两者之间冲突的方式。在《观世音菩萨往生净土本缘经》的末尾，运用了一个赤子失足落井、父亲下井施救的譬喻，用来说明佛祖对众生的哀悯犹如慈父对幼子的关爱，实际上就是一种补救，试图将中土最为关注的父子之情加以升华，以便同佛教所宣扬的成佛观念统一起来。

────────────

〔1〕　失译：《观世音菩萨往生净土本缘经》，《续藏经》第87册中国撰述·经部补遗，第578页。

二　《佛说观世音三昧经》

　　从现存资料来看,《观世音三昧经》出现在人们视野中时已是隋代。开皇十四年(594),法经等撰《众经目录》,其"众经疑惑五"载有 21 部佛经,著者以为这些经籍"多以题注参差众录,文理复杂,真伪未分,事须更详,且附疑录"[1],即因为题注不一且文气不够顺畅,故需要进一步考订,《佛说观世音三昧经》就是其一。当然,虽然《观世音三昧经》存在诸多疑点,著者却并不能确定它就是"伪妄"之作。开皇十七年(597),费长房所撰《历代三宝纪》,有一卷专门收录大乘典籍,共录 551 部,而《观世音三昧经》赫然在其间。撰者特别说明他"简择集疑,悉除伪妄",可见费长房并未对《观世音三昧经》的身份有所质疑。仁寿二年(602),彦琮等合撰《众经目录》,将疑经与伪经合为一部,《观世音三昧经》又名列"疑伪"之下。著者以为这 209 部佛经"名虽似正,义涉人造",言下之意虽然将疑经与伪经相提并论,实则偏向于后者。这些著录使我们可以猜测,《观世音三昧经》撰述的年代或许就在梁、陈时期,[2]而最近有学者提出它的撰述者是天台智颛大师,无疑是一种更大胆的猜测。[3]《出三藏记集》对它漏录,使我们对这样的说法将信将疑。相对而言,我们更容易接受镰田茂雄的看法:

　　　　《观世音三昧经》是中国人撰述的经典,智颛的《观音玄义》卷下和吉藏的《法华义疏》曾引用过它,其后散失;现在除日本京都国立博物馆收藏的以外,还有敦煌本。法经的经录《众经目录》第一次记录了《观世音三昧经》。因为在《出三藏记集》里没

[1]　法坚:《众经目录》卷二,《大正藏》第五十五卷目录部,第 126 页。
[2]　镰田茂雄:《简明中国佛教史》,华宇出版社 1988 年版,第 127 页。
[3]　"最近,兹格乐对此经英译,并以此为主题撰写硕士论文。她提出一个相当耐人寻味的看法,认为这部经是天台智颛(智者大师)所作,年代约在 560 到 568 年间,撰述此经的主要用意是利用观音信仰的盛行,接引社会各阶层修习禅定。"于君方:《观音——菩萨中国化的演变》,商务印书馆 2012 年版,第 118 页。

有记载,所以此经的撰述年代估计是在梁、陈时代。《高王观世音经》是阐述观音菩萨的功德利益的,《观世音三昧经》却是阐述信仰观音的理论和具体实践方法的,后来终于由此产生了天台智顗的请观世音忏法。[1]

智顗的《观音玄义》在即将结束时,谈到了关于观世音是佛还是菩萨的两种说法,一种说法来自《观音受记经》,提出观世音是未来佛,跟随如来佛而发菩提心,这是广为人知且为人们所普遍接受的看法;另一种观点指出观世音已经成佛,号正法明如来,释迦牟尼是跟随他修行的弟子,可以《观世音三昧经》为代表:

> 本地难知而经有两说,如《观音受记经》明观音、势至得如幻三昧,周旋往返,十方化物,昔于金光师子游戏如来国王名威德,化生二子。左名宝意,即是观音。右名宝上,即是势至。往问佛,何供养胜? 佛言:当发菩提心。从如来初发菩提心,次阿弥陀佛后当成正觉。观音名普光功德山王,势至名善住功德宝王。又《如来藏经》亦云,观音、文殊皆未成佛。若《观音三昧经》云,先已成佛号正法明如来,释迦为彼佛作苦行弟子。二文相乖,此言云何。乃是四悉檀化物,不可求其实也,第五明教相者。夫观音经部党甚多,或《请观世音》、《观音受记》、《观音三昧》、《观音忏悔》、《大悲雄猛观世音》等不同。今所传者,即是一千五百三十言《法华》之一品。而别传者,乃是昙摩罗谶法师,亦号伊波勒菩萨,游化葱岭来至河西,河西王沮渠蒙逊归命正法,兼有疾患,以告法师。师云:观世音与此土有缘,乃令诵念,患苦即除。因是别传一品,流通部外也。此品是法华流通分,既通于开权显实之教,令冥显两益被于将来,以十法界身圆应一切,使得解脱。圆人秉于圆法流通此圆教故,即是流通圆教相也,五味为论即是

---

〔1〕 〔日〕镰田茂雄:《简明中国佛教史》,华宇出版社1988年版,第127页。

流通醍醐味也。〔1〕

智顗认为,无论是菩萨还是佛,其实无关紧要,也不必过于执着,毕竟只是"四悉檀化物",即度生的方法而已,因此要如其时流行的《法华经》那样去除执着,显示真实义。他既然以《法华经》为范例,或当偏向于观世音为未来佛。后来吉藏在《法华义疏》中也谈到了上述问题。他的观点与智顗相差无几,也认为观世音为菩萨或佛,只是"经出不同"。在论证他的看法时,也是分别举《观音三昧经》与《观音授记经》为例证。

> 问:观音为是佛现佛身,为非佛耶?
>
> 答。经出不同。《观音三昧经》云,观音在我前成佛,名正法明如来,我为苦行弟子。又云,我与观音俱时成正觉。又《观音授记经》云,观音于金光游戏佛所初发道心,彼国王名威德王。威德王入禅定,二童子忽左右两面生。王起定,问其名字,二童子说偈答。初就第一义门答无名,次就世谛门答有名。弥陀佛灭后,世界出法音不断,彼佛于中夜入灭观音补处,世界转名众宝普集庄严,佛号普光功德山王,大势至补观音处,佛号善住功德宝王也。金光师子佛及弥陀佛皆有三乘,后二佛唯菩萨乘,闻此二佛名者,得转女身却四十劫生死之罪。〔2〕

可见,《观世音三昧经》以现佛身的说法,在其时颇为醒目。我们所能见到的各种经疏,大凡引用《观音三昧经》者,均是重复这一看法,如《观音玄义记》、《观无量寿佛经疏妙宗钞》、《请观音经疏阐义钞》、《十一面神咒心经义疏》、《补陀洛迦山传》等,皆是如此。

检阅《观世音三昧经》,给我们印象最为深刻的,确实就在于它对于观世音菩萨的推崇。经文的这种推崇主要从两个方面加以展示,一方面把观世音的地位抬到至高无上的地位,不仅给予他现实佛的身份,甚至把佛

---

〔1〕 智顗:《观音玄义》卷下,《大正藏》第三十四卷经疏部2,第891页。
〔2〕 吉藏:《法华义疏》十二,《大正藏》第三|四卷经疏部2,第628页。

陀也划为其门下苦修的弟子：

> 佛告阿难：我今道实，其事不虚。我念观世音菩萨于我前成
> 佛，号曰正法明如来、应供、正遍知、明行足、善逝、世间解、无上
> 士、调御丈夫、天人师、佛世尊。我于彼时，为彼佛下作苦行弟
> 子，受持斯经，七日七夜，读诵不忘，复不念食，不念五欲，即见十
> 方百千佛在我前立，于斯悟道，今得成佛，号释迦文佛。[1]

另一方面，经文把《观世音三昧经》的功德无限延伸，几乎达到无所不能的
地步。不仅连不能成佛之五种人——边地国王，旃陀罗人，破戒比丘、比
丘尼，出家还俗破坏道法之人——也因此经而得善报，[2]甚至连释迦牟
尼也因经而悟道成佛，在成佛之后还读诵此经，片刻不忘：

> 尔时阿难白佛言：世尊，如向所说，甚难思议，亦难测度。如
> 佛所说，实将无虚。今便问佛，云何名斯经？
> 佛告阿难：此经名《观世音三昧经》。我于往昔为菩萨时，常
> 见过去诸佛读诵斯经；今吾成佛，亦复读诵，未曾休息。我今成
> 佛，良由此经。此经明圣，难可比度。喻如日光，能照幽实。此
> 经亦尔，若有比丘、比丘尼、优婆塞、优婆夷，更持此经者，真我弟
> 子。流通正法，法将明矣。三宝不灭兴隆，正觉旨实受悟。若有
> 众生，得闻此经，念如不忘，五劫不堕阿鼻地狱，当知此《观世音
> 三昧经》正是良药，救人苦难，扫除烦恼。千劫万劫，不堕恶趣，
> 当知斯经名大法王，化人受道百千万亿。此经难闻，亦复难见。

---

〔1〕 黄永武：《敦煌宝藏》第109册北8073—8326号，新文丰出版公司1984年版，第511页。
〔2〕 《佛说观世音三昧经》："世有五种人不得成佛，一者边地国王，常怀怒恶，兴师相伐，
国国自相战斗，共相杀害，昼夜思惟，念欲相欺，以是之故，常生难处；二者旃陀罗人，心中常念食
噉人血，行于冢间，觅人死尸，无时停息；三者破戒比丘及比丘尼，于佛法中是破戒贼，心怀嫉妒，
诳生是非，自称喻好，道他人恶，见善不说，自恶不道，犹无一生心念悔情；四者多淫之人，不避亲
疏道俗尊卑，昼夜思念，无时停息，无有一念念众善法；五者出家还俗，毁坏道法，向世间人称说
言语，道佛无圣、佛无神力、佛不能得度人，犹毁谤故，堕恶道中，常怀苦恼。"黄永武：《敦煌宝藏》
第109册北8073—8326号，新文丰出版公司1984年版，第511—512页。

> 譬如摩尼宝珠，甚明甚盛，照百千众，人见欢喜，都无忧恼。此经
> 亦尔，若人得闻，必离恶道。[1]

这里所引一段文字，意在强调《观世音三昧经》的重要性。念诵此经而能远离劫难、不堕阿鼻地狱等说法是我们所熟知的，救人苦难等功用也是观音经的重要特征，但将《观世音三昧经》置于至高无上的地位，强调诸佛常诵读此经，而佛陀亦因此经而成佛，就不能不让我们惊诧了。这种描述或许能够取得膜拜《观世音三昧经》的效果，但将其地位放置于如此显赫的高度，似乎是前所未有的。

《佛说观世音三昧经》在对观音信仰具体阐发的过程中，体现出鲜明的杂糅风格，尤其值得注意的是，它所受到的密宗的影响尤其显著。在这个意义上，我们不仅不能赞同费长房将之归属为大乘典籍的做法，也不能勉强地将之与《般舟三昧经》等般若类经典联系起来，过分强调其禅修思想。密宗对其的影响首先表现在对观世音像的详细描述：

> 尔时阿难重白佛言，云何行此经，复何应现。佛言阿难，若
> 欲行此经，应净房舍中，悬诸幡盖，散华烧香，端坐七日，念无异
> 想，诵此《观世音三昧经》。尔时，观世音即自现身，其形紫金色，
> 身长丈二，项背日光，其色似白银，手提莲花，现其人前。[2]

其次，经文借用了密宗烦琐的仪轨，把经文的读诵用"七日七夜"这一个周期固定下来。释迦牟尼因读诵《观世音三昧经》"七日七夜"而成佛，一般之信徒也能够通过这"七日七夜"的诵读而消除罪业。在《佛说十一面神咒经》中，这一周期为 15 天。具体而言，《观世音三昧经》中的"七日七夜"的读诵会有哪些不可思议之神通显现呢？

> 七日之中，日有一事。初一日时，现旃檀勋陆香，使行人见

---

〔1〕　黄永武：《敦煌宝藏》第 109 册北 8073—8326 号，新文丰出版公司 1984 年版，第 509 页。
〔2〕　黄永武：《敦煌宝藏》第 109 册北 8073—8326 号，新文丰出版公司 1984 年版，第 509 页。

之;二日之时,于夜半中现大光明,行人得见,心大欢喜;三日之时,现一莲花,大如车轮,其华甚盛,犹如白银色;四日之时,现天人身,身长一丈,身披天衣,现彼人前,行人见已,同共娱乐,论说诸法;五日之时,即自现身,证得三昧,自见过去生死劫数;六日之时,复现天官,五色杂宝所作,有四菩萨端坐说法,行人见已,渐渐心明,明澈十方,即大欢喜,奉心敬礼;七日之时,观世音菩萨即自现身,其光晃曜,明过于日,行人见已,心甚荒迫,观世音菩萨即举左手,摩行人之顶,心得安稳,复举右手,指于西方妙乐国土,行人寻时即见西方无量寿国国土,清净琉璃,宝树华兰,浴池处处,皆有行人见已,烦恼消除……〔1〕

端坐七日,念诵《观世音三昧经》之后,观世音菩萨就会现身,指示西方无量寿国清净国土。与以往佛籍不同的是,观世音菩萨不可思议之神奇并非瞬时显现,而是逐步展示出来。这种通过烦琐仪式的描述来强化神奇真实性的手段,使我们联想到了密宗的典籍。值得注意的是,观世音菩萨是净土世界的导引者,在净土宗的核心要籍中,我们可以经常见到这样的看法。在这里,观世音菩萨现身之后,不仅指示了西方净土世界,还将东北山下四方的佛徒也指示出来,以证明此经之不可替代:"七日七夜,读诵此经,如前所说,都无虚事。若有虚者,我即妄语,诸余经典,皆不可信。"〔2〕

第三,经文特别强调《观世音三昧经》神咒的作用。在强调《观世音三昧经》的重要意义之后,经文接下来详细介绍了诵持此经后所取得的具体神奇效果。除了净土这样的愿景之外,诵读《观世音三昧经》究竟能够带来哪些具体的利益呢?在阿难的一段偈语之后,经文进行了综括:

尔时佛告阿难,此经亦名安稳处,亦名脱苦,亦名欢喜,亦名离苦患,亦名除疑惑,亦名离恶道。若有比丘尼犯八重禁,放恣

---

〔1〕 黄永武:《敦煌宝藏》第109册北8073—8326号,新文丰出版公司1984年版,第509—510页。

〔2〕 黄永武:《敦煌宝藏》第109册北8073—8326号,新文丰出版公司1984年版,第510页。

精神,从串六情,破坏正法,若有优婆塞、优婆夷犯五达罪,若能

行此《观世音三昧经》,如向所说众罪患灭无余,亦见十方净妙国

土,如前所说等无有异。[1]

此经能带来安稳,带来欢喜,远离苦患,解除疑惑,得生善道,这些都是现实生活中那些信徒所迫切期待的。更为重要的是,《观世音三昧经》还是一种保障,哪怕违反了那些重要的禁制,也可以因为它而得到豁免。这些诱惑性的描述,使我们很难确定它的核心是禅定,虽然经文一开始强调要进行七日七夜的精进禅修,但苦行观佛以证大乘之"空观"显然不是它阐述的重点。此经的来源颇为复杂,杂糅各种教义,其中受密教神咒之影响最不能为我们所忽视。在描述了《观世音三昧经》所带来的或远或近的利益之后,经文接下来转入对该经神咒的介绍:

佛告阿难,若人受持,读诵斯经典者,应持此咒。此咒难闻,

亦复难遇。若持此咒,应断酒肉,不食五辛。贪、嗔、恚、痴悉为

当断,诸婬女色悉复不为,清净梵行之人乃能受持斯经神咒。[2]

整部《观世音三昧经》中,对其神咒的介绍极为翔实。其中对其不可思议之功能的描述,使我们很轻易地联想到了以往佛籍对于观世音菩萨神奇力量的叙述,比如对于各种灾难的抵御:

持此经者,若入大水,水即干竭;若入大火,火即消灭;若遭

大贼,刀箭即折;若遭县枷,官锁即裂……[3]

观世音菩萨所特有的救难法门,在这里转移到了此经的神咒之上。当然,神咒的功能在经文中并没有停留在救苦救难的层面上,似乎所有的愿望在这里都可以得到满足,如"欲得见十方世界者、欲得长寿者、欲得值佛闻

---

〔1〕　黄永武:《敦煌宝藏》第 109 册北 8073—8326 号,新文丰出版公司 1984 年版,第 510 页。
〔2〕　黄永武:《敦煌宝藏》第 109 册北 8073—8326 号,新文丰出版公司 1984 年版,第 510 页。
〔3〕　黄永武:《敦煌宝藏》第 109 册北 8073—8326 号,新文丰出版公司 1984 年版,第 511 页。

法者、欲得净妙国土生者、欲得舍恶身者、欲得舍女人身者、欲得远离八难者、欲得作沙门者、欲得中国生者、欲得生天者",都可以通过读诵此经之神咒而满足愿望。

最后,《观世音三昧经》总结出了五种"果报",这也不免让我们想到《佛说十一面神咒经》和《不空胃索咒经》的中的果报和功德。

> 尔时佛告阿难:汝当受持此经,开化聋盲,使得闻见,必得悟道。若有人能受持此经,当得五种果报。何等为五? 一者离生死苦,灭烦恼贼;二者常与十方诸佛同处一处,出则随出,灭则随灭,生生之处不离佛边;三者弥勒出世之时,常为三会初首;四种不堕恶道、地狱、饿鬼、畜生、阿修罗中;五者生处常值净妙国土;是为五种果报。〔1〕

上述五种"果报",其实与《佛说十一面神咒经》中所提到的四种"果报"极为相似。总之,《观世音三昧经》上述显著的杂糅风格,确实让我们可以大胆猜测它具有中土本土经典的基本特征。镰田茂雄曾经说过,因有观音信仰流布的高潮为背景,遂有说观音信仰的疑经出现。〔2〕《观世音三昧经》即是典型的个案。当然,在今天《观世音三昧经》进入人们视野的时候,人们对于疑伪经的态度也发生了转变。无论是"真经"还是"非佛经",对于学者而言,狂热信奉的对象,在这个意义上,其价值并不存在着太大的差异。陈寅恪先生早有论述:"盖伪材料亦有时与真材料同一可贵。如某种伪材料,若径认为其所依托之时代及作者之真产物,固不可也。但能考出其作伪时代及作者,即据以说明此时代及作者之思想,则变为一真材料矣。"〔3〕正是从这一立场出发,许多学者一再要求用"中国本土经典"、"中国人撰述的经典"或"中国原创经典"这样非情绪化的称呼来取代"疑

---

〔1〕 黄永武:《敦煌宝藏》第 109 册北 8073—8326 号,新文丰出版公司 1984 年版,第 512—513 页。

〔2〕 [日]镰田茂雄:《中国佛教通史》第四卷,第 266 页。

〔3〕 陈寅恪:《冯友兰中国哲学史上册审查报告》,《金明馆丛稿二编》,生活·读书·新知三联书店 2009 年版,第 280 页。

伪经"这一传统说法。

三　《高王观世音经》

作为本土撰述中影响最为深远的观音经典,其来源与成书之复杂是令人难以想象的。在 20 世纪西方文学批评界,曾有一个非常流行的理论,即作品的意义是在阅读中不断展开,读者通过他们的阅读参与作品的创作。从《高王观世音经》的成书过程中,我们似乎也可以发现这种有趣的现象,即它的成书不是一次性完成的,而是一个动态的过程,它在流传的过程中不断添加新的内容以满足各个时期人们不同的期待,从而永葆它在庶民阶层的巨大影响力。

从现存资料来看,从北朝一直到近现代,《高王观世音》的刻、写、印本,主要有四种类型:西魏与隋代经像碑;房山雷音洞、龙门老龙洞石刻本;吐蕃与敦煌抄本;辽金、西夏及明清图文诸本。[1] 其历代的异名则有《佛说观音经》、《大王观音经》、《救生观音经》、《小观音经》、《佛说观世音折刀除罪经》、《十句观音经》等。大致而言,诸多版本之间的变化规律正如于君方女士所言:"早期版本只包含一连串佛名,以及礼拜观音可获得的世俗利益,但版本年代愈晚,经文篇幅愈长,最后甚至包含礼忏文、祈愿文,以及各种佛名与陀罗尼。"[2] 其中,最复杂的繁本为《大正藏》本,约700 字:

> 观世音菩萨:南无佛,南无法,南无僧。佛国有缘,佛法相因,常乐我净,有缘佛法。南无摩诃般若波罗蜜是大神咒,南无摩诃般若波罗蜜是大明咒,南无摩诃般若波罗蜜是无上咒,南无摩诃般若波罗蜜是无等等咒。南无净光秘密佛,法藏佛,师子吼神足由王佛。佛告须弥登王佛、法护佛、金刚藏师子游戏佛、宝

---

〔1〕　张总:《〈高王观世音经〉刻写印诸本源流》,《2004 年龙门石窟国际学术研讨会文集》,河南人民出版社 2006 年版,第 649—652 页。

〔2〕　于君方:《观音——菩萨中国化的演变》,商务印书馆 2012 年版,第 123 页。

胜佛、神通佛、药师琉璃光王佛、普光功德山王佛、善住功德宝王佛、过去七佛、未来贤劫千佛、千五百佛、万五千佛、五百花胜佛、百亿金刚藏佛、定光佛……六方六佛名号。东方宝光月殿月妙尊音王佛,南方树根花王佛,西方皂王神通焰花王佛,北方月殿清净佛,上方无数精进宝首佛,下方善寂月音王佛无量诸佛,多宝佛,释迦牟尼佛,弥勒佛,阿閦佛,弥陀佛,中央一切众生,在佛世界中者,行住于地上及在虚空中,慈忧于一切众生。各令安稳休息,昼夜修持,心常求诵此经,能灭生死苦,消伏于毒害。

那摩大明观世音,观明观世音,高明观世音,开明观世音,药王菩萨,药上菩萨,文殊师利菩萨,普贤菩萨,虚空藏菩萨,地藏菩萨,清凉宝山亿万菩萨,普光如来化胜菩萨,念念诵此偈,七佛世尊即说咒曰:

离波离波帝,求诃求诃帝,陀罗尼帝,尼诃罗帝,毗离尼帝,摩诃迦帝,真灵虔帝,娑婆诃。

十方观世音,一切诸菩萨,誓愿救众生,称名悉解脱。若有智慧者,殷勤为解脱。但是有因缘,读诵口不辍。诵经满千遍,念念心不绝。火焰不能伤,刀兵立摧折。恚怒生欢喜,死者变成活。莫言此是虚,诸佛不妄说。

佛说高王观世音经:

高王观世音,能救诸苦危。临危急难中,死者变成活。诸佛语不虚,是故应顶礼。持诵满千遍,重罪皆消灭。薄福不信者,专贡受持经。

念八大菩萨名号:

南无观世音菩萨摩诃萨,南无弥勒菩萨摩诃萨,南无虚空藏菩萨摩诃萨,南无普贤菩萨摩诃萨,南无金刚手菩萨摩诃萨,南无妙吉祥菩萨摩诃萨,南无除盖障菩萨摩诃萨,南无地藏王菩萨摩诃萨,南无诸尊菩萨摩诃萨。

愿以此功德，普及于一切。诵满一千遍，重罪皆消灭。[1]

最短的经文，则只有十句，又称《十句观音经》。《佛祖统纪》有载：

宋文帝将军王玄谟将刑，梦人教念《十句观音经》，遂得免。

北齐武成孙敬德有罪当死，梦僧教诵经千遍，临刑刀三折。宋嘉

祐龙学梅挚妻失明，梦白衣教诵《十句观音经》，双目复明。[2]

该书编纂者志磐言之凿凿地告诉我们，王玄谟与孙敬德所念的观音经就是《高王观世音经》，整个经文本来只有十句，"后人妄相增益，其文猥杂，遂使识者疑其非真"[3]。长达数百言的《高王观世音经》，为什么会被简化为十句呢？《太平广记》卷一百十一"王玄谟"条说明了原因：

宋太原王玄谟，爽迈不群，北征失律，军法当死。梦人谓之

曰："汝诵观世音千遍，可得免祸。"谟曰："命悬旦夕，千遍何可

得？"乃授云："观世音，南无佛，与佛有因，与佛有缘，佛法相缘，

常乐我情。朝念观世音，暮念观世音，念念从心起，念佛不离

心。"既而诵满千遍，将就戮，将军沈庆之谏，遂免。历位尚书、金

紫、豫州刺史。[4]

《观音经》的传说，源于远离酷刑的祈愿。在正史中，刘宋大将王玄谟（388—468）似乎就是《观音经》最早的获利者：

---

〔1〕《高王观世音经》，《大正藏》第85卷疑似部，第1425页。

〔2〕志磐撰，释道法校注：《佛祖统纪校注》卷五十四"圣教感通"，上海古籍出版社2012年版，第1279页。

〔3〕"河清二年（563），诏慧藏法师于太极殿讲《华严经》（晋译六十卷者），孙敬德先造观音像，后有罪当死，梦沙门教诵经可免，既觉，诵满千遍，临刑刀三折。主者以闻，诏赦之，还家，见像项上有三刀痕。此经遂行，目为《高王观世音经》。述曰：此经止十句，即宋朝王玄谟梦中所授之文，今市肆刊行，孙敬德所诵者是。后人妄相增益，其文猥杂，遂使识者疑其非真。又本朝嘉祐中，龙学梅挚妻失目，使祷于上竺，一夕梦白衣人教诵《十句观音经》，遂诵之不辍，双目复明，清献赵公刊行其事。大士于兹至简经法，救人于危厄之中，古今可纪者三验矣，可不信乎。"志磐撰，释道法校注：《佛祖统纪校注》卷三十九，上海古籍出版社2012年版，第888页。

〔4〕李昉等：《太平广记》卷九十二，人民文学出版社1959年版，第761页。

初,玄谟始将见杀,梦人告曰:"诵《观音经》千遍则免。"既
觉,诵之,得千遍。明日将刑,诵之不辍,忽传呼停刑。[1]

王玄谟在临刑前夕,因念诵《观音经》千遍而逃过劫难。不过,我们很难知
晓这里的《观音经》具体指哪一部佛经,在通常情形下,我们会认为它所指
代的是《普门品》。[2] 另一个因念诵佛经的幸运儿是后魏著名学者卢景
裕(? —542)。《魏书》卷八十四载:

景裕之败也,系晋阳狱,至心诵经,枷锁自脱。是时,又有人
负罪当死,梦沙门教讲经,觉时如所梦,默诵千遍,临刑刀折,主
者以闻,赦之。此经遂行于世,号曰《高王观世音》。[3]

但同样令人遗憾的是,发生在卢景裕身上的神迹,与观世音菩萨以及《观
世音经》并没有直接的联系。我们所知道的是,有一位无名氏,因诵念《高
王观世音经》千遍而得到豁免。这位无名氏为什么入狱,又是谁豁免了
他?我们无从得知。由于无名氏所念为《高王观世音经》,在许多信徒看
来,赦免无名氏者为北齐奠基者高欢,虽然他生前尚未称王。后来有学者
反复劝诫,认为佛经之名"高王"乃是尊称,并非专指,如俞樾曾经考证:

《魏书·卢景裕传》:"是时,又有人负罪当死,梦沙门教诵
经,觉时如所梦,默诵千遍,临刑刀折。主者以闻,赦之。此经遂
行于世,号曰《高王观世音》。"按此乃《高王观世音经》行世之缘
起,而其名为高王,则未及其义也。《太平广记》卷一百十一引
《冥祥记》云:"孙敬德奉释教,尝造观音像。后为劫贼所弓,不胜
拷楚。忽梦一沙门,令诵救生观世音千遍。临刑,刀自折为三

---

〔1〕 沈约:《宋书》卷七十六列传三十六,中华书局 2000 年版,第 1304 页。

〔2〕 "又《高王观世音经》,世传高王诵之脱难,此讹也。其经鄙俚,不成文义,不知译自何
代,以理断之,即是《法华普门品》耳,高王仗此脱难,故以为名,后人不知,别造伪语,称高王经,
因名迷义,俗所不觉。"袾宏:《正讹集·高王观世音经》,《莲池大师全集》卷四,中华佛教文化馆
1973 年版,第 10 页。

〔3〕 魏收:《魏书》卷八十四,中华书局 2000 年版,第 1257 页。

段，肤颈不伤。三易其刀，终折如故。所司奏闻，丞相高欢表请
免死。及归。睹其家观音像，项有刃迹三。敕写其经布于世，今
谓《高王观世音经》。"于是至今相传以为高王之名，由高欢而得
也。其实不然。佛家称谓，凡尊之，则曰王，如鹿曰鹿王，象曰象
王，须弥山则曰须弥山王，皆是也。王而再加以尊称，则曰高王。
《大藏圣教法宝》标目有《一切法高王经》一卷云，与《诸法最上王
经》本同。然则一切法即诸法，高王即最上王矣。《高王观世音
经》，言此观世音经，于诸经中为最上也，非由高欢得名也。标目
所载，又有《金光明最胜王经》、《大方等顶王经》。以此例之，最
上王即最胜王，高王即顶王。今人多诵《高王观世音经》，而莫能
详其名义，故具说之。[1]

但"高王"即为"高欢"的看法，早已深入人心。不仅如此，因诵念《高王观
世音经》而得到高欢赦免之信徒，也被考订为孙敬德。最早在经录中出现
的《高王观世音经》，就在一个传诵甚广的感应故事中与孙敬德联系起来，
《大唐内典录》卷一〇有载：

　　昔元魏天平年中，定州募士孙敬德，在防造观音像。年满将
还在家礼事，后为贼所引，不堪拷楚，遂妄承罪，明日将决，其夜
礼忏流泪，忽如睡梦，见一沙门教诵救生观世音经，经有诸佛名，
令诵千遍得免苦难，敬觉如梦所缘了无参错，遂诵一百遍，有司
执缚向市，且行且诵，临刑满千，刀下斫之折为三段，皮肉不伤，
易刀又斫，凡经三换，刀折如初。监司问之，具陈本末，以状闻丞
相高欢，乃为表请免死，因此广行于世，所谓《高王观世音》也。
敬还设斋迎像，乃见项上有三刀痕，见《齐书》。[2]

从王玄谟到卢景裕再到孙敬德，我们可以很清晰看出《高王观世音经》如

---

〔1〕　俞樾：《春在堂随笔》，江苏人民出版社 1984 年版，第 175—176 页。
〔2〕　道宣：《大唐内典录》卷十，《大止藏》卷第五十五卷目录部，第 339 页。

何一步步进入到我们的视野中。如果将这些步骤尽力简化,那可以简化为以下三部曲:

1.诵念观音经可以远离刑戮;

2.这一神迹发生的条件是必须诵念达千遍;

3.高欢见证了这一神迹,所念诵之佛经即为《高王观世音经》。

其中,关于诵念观音经必须达到一千遍才会有效力,已经为人们普遍接受。如《系观世音应验记》:

> 王葵,阳平人也,魏虏当欲杀之,锁械内土硼里。硼深廿余丈,或有饮食,皆悬与之。葵本事佛,先谙《观世音经》。于是至念诵得千遍,夜忽然觉身自出硼外,而无复锁械。因是走遁,即便得逸。此是道聪所说。[1]

但无论《高王观世音经》故事缘起的主角是王玄谟、卢景裕抑或是孙敬德,留给他们的时间并不充裕,从梦醒时分到临刑前,诵念《观音经》一千遍是一件极其艰难的事情。在《宋书》对王玄谟的叙述中,念诵的次数确实达到了一千遍,而在《大唐内典录》对孙敬德故事的讲述中,我们可以明确看到他所念诵的次数是一百遍,或许这切合实际情况,却无疑给故事留下了巨大的瑕疵,因为与此同时文中也强调了必须满足念诵千遍这一条件。后来的叙述者,不断调整这一细节,就意在弥补这一罅漏。如俄藏黑水城文献 TK117 号所藏《高王观世音经》序云:

> 昔高欢国王在相州,为郡有一孙敬德,为主宝藏官,犯法囚禁在狱中,知虚就死,持诵《观世音普门品经》,日夜不辍,于睡中梦僧言:"汝持此经不能免死,持取《高王观世音经》一千遍,当离刑戮。"敬德曰:"今在狱中,何时见本?"僧曰:"口受与汝。"睡觉,无遗失,志心持诵九百遍。文案已成,付都市斩之。敬德怕惧,问使人曰:"都市远近?"使曰:"何故?"敬德曰:"昨夜梦一僧,令

---

〔1〕 董志翘:《〈观世音应验记三种〉译注》,江苏古籍出版社 2002 年版,第 117 页。

教受持《高王观世音经》一千遍,当得免死。今欠一百遍。"请求
使慢行,随路急念。持经一千遍数满,使乃令斩之。敬德身不
损,其刀为三段。将刀呈王,王宣敬德,问曰:"汝有何术得如
此?"敬德曰:"实无术,狱中怕死,自持《观世音普门品经》,梦见
一僧令持《高王观世音经》一千遍,获福如是。"王谓敬德:"汝胜
于我,与圣何异?"王处分狱中更有合死之人,将此经令持诵一千
遍,斩之,是人悉得如此。王敕下,国人悉令持诵此经,普授百
岁,水陆怨债,托化梵天,更无轮报矣。

除了以对《观世音普门品经》的否定来抬升《高王观世音经》的地位之外,
序言留给我们最深刻的印象,还在于孙敬德如何说服监斩的使者拖延时
间使之诵经的次数达到整整一千遍。序言的结尾部分,还用其他人的经
历,再一次证明诵持一千遍对于该经发挥威力是何等的重要。不过,无论
怎样拖延,在前往刑场的路上,持诵数百言的观音经达百遍之多,都于情
理难合。而《十句观音经》的出现,就彻底解决了这一疑难问题。当王玄
谟向梦中授经之人发难,以为在旦夕之间无法念诵千遍时,授经者当即念
出十句经文,志磐以为这其实就是《高王观世音经》的全部内容。

《十句观音经》的故事,让我们明白了这一本土经典发生的缘起,以及
它是如何不断调整以满足人们的期待的。而《高王观世音经》不断调整的
内容,也是一条有力的证据。大藏经本《高王观世音经》的开篇,与《太平
广记》所引《十句观音经》"观世音南无佛,与佛有因,与佛有缘,佛法相缘,
常乐我情。朝念观世音,暮念观世音,念念从心起,念佛不离心"[1]相吻
合,虽然我们不能因此证明《高王经》的开首便是由此而来,[2]但经文存
在着增补与修正的情形是可以想见的。如上引"观世音南无佛"一句与西
魏大统十三年(547)杜照贤造像碑本同,而《大藏经》本便扩充为"观世音
菩萨南无佛,南无法,南无僧";在西魏、东魏与北齐的碑文中,只有"佛国

---

〔1〕 李昉等:《太平广记》卷九十二,人民文学出版社 1959 年版,第 761 页。
〔2〕 李小荣:《敦煌密教义献论稿》,人民文学出版社 2003 年版,第 130 页。

有缘，佛法相因，长乐我净（缘）"三句，后来则修改为"与佛有因，与佛有缘，佛法相缘，常乐我情"；"念观世音，暮念观世音，念念从心起，念佛不离心"诸句，在北齐造像碑本才找到依据，其文为："朝念观世音、暮念观世音、行念观世音、坐念观世音，念念从心起，念佛不离心。刀山自摧折，剑落不伤人。今当诵此经，可得免脱身。菩萨在世时，乘船南渡海，道逢疾风雨，海水扬波满，船上五百人，首死不望口，齐唱南无佛，一切得解脱。"[1]

〔1〕《高王观世音》版本问题，参见张总：《〈高王观世音经〉刻写印诸本源流》，《2004 年龙门石窟国际学术研讨会文集》，河南人民出版社 2006 年版，第 649—652 页；王振国：《龙门石窟与洛阳佛教文化》之《跋龙门石窟两部观世音内容的石刻伪经》，中州古籍出版社 2006 年版，第 110—121 页；李小荣：《敦煌密教文献论稿》之《高王观世音经考析》，人民文学出版社 2003 年版，第 124—142 页。

主要参考文献

（除《大正藏》、《续藏经》、《敦煌宝藏》之外）

[1] [德]费尔巴哈著.荣震华译.基督教的本质.北京:商务印书馆,1984.

[2] [法]谢和耐著.耿升译.中国社会史.南京:江苏人民出版社,1995.

[3] [荷]许里和著.李四龙、裴勇等译.佛教征服中国——佛教在中国中古早期的传播
    与适应.南京:江苏人民出版社,2003.

[4] [日]池田大作著.铭九等译.我的人学.北京:北京大学出版社,1990.

[5] [日]忽滑谷快天.中国禅学思想史.上海:上海古籍出版社,2002.

[6] [日]镰田茂雄著.关世谦译.中国佛教通史.高雄:佛光出版社,1985.

[7] [日]镰田茂雄著.郑彭年译.简明中国佛教史.上海:上海译文出版社,1986.

[8] [日]牧田谛亮著.索文林译.中国近世佛教史研究.台北:华宇出版社,1984.

[9] [日]松本文三郎著.张元林译.弥勒净土论.北京:宗教文化出版社,2001.

[10] [日]庭野日敬.《法华经》新释.上海:上海古籍出版社,2011.

[11] [日]小野玄妙.佛教经典总论.台北:新文丰出版股份有限公司,1983.

[12] [日]野上俊静等著.圣严译.中国佛教史概说.台北:台湾"商务印书馆",1993.

[13] [日]中村元等著.中国佛教发展史.台北:天华出版事业股份有限公司,1984.

[14] [英]渥德尔著.王世安译.印度佛教史.北京:商务印书馆,1987.

[15] 岑仲勉.隋唐史.北京:高等教育出版社,1957.

[16] 陈寅恪.金明馆丛稿初编.北京:生活·读书·新知三联书店,2009.

[17] 陈寅恪.金明馆丛稿二编.北京:生活·读书·新知三联书店,2009.

[18]丁福保.佛学大辞典.高雄:佛光出版社,1988.

[19]董志翘.《观世音应验记三种》译注.南京:江苏古籍出版社,2002.

[20]方立天.方立天文集.北京:中国人民大学出版社,2006.

[21]高峰了洲.华严思想史.释慧岳,译.台北:弥勒出版社,1983.

[22]关世谦译.佛学研究指南.台北:东大图书股份有限公司,1986.

[23]郭朋.中国佛教简史.北京:社会科学文献出版社,2012.

[24]胡适.白话文学史(上卷).上海:新月书店,1931.

[25]黄忏华.中国佛教史.上海:上海文艺出版社,1990.

[26]慧皎撰.汤用彤校注.汤一介整理.高僧传.北京:中华书局,1992.

[27]纪赟.慧皎《高僧传》研究.上海:上海古籍出版社,2009.

[28]蒋维乔.中国佛教史.长沙:湘潭大学出版社,2011.

[29]金克木.梵佛探.石家庄:河北教育出版社,1996.

[30]赖永海.中国佛教通史.南京:江苏人民出版社,2010.

[31]李昉等.太平广记.北京:人民文学出版社,1959.

[32]李利安.观音信仰的渊源与传播.北京:宗教文化出版社,2008.

[33]李延寿.南史.北京:中华书局,1975.

[34]梁启超.佛学研究十八篇.长沙:湘潭大学出版社,2011.

[35]楼宇烈.中国佛教与人文精神.北京:宗教文化出版社,2003.

[36]鲁迅.中国小说史略.北京:人民文学出版社,1973.

[37]罗根泽.中国文学批评史.上海:上海书店出版社,2003.

[38]吕澂.中国佛学源流略讲.北京:中华书局,1979.

[39]吕建福.密教论考.北京:宗教文化出版社,2008.

[40]潘桂明.中国佛教思想史稿.南京:江苏人民出版社,2009.

[41]秦家懿,[德]孔汉思著.吴华译.中国宗教与基督教.北京:生活·读书·新知三联书店,1990.

[42]任继愈主编.中国佛教史.第一卷.北京:中国社会科学出版社,1985.

[43]任继愈主编.中国佛教史.第二卷.北京:中国社会科学出版社,1985.

[44]任继愈主编.中国佛教史.第三卷.北京:中国社会科学出版社,1988.

[45]僧祐.出三藏记集.北京:中华书局,1995.

[46]沈约.宋书.北京:中华书局,1974.

[47]海法.海法一滴集——白马寺与中国佛教.成都:四川辞书出版社,1996.

[48]孙昌武.中国佛教文化史.北京:中华书局,2010.

[49]孙昌武.中国文学中的维摩与观音.天津:天津教育出版社,2005.

[50]汤用彤.汉魏两晋南北朝佛教史.北京:北京大学出版社,2011.

[51]汤用彤.魏晋玄学论稿.北京:人民出版社,1957.

[52]王明达.南诏大理国观音图像学研究.昆明:云南人民出版社,2011.

[53]王铁钧.中国佛典翻译史稿.北京:中央编译出版社,2006.

[54]王仲荦.魏晋南北朝史.北京:中华书局,2007.

[55]魏道儒.中国华严宗通史.南京:江苏古籍出版社,2001.

[56]萧登福.道家道教与中土佛教初期经义发展.上海:上海古籍出版社,2003.

[57]许抗生等.魏晋玄学史.西安:陕西师范大学出版社,1989.

[58]杨明芬.唐代西方净土礼忏法研究——以敦煌莫高窟西方净土信仰为中心.北京:民族出版社,2007.

[59]杨衔之撰.周祖谟校释.洛阳伽蓝记校释.北京:中华书局,1963.

[60]于君方.观音——菩萨中国化的演变.北京:商务印书馆,2012.

[61]郑僧一.观音——半个亚洲的信仰.台北:慧矩出版社,1993.

[62]周叔迦.周叔迦佛学论著全集.北京:中华书局,2006.

[63]周一良.魏晋南北朝史论集续编.北京:北京大学出版社,1991.

[64]周一良.魏晋南北朝史札记.北京:中华书局,1985.

[65]朱封鳌、韦彦铎.中华天台宗通史.北京:宗教文化出版社,2001.

索　引

后　记

多年以来,在探求唐宋文士诗文创作时,一直小心翼翼地避开佛教这一话题,虽然这样的行为曾带来了诸多困扰,但总以为这是一个过于复杂的领域,不做好充足的准备,就不应该轻易涉足。居住本岛之上,毗邻大士道场,十年间也仅仅两度前往普陀瞻礼。前年受命从事观音文化研究,思来想去,还是觉得应该从最基本的佛籍入手,而不能停留于某些文化现象的表层描述。对一个全新领域的认识,首先要明确的是它的基本概念与本质内核。这本书上编讨论观音的种种译名,下编检讨中古中土佛籍的观音法门,正是为了从源头上厘清这两个问题。在某种程度上,它也可以算是我自己的阅读报告。在接过任务之初,曾经有宏大志愿,希望从学理层面对这一信仰进行全面梳理,亦即在讨论中古中土观音经义之后,继续对唐、宋等阶段的观音经义进行讨论。现在看来,理想的实现确实涉及众多因缘。

是书为舟山市佛教协会项目成果,受浙江海洋大学学术出版资助。

闵泽平

2015 年 11 月 2 日